KB235646

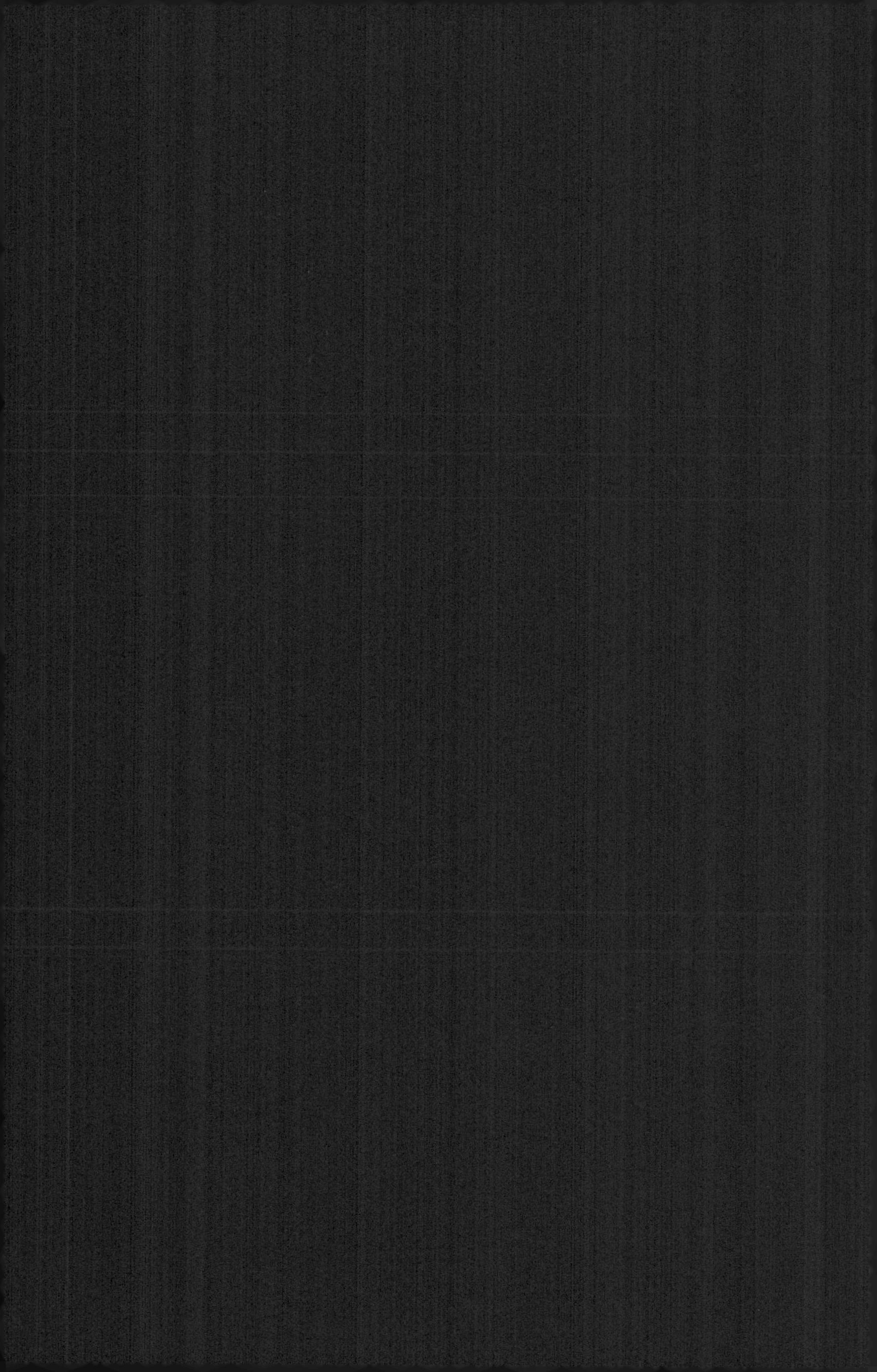

다시 쓰는 목근통신(木槿通信)

이동식 지음

나눔사

추천사

● 라 종 일(우석대학교 총장, 전 주일대사)

가장 가까운 외국이면서도 가장 잘 모르는 나라 일본. 그들이 어떻게 근세를 헤쳐 나왔으며, 그들이 무슨 생각을 하고 있는지를 우리들은 의외로 잘 모르고 있다. 임진왜란과, 근현대 이후 우리에 대한 침략과 지배만을 증오할 뿐, 가장 가까운 이웃 일본의 속내를 더 깊이 알아 이를 미래의 참고서로 활용하려고는 하지 않는다.

내가 사랑하는 언론인인 이동식 KBS부산총국장이 이 문제에 도전하고 있음을 안 것은 8년 전 영국대사로 근무할 때였다. 런던지국장 겸 특파원이었던 필자와 날카로운 토론이 오갔던 기억이 새롭다. 마침내 그러한 현직 중진언론인의 고민이 책으로 나왔기에 흔쾌히 추천의 노고를 아끼지 않고 싶다.

다시 쓰는 목근통신이란 책 제목에서 알 수 있듯이 김소운 선생의 〈목근통신〉처럼 일본인들에게 우리의 마음을 전해주는 형식인데, 일본의 장점을 인정하는 가운데에도 그들이 이웃에 대해 더 헤아려야 함을 간곡하면서도 신랄하게 지적하고 있다. 그가 선정한 인물과 사건에 대해서는 일본 대사로 근무한 본인도 놀랄 정도로 폭넓은 지식과 분석으로 조명하고 있다.

대체로 지금까지 나온 일본에 관한 책들은 일본에 살거나 근무한 사람들이 쓴 것이 대부분이어서, 때로는 너무 미화되거나 너무 비판적이라는 아쉬움이 지적되는데, 이번 다시 쓰는 목근통신은 일정한 거리를 두고 보았기에 보다 덜 기울고, 보다 더 균형적이란 느낌을 받는다.

이동식 기자의 **다시 쓰는 목근통신**은 21세기, 우리를 위해서, 아니 일본을 위해서 진실된 마음으로 쓰여진 편지라고 하겠다.

차례

제3부 | 얼굴

제4부 | 해협을 건너면

다시 목근통신을 씁니다

"우리는 역경에 있어서 강한 민족이었습니다. 신라의 옛날은 모르거니와 고려의 문화, 이조의 학예가 한가지로 고난의 어둠 속에서 더 한층 빛났다는 것이 우리들의 자랑입니다. 우리의 과오 — 나날이 우리 스스로가 불행을 자승(自乘)해 가고 있는 이 현실을 부정치 않습니다. 그러나 우리는 또 하나의 섭리를 믿는 자입니다. 사나운 바람, 매운 서리를 견디고, 땅속에 잠겼던 한 톨의 보리알이 움을 틉니다. 이것이 민족의 지열(地熱)입니다. 만일 이 지열이 없었던들, 우리는 몇 세기 전의 어느 국난에서 벌써 멸해 버렸을 민족입니다."

60년대 말에서 70년대 초 고등학교 1학년 교과서에 실려 있던 김소운 선생의 글 〈목근통신(木槿通信)〉은 우리 바로 옆에 있는 이웃 일본과 일본인에 대해서 많은 생각을 하게 하면서 동시에 우리 민족의 가치에 대해서 가슴 뭉클하게 재인식하는 계기를 마련해 주었다. 그러기에 1973년에 삼성문화문고가 이 글 전체를 문고본으로 엮어 출판했을 때 우리나라의 젊은 대학생들이 이 〈목근통신(木槿通信)〉을 사서 읽고 가슴 저미는 감동과 함께 한일 두 나라의 보다 나은 미래를 위해 무언가 해보자는 각오를 다진 것은 당연했다고 하겠다.

1930년대 일본의 교과서에 실린 글이 당시 한국인들이 살던 집이 더럽다고 비하한 글을 보고는

"'센진의 주택은 더럽다.' 라고 쓰는 것보다 '센진의 집은 돼지우리 같다.' 고 쓰는 편이 문장 표현으로는 더 효과적이다……." "20년 전 도쿄 산세이도에서 발행된 교과서의 한 구절입니다. 현명하고 영리한 귀국 국민에도 제 욕을 제가 하는 이런 바보가 있었습니다. 이런 천진한 바보의 귀에는 약탈의 대상도 못 된다는 외국기자의 한국 평이 통쾌하고 고소했을지 모릅니다마는, 마음 있는 이는 아마 하나의 반성을 잊지 않았을 것입니다. 한국의 '미제라블(비참)'은 한국의 수치이기 이전에 일본의 비인도非人道, 일본의 정치악의 바로미터였더라는 것을… "

라며 당시 식민지 조선을 일본과 한 나라라고 우기면서도 동시에 한국인을 비하하는 일본인들의 그릇된 인식을 고발한다.

일본 무사의 전형을 전해준다고 해서 자주 인용되는 떡장수 이야기를 알 것이다. 떡 장사 집 이웃에 사는 가난한 홀아비 낭인과 그의 어린 자식이 살았는데 어린애가 떡 가게에서 놀다 돌아간 뒤에 떡 한 접시가 없어졌다. 낭인의 아들인 그 어린애에게 혐의가 씌워졌다. "아무리 가난할망정 내 자식은 사무라이의 아들이다. 남의 가게에서 떡을 훔쳐 먹다니, 그럴 리가 만무하다." 낭인은 백방으

로 변명해 보았으나 떡 장수는 종시 듣지 않고 떡 값을 내라고 조른다. 이에 낭인은 칼을 빼어 그 자리에서 어린 자식의 배를 갈라 떡을 먹지 않았다는 증거를 보인 뒤에, 그 칼로 떡 장수를 죽이고 저마저 할복 자결한다는 것인데 이 이야기에 대해 김소운은

“이 비참한 일화는 일본 국민성의 순일불기한 표본의 하나라고 해서 칭송을 받으며, 듣는 자로 하여금 감탄과 상찬을 마지않게 한 이야기입니다. 만일 이 열렬한 의기를 용납치 못하는 민족이 있다면 당신네들은 언하에 경모와 멸시로 그들을 대하기에 주저치 않을 것입니다. 그 민족이 바로 이 한국인입니다……우리들은 용렬한 소인의 성정—제도치 못할 히스테리를 찾아낼 뿐입니다. 우리들은 이런 이야기에 불쾌를 느낄 뿐 아니라, 이런 이야기를 자긍하고 긍정하는 민족의 그 단순소박한 윤리의식을 안타깝게 생각합니다.”

라며 일본인들의 환상을 용렬한 소인배의 마음이라고 갈파한다.

한국전쟁 당시인 1951년 전쟁의 와중에 일본잡지 ≪선데이 마이니치≫에 실린 한국을 비하하는 대담기사에 분노를 느낀 김소운은 당시 ≪국제신보≫에 〈목근통신(木槿通信)〉이라는 제목의 글을 연재한다. 목근은 무궁화꽃. 김소운이 일본에서 머물던 집 주위에 피던 꽃이었다.

그 글들이 그 해 11월에 소설 〈설국(雪国)〉의 작가로 유명한 일본의 가와바타 야스나리(川端康成)의 소개로 일본잡지 ≪추오코론(中央公論)≫지에 번역, 소개되어 일본 사회에 큰 반향을 불러일으

켰다. 34년간 일본에 체류하였던 경험을 바탕으로 맹목적인 반일
이나 친일의 입장을 떠나서 좀 더 객관적이고 균형적으로 일본을
보자는 것이다. 우선은 일본 사람들이 자신이 누구인지, 자기들
이 무엇을 잘하고 무엇을 잘못하고 있는지를 스스로 깨우치라는
것이다.

"교활이니 순진이니 하는 쉬운 한 마디 말로 어느 민족성을 단정한다는
것은 위험한 일입니다. 일개인에도 서로 대립되는 양면의 성격이 있거
든, 하물며 일국 일 민족을 일컬어 어느 한 쪽으로 규정지어 버린다는 것
은 될 말이 아닙니다."
"구원의 숙명 — 진실로 그렇습니다. 미우나 고우나 이것은 숙명적인 인
연입니다. 과거의 수천 년이 그러했고, 다가올 수만 년이 또한 그러할 것
입니다. 개인의 이웃은 떠나버리면 그만입니다. 그러나 민족의 이웃, 국
가의 이웃은 떠나버릴 수 없고, 땅덩이를 실어서 이사할 수도 없습니다."

일본인보다도 더 일본어를 잘한다는 평가를 받은 김소운은 ≪조
선민요집≫(1929), ≪조선시집≫(1943) 등 우리나라의 민요와 시
들을 일본어로 번역해 소개함으로서 일본인들이 한국인의 마음과
생각을 제대로 볼 수 있는 기회를 제공한다. 일본인들이 미국이나
유럽의 모든 시, 심지어는 중국의 대표적인 시까지도 모두 그들의
손으로 번역할 정도로 외국문학에 대해 철저히 연구했다고 자부하
면서도 한국에 대해서는 김소운에게 빼앗겼다고 일본인들이 말했
다는 데서, 김소운 선생의 일본어가 뛰어났음을 알게 된다. 그렇지

만 역설적으로 일본이 한국을 병탄한 다음에는 한국을 객관적으로 보지 못하고 있었다는 증거가 된다. 그런 상황에서 일본인들에게 한국인들의 마음을 처음으로 제대로 전해준 선생의 노력은 현대에 와서도 더욱 빛난다고 하겠다.

김소운은 일본과 한국을 모두 아는 뛰어난 인물이고 또한 그의 맏사위는 한국에 유학 온 일본인 청년으로서, 후에 목사가 되어 과거 일본의 만행을 속죄하는 활동을 열심히 하였다. 그 일본인 유학생과 김소운 선생의 맏딸 사이에 태어난 딸 사와 도모에(澤知惠)는 1996년 9월 10일, 한국에서 처음으로 일본어로 노래를 부름으로서 한일간의 문화교류의 물고를 튼다. 선생의 외손녀 사와 도모에가 가장 좋아한 일본 시인이 이바라기 노리코(茨木のり子)였다. 2006년에 세상을 떠나기 전까지 이 여류시인은 일제의 치하에서 고생하던 한국인들에게 일본인으로서의 속죄의 마음과 인간으로서의 교감을 전했고, 1970년대부터는 한국어를 배워 한국시의 일본어 번역에 힘쓰고 한국과 친구가 된 멋진 일본인이다. 그런 사람들이 한국과 일본의 마음을 연결하려고 하지만 아직도 마음의 빗장은 굳게 닫혀있다.

1910년 한국은 일본에 강제로 병탄된다. 한국인들은 일본의 총칼 아래 온갖 수난을 당했고 그것이 뼈에 사무쳐 일본이 물러간 지 60년이 더 지난 현재까지도 우리들은 일본인들의 실체를 보지 못하고 맹목적인 반일감정 내지는 환상에 사로잡혀 있다. 김소운 선생이 말한 것처럼 어느 한 민족의 정신적 체질은 50년, 백 년이 지나도 쉽사리 바뀌지 않는다. 그러기에 두 나라, 두 민족이 진정한 이해를 하는 것은 어느 때보다 중요하며, 김소운 선생이 일본인들에게 들려주면서 동시에 한국인들에게 들려준 〈목근통신(木槿通信)〉의 가치는 더욱 새롭다고 하겠다.

필자는 초대 북경특파원으로서 중국에서 일본인들의 중국침략에 따른 역사의 아픔이 짙게 남아있는 현장들을 보면서 아직도 일본인들이 알아야 할 것들이 너무 많다는 생각이 들어 그 때 이후 일본에 대해서 많은 생각을 해 보았다. 이제 내년이면 일본이 한국을 강제 합병한 지 100년, 이제 지난 15년 동안의 생각들을 정리해 볼 때가 되지 않았을까 해서 책으로 묶어 본다. 일본인들이 이 글을 읽어주기를 간절히 바라면서 우리 한국인들도 이 책을 통해 일본인을 다시 보고 우리들의 시각을 조금이라도 균형된 쪽으로 돌렸으면 하는 것이다. 그만큼 글이 균형 잡혔다는 뜻은 아니고 우리가 혹 제대로 보지 못하고 지나친 점들이 있지 않을까 해서이다.

한국과 일본, 두 나라는 땅 덩어리가 이웃하고 있어서 싫다고 내칠 수도 없고 서로가 다른 데로 이사를 갈 수도 없다. 싫든 좋든 우리는 함께 살아야 한다. 그러기 위해서 일본도 바뀌어야 하지만 우리의 인식도 바뀌어야 한다. 그런 생각들을 담아본 것이다.

이 책이 나오기까지에는 일본에 대한 시각과 표현의 오류, 개념상의 혼돈 등을 일일이 지적해 준 강소영(한일비교문학연구)씨의 격려와 도움이 가장 큰 힘이 되었다. 여기에 감사의 뜻을 전한다.

제1부
그림자

3월 1일의 풍경

　3월 1일은 일본에 있어서 특별한 날이 아니다. 그저 꽃피는 봄이 시작되는 달의 첫날이라고나 할까? 2008년 3월 1일은 토요일이었다. 일찍부터 일본은 주5일제를 시행했고, 그러니 휴일인 토요일에 뭐 특별한 것이 있을 턱이 없었다. 그런데 극장만은 달랐다. 일본 전역에 한 편의 '특별한' 영화가 개봉된 것이다.

　'진짜 영화로 진짜 감동을!' 이라는 대문짝만한 선전문구, 그리고 그 밑에는 '일본과 미국의 마음을 움직인 감동의 실화' 라는 부제까지 달려 있었다. 도대체 무슨 영화인가? 영화 제목은 '미래에 보내는 유언' 이다.

　태평양전쟁이 끝나기 바로 전 미국은 대규모 폭격편대를 동원해

나고야를 폭격한다. 항복을 받아내기 위한 마지막 작전인 만큼 폭격은 광범위하게 진행되었고, 그로 인해서 민간인 사상자도 많이 발생했다. 이 폭격기들이 추락하면서 수십 명의 미군 조종사가 일본군에 포로가 된다. 그런데 당시 이 지역을 담당했던 동해군(東海軍) 사령관인 오카다 다스쿠(岡田資) 중장은 이들을 포로로 대우하지 않고 모두 처형해버린다. 전쟁이 끝나고 미군이 진주하면서 오카다 중장은 전범으로 체포되어 군사재판을 받는다. 영화는 처참한 폭격으로 인한 피해 영상을 몇 번 보여준 뒤 군사재판정에서 미군의 심문에 맞서는 오카다의 '늠름한' 모습으로 시작한다.

오카다 중장은 과연 포로를 무단 처형한 전범인가? 전범이라면 무조건 사형이다. 그런데 오카다 중장은 군사법정에 당당히 맞서서 열변을 토한다. 자신은 포로를 죽인 것이 아니라 전범을 처형한 것이라고.

그의 주장은 이렇다. 미군기는 아무런 군사시설이나 관련시설이 없는 순수 민간인 거주지역을 마구 폭격해서 수많은 무고한 주민들을 살상했으므로 붙잡힌 미군기 조종사들은 포로가 아니라 전범이다. 그러므로 전쟁 중이고 폭격이 계속되어 싸우기 바쁜 시간에 이들을 포로로 대우해줄 수가 없었다. 그래서 처형한 것이다.

화면은 법정에서 자신이 최고 책임자이니 자신만 처벌하라며 미군 측과 당당히 논쟁을 벌이는 오카다 중장과, 남편의 의지를 잘 알고 있지만 어쩔 수 없는 부인의 안타까운 시선이 교차되면서 미군에 의한 민간인들의 처참한 피해가 조명된다. 그리고 그의 도도한 주장에 미군측이 감화되는 모습 그리고 결국 교수형을 언도받는 과정을 차분하게 담아낸다.

이 영화는 오카다 중장을 '최후의 무인(武人)'이라며 존경해온 작가 오오카 쇼헤이(大岡昇平)의 《긴 여행》이란 책을 원작으로 해서 15년 전에 기획되었다가 몇 차례 고비를 넘기고 2007년 12월에 이미 제작이 끝나 시사회를 거친 뒤 석 달 만에 일반에 개봉되는 것이다. 일본의 보수주의자들이나 극우파에서는 이 영화의 개봉을 손꼽아 기다려왔고 문부과학성도 이 영화를 소년과 가정에 잘 맞는 영화, 특히나 청년과 성인들에게 특별히 추천하는 영화로 선정했다. 영화 제목도 '미래에 보내는 유언', 말하자면 일본의 젊은 세대들이 꼭 알아야 하는 내용이란 뜻이다.

물론 오카다 다스쿠는 실존인물이고 재판이 있었던 것도 사실이지만, 소설에서처럼 미군을 당당히 설득해서 그들의 존경심을 끌어내었는지는 의문이고, 그렇게 재판관을 설복했다면 교수형이 언도되지도 않았을 것이다. 그렇지만 소설이나 영화는 당연히 살인자로 평가되어야 할 이 군인을 당당한 군인으로 묘사함으로써 결과적으로는 일본이 피해국이라는 점만 강조하고 있다. 그들이 한국이나 중국, 그리고 아시아 여러 나라를 침략하면서 현지 주민들을 살해한 것은 언급하지 않고, 오로지 미군이 민간인 거주 지역을 폭격함으로써 무고한 일본인들이 죽었다는 점만 강조하고 있다.

이 영화는 최근 일본 영화계에서 태평양전쟁 말기, 그 중에서도 미국과 일본 사이의 본토공방만을 자주 다루는 경향을 그대로 보여주고 있다. 전쟁을 일으키고 그 전쟁으로 많은 아시아인들을 죽게 한 일본의 모습은 외면하고, 공습과 원폭에 의해 일본인이 피해를 입은 점만을 부각시키는 것이다. 그것이 일본으로서는 과거 역사의 질곡으로부터 탈피하는 길이란 생각을 하는 것 같다.

이 영화의 개봉일이 하필이면 우리의 3.1절이다. 일본이 우리의 3.1절을 알고서 개봉날짜를 정한 것은 아니라고 믿고 싶지만 아무튼 우리로선 기분이 좋을 수가 없다. 그들이 미군을 전쟁포로가 아니라 전범이니까 처형했다며 그 정당성을 주장하려면 잃어버린 나라를 찾으려는 의사표시를 한 우리들에 대해서도 그 정당성을 인정했어야 한다. 이 영화를 3.1절에 개봉하려면 적어도 그런 생각쯤은 했어야 하지 않을까?

우리도 일본의 식민지배에서 벗어난 지 60년을 훨씬 넘어선 상황에서 언제까지나 과거만을 붙잡고 늘어질 수는 없는 일이다. 일본에게 과거를 묻지 않겠다는 새 대통령의 목소리도 그런 측면에서 이해할 수 있을 것이다. 그런데 그러자니 아직도 우리는 일본에 대해서 불안하고 걱정이 되는 것이다. 일본인들이 정말로 자기들의 잘못을 제대로 알고 있는 것인지….

# 역도산

1953년생이니까 필자와 동갑인 세토 마사토라는 일본의 유명한 사진작가는 일본 아사히 신문에 발표한 글에서 그가 8살 때인 1961년에 시골의 한 흑백 텔리비전에서 본 역도산의 활약상을 어린 시절의 가장 중요하고도 뜻 깊은 추억으로 꼽고 있었다. 금발을 휘날리며 링을 설치고 돌아다니는 거구의 서양 악마들, 그들에게 당수 촙을 먹여 일거에 거꾸러트리는 역도산의 멋진 모습은 2차 대전 패망 이후 실의에 빠져 있던 일본인들에게 일본의 힘을 다시 인식시키고 일본인들의 피를 끓게 했다는 것이다. 그러기에 세토 씨는 역도산에게서 '빛나는 일본인'을 보았다고 술회하고 있다.

잘 알다시피 역도산은 한국인이다. 1924년 11월 14일 함경남도에서 태어난 소년 김광호는 14세 때 전국씨름대회에서 우승을 차지한 뒤 1939년 일본에 건너가 모모타(百田)로 개명하고, 1940년부터 역도산이라는 별명으로 씨름을 시작하였다. 1949년 25세 때 세키와키(關脇)의 지위에까지 올랐으나 그 후 슬럼프에 빠지자 1951년 세계적 프로 레슬링 선수 B. 브란스의 일본 원정을 계기로 레슬링으로 전향하였다. 역도산은 강인한 체력과 태권도의 특기로 강적들을 제압, 1958년 세계선수권자인 J. S. 루테스를 물리치고 헤비급 세계 챔피언이 되었다. 그 후 세계 프로 레슬링계를 제패하였다.

　그런 역도산의 인기는 대단한 것이었다. 그는 전후 어떤 희망도 부재했던 일본 사회의 희망의 상징이었다. 패전국 일본으로 미국 프로레슬링 선수를 불러다가 링 위에서 때려눕힌다는 것 자체가 그를 일본의 영웅으로 만든 근본적인 이유다. 당연히 일본 대중들은 그가 한국인이라는 사실을 몰랐다. 역도산 본인이 철저하게 이를 숨겼기 때문이다. 그러나 성공한 이후 그는 한국인임을 밝혔고, 1963년 귀국, 한국의 체육 발전을 위하여 서울에 스포츠센터의 건립을 약속했다. 그런데 바로 그 해 도쿄의 나이트클럽에서 일본 청년의 칼에 찔렸다. 그러나 기적적으로 이 상처를 회복해 가는데, 정체불명의 한 남자가 병실로 잠입해, 그에게 탄산음료를 억지로 먹였다. 이로 인해 역도산은 결국 사망했다. 생전의 그의 우려대로 한국인임을 밝히자마자 일본 우익이 그를 제거한 것이다.

일본에서 한국인으로 살기는 이처럼 어려운 일이다. 많은 재일 한국인들이 자녀들에게 한국인임을 밝히지 못하고 있다가 커서야 어쩔 수 없이 알려주어 좌절하는 사례가 어디 한둘인가?

우리나라 사람들이 일본인들에 대해 갖고 있는 감정은 솔직히 말하면 피해자로서 어쩔 수 없는 측면이 있다고 하겠으나, 일본인들이 한국인들에 대해 갖는 편견이나 멸시는 무엇 때문일까?

3.1 만세운동을 일으킨 3월 1일이나 일본이 패망한 8월 15일 즈음이 아니더라도 일본인들은 튀는 발언을 한다. 일본의 대표적 보수정객이라는 이시하라 신타로(石原愼太郞) 도쿄도지사가 2003년 10월 '한일합방은 조선인의 총의(總意)로 일본을 선택한 것'이라고 발언해 다시 파문을 일으켰다. 그는 '청나라의 실질적인 속령(屬領)으로부터 해방시켜준 일본에 (운명을) 일임했다고 보는 게 정확한 역사', '일본이 (조선에서) 행한 식민주의는 그래도 인도적이고 인간적이었다'는 등 한국인의 감정을 건드리는 말을 쏟아냈다. 지난 2001년 일본의 역사 교과서 왜곡 파문을 주도했던 '새 역사 교과서를 만드는 모임'의 전 대표 니시오 간지(西尾幹二) 씨도 마이니치(每日)신문에 기고한 글에서 '20세기 초엽까지 한반도는 법의 공정성도 없고 부(富)의 합리적 배분도 없는 지금의 김정일 체제와 같은 극빈 열악한 비인간적인 상태였으며, 한국인은 이대로 (일본의) 보호를 받으며 사는 것보다 합병을 해서 세계 1등 국민으로서 일본인과 동등한 대우를 받는 게 낫다고 (생각해서), 100만 명이 넘는 일진회가 합방을 요청해 정치적 운동을 전개했

고, 그것은 거대한 운동이었다’ 는 등 강제침략의 역사를 왜곡하는
언사를 쏟아내었다.

이시하라 지사의 발언에 앞서 ‘창씨개명은 조선인이 원한 것이었
다’ 는 아소 다로(麻生太郎) 당시 자민당 정조회장(현 총리)의 주장
과 ‘한일합방은 국제연맹이 승인한 것으로 일제 식민지 지배는 정
당하다’ 고 한 에토 다카미(江藤隆美. 77) 전 의원의 망언에 이어
나온 것이어서 일본 우익들의 뿌리가 얼마나 깊고 철저한가를 여실
히 보여주고 있다.

이런 일본인들이 얼마나 되는가? 일본인을 만나면 겉으로는 그
런 생각을 하지 않는다고 말할 것이지만 실제로 속에서는 그런 생
각을 하고 있는 것이다. 이른바 망언이 튀어나올 때마다 일본 정치
인들의 반응은 ‘이웃나라를 생각할 때 무책임한 발언’ 이라거나 ‘시
기적으로 적절치 않다’ 는 것이 주를 이룬다. 결국 그런 생각은 맞지
만 때와 장소를 가려서 말해야 하는 게 아니냐는 식이다.

이시하라 신타로의 망언을 들으며 일본인이 휘두른 칼에 찔려
39살에 죽은 역도산이 생각나는 것도 바로 이런 이유에서이다.

생각의 격차

1904년 2월 8일 밤, 일본 해군 사령관 도고 헤이하치로(東鄕平八郞)가 이끄는 연합함대가 여순(旅順:뤼순)항 안에 정박해 있던 러시아 함대를 향해 돌연 어뢰 공격을 감행했다. 선전포고 없는 갑작스러운 기습 공격이었다. 일본과 중국, 러시아의 운명을 갈라놓은 러일전쟁의 발발이었다. 이미 한국을 확실히 수중에 넣은 일본으로서는, 대륙 진출을 위해 만주를 차지하고 있던 러시아를 치고 나가야 했다. 그 러시아의 근거지인 여순이 공격목표였다. 이튿날 일본 연합함대가 본격적인 공격을 시작했으나, 러시아 측 해안 포대의 반격을 받고 일단 큰 바다로 물러갔다. 그리고 이번엔 일본 군대가 여순 외곽 남산에 주둔해 있던 러시아 군대를 공격하기 시작했다.

양측 모두 피할 수 없는 한 판, 일본군 보병 대부대는 여순반도에 상륙하여 여순과 북쪽으로 연결된 철도를 절단하여 외부 연결통로를 폐쇄하고 여순항도 봉쇄했다. 러시아군 역시 대련과 여순 사이에 외곽 방어선을 구축하고 방어에 들어갔다. 처절한 공격은 몇 달째 이어졌다. 8월에는 양국 해군이 여순항 밖에서 접전을 벌였다. 8월 말 요양(遼陽)에서는 시산혈하(屍山血河)의 전투가 벌어졌다. 일본군의 사상자도 2만 명 이상이 나왔다. 일본군이 이기기는 했지만 패전보다 별로 나을 것도 없었다.

드디어 전장은 여순항으로 좁혀졌다. 여순 일대에서 가장 높은 곳인 해발 203 미터의 후석산 산정으로 일본군이 9월 중순부터 공격하기 시작했다. 석 달이라는 긴 공방 후인 12월 5일, 일본군이 고지를 점령한다. 그러나 이 또한 이긴 편도 진 편도 없는 막대한 인명피해의 결과를 남겼다. 하루 동안 일본군만 8천 명의 사상자가 날 정도였다. 산꼭대기까지 시체로 사닥다리를 쌓아 올라갈 정도였다고 한다. 이런 긴 전투 끝에 1905년 1월 2일에 일본군 사령관 노기 마레스케(乃木希典) 장군이 러시아군의 항복 사자를 받아들였다. 전쟁 발발 1년 만이었다.

세계 육전(陸戰) 사상 가장 치열한 전투의 하나로 기록된 여순 전투, 전쟁이 끝난 뒤에 아들과 남편을 잃은 일본의 어머니와 아내들은 울부짖었다. 그들은 총사령관인 노기가 귀국하는 날, 항의하기 위해 부두로 몰려갔다. 하지만 노기의 손에도 두 자식의 유골함이 들려 있었다. 자신의 아들 두 명도 여순 전투에 참가했다가 숨진 것이다. 이를 보고 분노하던 어머니와 아내들은 오히려 그에게 감사를 표했다. 그와 같은 신하가 있었기에 일본이 강대국 러시아를 이기고 국운이 충천할 수 있게 되었다고 생각했다는 것이다.

전쟁이 끝난 후 일본군은 무자비한 학살에 들어갔다. 러일전쟁에서 숨진 일본군의 원수를 갚기 위해서였다. 중국측 기록으로는 이때 어린이와 부녀자를 포함해 6만 명의 민간인이 학살된 것으로 전한다. 당시의 성경시보(盛京時報)는 "탄환이 비 오듯 쏟아지는 가운데 숨진 사람만도 수만 명이 넘었다. 피가 튀고 살이 흩어지는 가운데 곳곳의 집들도 박살이 났다. 부모 형제도 부부도 친척도 친구도 길에서 절규하고 있었다. 그 비통함과 한, 그 무고한 피해에 눈을 갖다 댈 수가 없었다"라고 묘사했다.

러일전쟁의 피해자인 중국으로서는 당연히 전쟁에 의한 무고한 피해가 뼈에 사무칠 수밖에 없다. 그러나 러일전쟁 100주년을 계기로 여순을 찾은 일본 요미우리 신문의 기자는, 러일전쟁 100주년이라는 역사의 새로운 빛을 조명하려는 기운이 현지에는 부족하며, 공산당 정권하의 혁명사관은 제국주의 침략전쟁을 넘어서는 그 어떤 특별한 의미를 러일전쟁에 부여하지 않으려 한다고 볼이 멘다. 후지노(藤野)라는 이름의 그 기자는 러일전쟁이 청조 말기의 정치개혁이나 혁명운동에 아주 큰 영향을 준 사실을 부정하기 어렵다는 점, 일본의 승리에 자극을 받아 조국 변혁을 꿈꾼 많은 중국인 청년들이 대거 일본 유학에 나섰다는 점, 그를 통해서 세계 조류에 눈을 떠서 손문(孫文 : 쑨원)이 주도하는 혁명운동의 핵심추진세력이 됐다는 점 등을 들면서 지금 중국에서는 예전과 같은 '일본 찬가'는 들리지 않고 침략의 상처만을 강조하고 있다고 보도한다.

바로 이것이 일본인과, 일본의 피해자인 우리 한국인이나 중국인들이 다른 점이다. 일본이 우리나라와 중국을 침략하면서 무수한 사람들을 죽이고 피해를 입혔지만, 일본인들의 생각은, '일본의 진출'에 의해 너희들이 몽매한 왕조치하에서 자각을 일으켜 근대의 역사 속으로 편입될 수 있지 않았느냐고 반문하는 것이다. 즉, 일본의 덕에 근대화가 가능했는데, 왜 그런 것은 보지 않고 허구한 날 피해당했다는 사실만을 강조하느냐는 것이다. 요미우리 신문의 시각이 일본인 전체의 시각은 아니라 하더라도, 일본 최대의 판매부수를 자랑하는 이 신문이 이런 시각을 갖고 있는 것은, 일본인들의 시각을 대표하는 것이라고 해서 틀리지 않을 것이다.

그들의 속마음은, 일본이 억압받던 아시아 민중을 대신해서 백인 제국주의자들의 침략에 맞섰고, 그것이 근대 아시아 각국 민중들의 자각으로 이어져 아시아의 근대화를 촉진하며 아시아에 희망을 주었다는 것일 게다. 그래서일 것이다. 잊을 만하면 쏟아지는 그들 일본인들, 고위 정치가들의 발언을 잘 들여다보면 바로 그런 뜻이 읽혀지는 것이. 그러기에 우리들이 아무리 항의를 해도, 일본인들은 요지부동이고 막무가내인 것이다.

"역사를 미래에서 보자!"

그들이 늘 주장하는 말의 본뜻은, 과거 피해자의 입장에서 상처만을 보지 말고 큰 역사의 흐름 속에서 일본의 근대화가 바로 아시아의 교과서였다는 점을 인식해야 한다는 것이다. 그것이 가해자인 일본의 입장이자 시각이다. 그들에게는 피해자들의 아픔이 보이지 않는다.

그러기에 노대통령이 일본 측에 대해 과거에 한 사과에 걸맞은 행동을 보여달라고 주문했지만, 2009년 현시점에서도 성사되지 않고 있다. 사과는커녕 피해자의 아픔을 전혀 아픔으로 인식하지 않고 있는 바에야.

야스쿠니

100년 전 동아시아에서 있었던 국제전, 곧 1904년에 발발해서 1905년에 끝난 러시아와 일본 간의 러일전쟁에 대해서, 우리들은 일본이 러시아와 싸워 이겨서 한반도에 대한 종주권을 확립한 전쟁쯤으로 알고 있다. 그러나 일본인들의 시각은 다르다. '세계의 벽지시골 같은 작은 나라가 처음으로 유럽 문명과 피 흘리는 대결'을 하여 승리한 전쟁이 바로 일·러 전쟁이며, 이 전쟁이야말로 유색인종이 백인을 이긴 최초의 역사적 대결이며, 아시아로 팽창하려는 러시아 세력을 꺾어 '조선 반도를 보호하고 일본을 방어한 자위전쟁'이었다는 것이다. 이러한 시각을 일본인들이 갖도록 한 사람은 역사가가 아니라 일본의 한 소설가였다. '국민작가'라는 영예로운 호칭으로 기억되고 있는 시바료타로(司馬遼太郎)가 쓴 《언덕 위의 구름》이라는 소설의 영향 때문이다.

　　이 러일전쟁의 수훈갑은 육상에서는 노기 마레스케(乃木希典), 바다에서는 도고 헤이하치로(東郷平八郎)였다. 노기 마레스케는 많은 희생은 내었지만 여순전투에서 러시아 대군을 격파했고, 도고 헤이하치로는 쓰시마 앞바다에서 러시아의 전설적인 발틱 함대를 순식간에 궤멸시킴으로써 항복을 받아내었다.

　　이순신을 가장 존경했다는 도고 헤이하치로의 이야기는 너무도 유명하거니와, 육상에서는 난공불락으로 소문나 있던 여순 요새를 공략하기 위해 자기 두 아들 '가츠스케'와 '야쓰스케'까지 적탄에 맞아 죽어가는 처참한 모습을 두 번씩이나 쌍안경으로 지켜보며 '마의 203고지'를 점령하게 한 노기의 뚝심 있는 지휘력은 일본 전쟁사의 전설이 되었다.

　　그러나 러일전쟁의 의미를 국제적인 시각에서 재조명한 시바료타로는, 그의 소설에서 이 노기 대장에 대해서는 분노를 감추지 못한다. 뤼순 요새를 무조건 소총 돌격이라는 말도 안 되는 전술로 공격해, 6만 2백 명의 사망자를 낸 것은 무능과 무모함의 극치라는 것이다. 전쟁이 끝난 뒤 공훈을 심사하는 자리에서도 도고 헤이하치로는 무난히 원수로 진급했지만, 노기의 진급은 좌절됐다. 노기는 메이지 일왕 앞에서 '소중한 황군 6만 명을 잃은 죄'를 씻기 위한 할복 자살을 허용해줄 것을 간청했다. 메이지 유신과 함께 사무라이의 자살이 금지된 터여서 마음대로 자살할 수는 없었다. 메이지 일왕은 '짐의 생전에는 할복할 수 없다'는 명령을 내렸다. 왕이 내린 막대한 상금을 부하들의 유족에게 모두 나눠준 노기는 말년에는 왕실 자제들을 교육시키는 '학습원'이란 대학의 원장으로 있다가 1912년 메이지 일왕이 사망하자 할복으로 삶을 마쳤다. 노기의 부인(乃木靜子)도 함께 그의 뒤를 따랐다.

노기가 죽은 후, 그는 곧 천황을 모시는 일본 국민의 모범이 된다. 여순전투에서 아들을 잃은 6만여 명의 일본의 어머니들은 노기의 애국심에 감동한다. 노기는 일본군 '충성스러운 신민의 전형'으로 추앙되었고 '군신(軍神)'으로 떠받들어졌다. 수많은 일본인들이 천황을 위해 자신을 바친 노기의 뒤를 따르자고 외친다. 그리고는 이젠 천황 자체가 신으로 올라선다. 수많은 일본군들이 출정을 하면서 천황에게 서약을 한다.

"천황 폐하 만세! 소신(小臣) 다나카는 기쁜 마음으로 죽습니다. 일곱 번 다시 태어나도 천황 폐하를 위해 그리 하겠습니다."
"부모님께 고합니다. 나의 죽음을 기쁜 마음으로 받아들이십시오. 몸은 비록 죽습니다만 '보국(報国)의 적성(赤誠)'은 영원히 살아 황국(皇国)의 기초가 될 것입니다."

여기에 새로운 신화가 곁들여진다. 전쟁에서 죽더라도 야스쿠니 신사로 돌아온다는 신화가 그것이다. 일본의 젊은이들은 '야스쿠니에서 만나자'는 약속을 하고 전쟁터로 떠났다. 태평양전쟁 때 가미가제 특공대원들은 죽으면 반딧불이가 되어 야스쿠니 신사로 돌아온다고 굳게 믿고 육탄 공격을 감행했던 것이다. 그렇게 해서 야스쿠니 신사에는 천황의 이데올로기에 희생된 246만 명의 사망자의 위패가 모셔져 있다. 사망자 가운데 일제의 침략 전쟁과 관련해서 사망한 자가 약 245만이라고 한다. 단순히 전쟁에 나가서 숨진 사람들만이 아니라 전쟁을 일으키고 사람들을 죽음으로 내몬 전범들도 함께 모셔져 있다. 이것이 야스쿠니 신사이다. 그런데도 보통 신사와 크게 다르지 않더라고 어느 유명 한국인이 말을 하니, 사람들의 억장이 무너지는 것이다.

러일전쟁 당시까지만 해도 2류국이었던 일본이 초강대국이던 러시아를 맞아 전쟁의 승리를 이끌어낸 데에는 치밀한 사전 준비도 뒷받침이 되었지만, 육군의 노기(乃木希典) 장군과 해군의 도고(東鄕平八郎) 제독이 없었다면 불가능했다고 할 정도로 두 장수의 공은 혁혁했다. 특히 여순전투를 승리로 이끌어 러·일전쟁의 승전 기반을 굳힌 노기 장군의 뚝심과 지략 그리고 두 아들을 바치기까지 한 희생정신은 주목할 만한 것이라고 하겠다. 그러나 그 노기 대장도 오로지 천황을 위한다는 명분, 곧 천황 이데올로기에 희생된 사람이다. 그도 결국은 천황의 명령 한 마디를 지키기 위해 수만 명의 젊은이들을 사지로 내몬 것이다. 그 뒤에는 그로 인해서 더 많은 젊은이들이 전쟁의 광풍 속에 스러져 갔다. 천황은 전쟁이 끝나도 아무 책임을 지지 않고 일생을 마쳤고, 그의 명령 하나에 움직였던 많은 군인들이 전범이 되어 처형됐다.

　한국 침략에서부터 중일전쟁과 태평양전쟁으로 이어지는 일본의 일련의 행보는 맹목적인 국민국가주의와 군국주의가 천황 이데올로기와 결합돼 일어난 인류사적인 과오이며 죄악이다. 그런 인식이 없으면 일본은 또 다시 60여 년 전의 비극을 되풀이할 수밖에 없다. 그리해서 이웃나라에 죄를 짓고 또 일본 국민 자신들에게도 죄를 짓고 큰 피해를 준다. 그런데도 과거로부터 교훈을 배우지 못하는, 아니 교훈을 외면하려는 사람들이 다시 일본에 늘고 있다. 60년이란 세월이 너무나 길기 때문인가?

건망증

1995년 8월 15일 밤 중국 남경시(南京市) 강동문(江東門) 다정동가(茶亭東街) 195번지에 있는 '침화일군 남경대도살 조난동포 기념관'(侵華日軍 南京大屠殺 遭難同胞 紀念館;중국을 침략한 일본군의 남경대학살과 난을 당한 동포들을 위한 기념관) 앞 광장, 검은색 드레스에 옅은 회색 겉옷을 걸친, 검은 양말을 신고 검은 구두를 신은 한 할머니가 나무 의자에 조용히 앉아 있었다.

세월과 풍파를 많이 겪은 듯 얼굴에는 적지 않은 시간의 흔적이 남아 있었다. 그러나 75세라고는 보이지 않을 정도로 깨끗하고 기품이 있는 얼굴이었다. 밤 10시, 할머니 앞에 카메라와 마이크가 다가왔다. 그는 카메라에 대고 이렇게 말했다.

"저는 남경에서 영화〈남경대도살(南京大屠殺)〉의 개봉 시사회에 참석

할머니는 감정에 북받친 듯 몸을 떨면서 일본에 있는 사회자에게 말했다. 이 인터뷰는 일본 TBS(東京放送)의 화면을 타고 일본으로 생중계됐다. 일본 시간으로 8월 15일 밤 11시, 일본의 동경방송은 일본이 2차 대전 중에 아시아 각국 국민들에게 저지른 죄악을 보다 많은 일본인들에게 알리기 위한 목적으로 남경과 서울, 싱가포르를 묶는 사원(四元) 위성생방송을 하는 중이었다. 할머니는 75살의 나이에도 불구하고 남경 현장에서 사회자 겸 리포터를 맡아 동경에 보도하고 있었다.

이 할머니의 이름은 오오타카 요시코(大鷹淑子)이다. 그러나 전쟁을 체험한 많은 중국인들에게는 오히려 이향란(李香蘭)이란 이름으로 더 잘 알려져 있다. 그렇지만 다른 이름 야마구치 요시코(山口淑子)라는 본명으로도 알려져 있다. 오오타카는 결혼 후 남편 성을 딴 것. 이름으로 보면 중국인인가 일본인인가 헷갈린다. 과연, 두 개의 이름만큼이나 그녀의 일생도 기구한 것이었다.

그녀가 태어난 것은 1920년, 이미 일제가 점령하고 있던 만주

무순(撫順)에서였다. 아버지는 남만주철도의 중국어 선생인데, 초등학생때 아버지의 친구인 중국인 군인의 가정에 양녀로 보내진다. 중국인 가정에서 큰 만큼 그녀는 크면서 일본 군인들의 잔혹상을 눈으로 직접 보면서 자랐다. 공부를 잘 했던지 그녀는 북경으로 올라가 1937년 북경 익교여자학원(翊敎女子學院)을 나온다. 그리고는 다시 만주로 돌아가 그 해에 일본이 세운 주식회사 만주영화협회(株式會社 滿洲映畵協會)에 들어가 영화배우로서의 길을 걷는다. 이향란이란 이름은 이 때 쓰던 예명이다. 그녀는 이 때부터 〈만고유방(萬古流芳)〉, 〈내 일생 중의 가장 빛나는 날〉 등의 영화에 출연해 이름을 날렸으며, 노래 〈야래향(夜來香)〉은 공전의 인기를 얻었다고 한다. 그러나 일본 관동군은 이 좋은 선전재료를 그냥 두어 둘 리가 없었다. 그는 일본 침략을 미화하는 영화에 수시로 출연했고 일본군을 위로하는 노래를 불렀다.[1]

1945년 일본이 패망한 뒤, 이향란은 중국군(당시는 국민당군)에 체포돼 간첩죄로 재판을 받고 사형 언도를 받는다. 총살형이 일주일 앞으로 다가온 시점에 그녀의 호적이 일본으로부터 도착한다. 비로소 이향란은 중국인이 아니라 일본인 야마구치 요시코임이 밝혀진 것이다. 죽음 직전에 생명을 구한 이향란, 아니 일본인 야마구치는 1946년 일본으로 돌아간다.

---

1) 1993년 6월 중국의 중앙 텔레비전은 4부작 드라마 〈안녕! 이향란이여〉를 방영했다. 이 드라마는 원래 일본의 후지 텔레비전이 제작비 8억 엔을 들여 만든 대하 다큐드라마이다. 이향란, 아니 일본인 야마구치 요시코의 자전적 소설 〈나의 전반생(前半生)〉을 드라마화한 이 작품은 쌍엽 비행기, 열차, 증기선 등 당시의 교통수단에다 2천여 명의 엑스트라가 동원된 가운데 정성을 기울여 만든 작품으로서, 처음 일본에서 방송될 때 25%의 시청률을 올리는 큰 히트를 했다고 한다. 일본에서 텔레비전극이 영화를 누르고 시청률이 높았던 것은 이 한 편뿐이라고 하니 그녀의 생이 얼마나 파란만장했는지를 엿볼 수 있다. 국회의원이던 야마구치 요시코도 이 드라마를 보고 감동의 눈물을 흘렸다고 할 정도로 드라마는 뛰어난 작품이었다고 한다.

밤 10시 55분, 생방송 프로그램이 막바지에 이른 시간, 남경대학살기념관 안으로 카메라와 마이크가 옮겨진 가운데 할머니는 다시 말을 한다.

"일본군을 위한 위안부들은 그들의 인권, 인간으로서의 존엄성, 그들의 청춘 모두를 짓밟혔습니다. 그들은 이제 나이가 너무 많아 시간이 없습니다. 그들에게는 진심으로부터의 위로가 필요합니다. 저는 이것을 사람들에게 호소하는 것입니다. 이곳의 텔레비전 사회자가 저한테 묻습니다. 일본의 중학교 교과서에 왜 중국을 침략한 역사가 없느냐고. 왜 일부 일본인들은 남경대학살을 인정하지 않느냐고. 저는 지금 말합니다. 이 일은 바뀌어야 합니다. 위안부 사건은 응당 배상돼야 합니다. 전국의 일본 국민들이 모두 마음속으로부터 그들에게 배상해야 합니다."

"중국과 일본 사이에는 하나의 과거가 있었습니다. 이 과거를 인정하지 않고는 진정한 중일우호는 없습니다. 과거를 얘기해야 오늘의 중일관계가 있습니다. 남경 사람들을 만나보니 남경대학살은 물로 씻어서 깨끗하게 말리어지는 땀 같은 게 아니라는 것을 알았습니다. 이것은 하나의 엄연한 역사입니다. 대학생이나 중고등학생, 초등학교 학생들을 대상으로 한 현대사 교육을 강화해야 합니다. 현재 교육을 잘못 받으면 이후 일본인들은 아시아인들과 경제활동을 할 때에 큰 간격을 만날 것이며, 이 간격은 갈수록 커져서 충돌할 것입니다. 저는 이 점을 걱정합니다."

남경대학살기념관은 2만 5천 제곱미터의 부지 위에 세워졌는데, 전체가 하나의 커다란 조각이었다. 등소평이 친필로 쓴 기념관 이름이 정면에 붙어 있고 그 옆으로 계단이 나 있는데, 거기에는 한자와 영어로 '조난자(遭難者;희생자) 30만 명'이라는 글씨가 까맣게 새겨져 있다. 계단을 따라 올라가면 평평한 옥상이 나온다. 이 옥상에서는 기념관 경내에 조성된 계란 크기의 자갈을 깐 기념광장을 내려다볼 수 있다. 풀 하나도 없이 돌만 갈려 있는 메마른 땅에는 죽은 나무 몇 그루가 서 있고 주위에는 파괴돼버린 듯한 담장이 둘러쳐져 있다. 일본 군국주의자들이 침략전쟁을 일으켜 무고한 사람들을 학살하고 중국인들에게 헤아릴 수 없는 재난을 준 것을 상징하는 것이다. 계단을 내려가서 기념관 경내 작은 길을 따라 가다보면 13개의 작은 비석이 나온다. 그것은 남경 시내에 있는 모든 학살기념비를 줄여서 복제해 놓은 것으로, 주요 학살지에 관한 사료가 적혀 있다. 담장에는 돌로 된 대형 부조 3점이 있다. 일본군이 남경에서 죽이고 불태우고 강간하고 약탈한 사실을 부조로 새겨 놓은 것이다.

희생된 중국 동포들의 유골을 그대로 보관 진열하는 방도 있다. 수천, 수만의 백골들이 꺼먼 눈을 뜨고 아무 말도 못 하고 흙 속에 묻혀 있다. 그들은 말이 없지만, 일본군 만행의 실물 증거인 것이다. 그 진열실 앞에는 커다랗게 어머니상이 만들어져 있다. 비통한 표정으로 무엇인가를 파보는 자세이다. 학살돼 숨져 불에 타버린 시체 더미 속에서 아들을, 딸을 찾으려는 어머니의 심정을 묘사하고 있었다. 그 어머니는 허공에 대고 무언가를 외치는 것 같았다. 또한 진열실 안에는 당시의 관련 사진과 유물들이 벽면을 가득 채우고 있었다. 일본군이 죽이고 시신을 잘라 만두를 빚어먹었다는 어느 여자의 사진, 어린아이들이 마치 돼지새끼처럼 죽어 나란히 누워 있는 모습, 하루에 100명 이상을 죽이고는 서로 누가 많이 죽였는가를 자랑하는 일본군 병사, 당시를 보도한 신문들… 학살, 인간의 광기, 짐승 같은 야욕을 증언해주는 기록들이 2천1백 평방미터의 기념관 건물 벽을 돌아가면서 가득 메우고 있었다.

1937년 12월 13일, 일본군의 화력과 잘 훈련된 전투력에, 도저히 당할 수 없어 중국 군대가 철수해버리자 당시 중국의 수도 남경은 그야말로 민간인들과 총칼을 빼앗긴 중국군 병사들만이 적수공권(赤手空拳)으로 남아 있는 패전장이었다. 일본군 중국 파견군 사령관 마츠이 이와네(松井石根) 대장 휘하에 있던 제6사단의 다니 히사오(谷壽夫) 사단장은 그 전날까지 '양민의 생명과 안전을 보호해준다' 던 약속을 어기고 미친 듯한 살육을 시작했다. 연자기(燕子磯) 강변에 있던 5만 명의 피난민과 무장 해제된 병사들이 처음으로 기관총 세례를 받아 피를 흘려 그들의 피가 강물을 뻘겋게 물들이며 강의 흐름까지 막기 시작한 이래, 14일 오후에는 남경성 주위의 주요 성문과 열차역, 부두 등지가 선혈로 물들여지기 시작했다. 15일 오후에는 한중문(漢中門) 일대에서 1만 명, 16일에는 화교초대소의 난민 5천 명, 다른 곳에서 수색당해 잡혀온 3천 명의 비무장 군인과 민간인들이 총에 맞아 죽고 불태워졌다.

12월 17일 마츠이 사령관이 입성하면서 이른바 승리 입성식이 벌어졌고, 그 다음날부터 살육이 다시 시작돼 인근의 5개 부락에서 주민과 군인 등 5만 7천여 명이 처치됐다. 먼저 기관총을 쏘고 숨지지 않은 사람들은 칼로 베고, 그래도 남으면 기름을 부어 불질러 버리고 시체는 양자강에 버려버렸다.

집단학살만이 아니었다. 개개 군인들이 살인 유희를 즐기며 온 성내를 유린했다. 일본군 준위 무카이(向井)는 동료인 노무라(野村)와 함께 먼저 100명을 죽이는 자가 이긴다는 내기를 걸어 12월 10일 자금산(紫金山) 아래에서 만났다. 서로 몇 명을 죽였냐고 물으니 노무라는 105명이라 하고 무카이는 106명이라 했다. 결국 내기는 무카이가 이겼다. 그러나 누가 100명을 먼저 죽였는지는 알 수가 없었다. 그래서 둘은 다시 누가 먼저 150명을 죽이는가 내기를 했다. 당시의 일본 신문은 이 기사를 실으면서 득의에 찬 두 군인의 사진까지 실었다.

학살은 단순히 죽이는 것이 아니라 반드시 부녀자 강간과 폭행을 동반했다는 데서 눈 뜨고 보지 못할 참혹한 광경들이 곳곳에 펼쳐졌다. 일본군은 '일본에는 강간을 금지하는 법률이 없다. 강간은 일본군의 특허다' 라고 자랑하며 인간의 가장 더러운 본능을 있는 대로 드러냈다. 오죽하면 당시 남경에 와 있던 나치스 독일의 대사가 본국 정부에 보낸 보고서 중에 일본군들을 '짐승 집단' 이라고 표현했을까? 전쟁이 끝나고 세워진 국제법정에서는 엄밀한 조사 끝에 남경에서의 학살자가 30만 명을 넘었다고 밝혔다.

그러나 남경대학살은 한꺼번에 가장 많이 죽인 기록일 뿐, 그것이 전부는 아니었다. 이향란이 12살 때인 1932년 9월 16일, 일본군은 이향란이 자란 만주 무순시의 평정산촌(平頂山村)에서 기관총과 장총을 난사해 3천 명을 죽였다. 오랫동안 함락되지 않아 자기들이 피해를 입은 데 대한 분풀이였다. 물론 그 훨씬 전인 1896년에는 청일전쟁에서 이긴 일본군이 여순에 상륙해서 부녀자와 어린이를 포함한 6만 명의 시민을 죽인 일도 있었다. 1932년부터 1937년까지 2년 동안 동북지방에서는 일본에 대항한다는 이유로 6만 7천 명을 죽였다. 1937년 11월 4일부터 12월 12일까지 영파(寧波), 상해(上海), 항주(杭州)의 삼각지대 일대에서는 30만 명을 죽였다. 1943년 5월 호남성 동정호에서는 3만 명의 남녀 주민을 죽였다. 산서성의 양고현(陽高縣) 등 7개 현에서는 한 달 동안 1만 6천 명이 죽었다. 1938년에서 39년 사이에 한 현에서 4만 명이 죽었다. 하북성에서는 5만 명을 대소탕했다. 1937년부터 1945년까지 하북, 산서, 중부 지방에서 일본군이 죽인 주민들은 300만 명이 넘는다.

한두 사람이 죽으면 신문에도 크게 나지만, 무수한 사람을 죽이면 단순히 통계 숫자가 불어나는 데 그치는 것인가? 일본이 중국을 침략하는 과정에서 발생한 중국인 희생자는 3천만 명을 넘는 것으로 집계되고 있다. 이렇게 많은 중국인들이 죽은 것을 '전쟁중이었으니까' 라는 말로 넘길 수 있는 일인가? 과거 군인들의 광기 어린 짓이었다고 치부해버릴 수 있는 일일까? 그런데도 나가노 법무상이나 시마무라 교육상은 일본의 중국 침략은 침략이 아니라 전쟁의 결과에 따른 것이라며, 용어상·개념상의 차이가 있다고 말한다.

남경대학살은 시민 속에 섞인 중국군 스파이를 찾아 처단하는 행위였을 뿐 학살이 아니라는 것이다. 극악무도한 만행이라는 나치 독일의 유태인 학살도 이처럼 광범위한, 무차별한, 무자비한, 무도한 학살은 아니었다.

1992년 10월 이향란은 중국 정부의 초청으로 중국의 우수 영화인과 작품을 시상하는 '금계(金鷄)', '백화(百花)' 영화제에 참석했다. 유명한 관광지 계림(桂林)에서 열린 이 영화제에서 이향란은 중국 문화부의 유덕우(劉德友) 부부장에게 이렇게 말했다.

말을 미처 다 마치지도 못하고 이향란은 결국 울음범벅이 되고 말았다. 비록 말을 다 마치지는 않았지만 그녀는 당당했다. 용기가 있었다. 진정으로 고해성사를 하고 나면 속이 시원한 법이다. 이향란은 이 날 자신의 잘못을, 자신이 알고 한 것이 아니라 모르고 이용당한 것임에도 당당히 사죄하고 나서 3년 뒤에는 자신의 조국, 아직도 자기들이 무슨 일을 했는지 모르는 일본의 국민들에게 진실을 알리는 역할을 기꺼이 담당했다.

그러나 이러한 일본인이 아직도 소수에 지나지 않는다는 게 일본의 문제이다. 남경 대학살기념관에 20만이 넘는 일본인 참배객이 왔다 갔다고 하는데, 그들이 이곳에서 보고 느낀 일본의 죄악, 중국인들의 대일본 감정이 일본에 돌아가면 스르르 녹아 없어져버리는 것은 아닌지. 1995년 5월 무라야마 총리가 북경을 방문했을 때 2차 대전의 시발지인 노구교(盧溝橋)에서 일본의 과거 행위를 사과했지만, 그 뒤 일본은 또 변했고, 근래에는 세계 어디에든 군대를 보낼 수 있을 정도로 국내법을 고쳤다. 기회만 있으면 어디로든 군대를 출동시킬 명분을 쌓고 있으며, 미국은 자신들의 군사 임무를 일본에 넘겨주기 위해 이러한 일본의 움직임을 찬양하고 있다.

해마다 8월 15일 오전 10시 30분이면 태평양전쟁에서 죽은 246만 명의 일본인 위패가 안치돼 있는 일본 동경의 야스쿠니 신사에서 전몰자 추도집회가 열린다. 이 집회는 '전후 50주년 국민위원회' 등 우익단체들이 주도하고 있다. 이들은 말한다.

"대동아전쟁은 일본제국의 자존과 동아시아의 안정을 위한 전쟁이었다."
"용기 있는 사람이라면 누구나 시마무라 신임 문부상처럼 말할 수밖에 없을 것이다."

미국의 아미티지 국무부 부장관이 '일본의 방위청이 성으로 승격한다면 일본이 유엔안전보장 이사회의 상임이사국이 되기 쉬울 것이다'라고 말했다는 외신 보도를 접하면서 과연 미국이 일본의 이러한 역사와 그것이 내포하고 있는 집단심리를 알고 있을까, 과연 미국은 60년 전 태평양 전선에서 일본과 맞서 싸우다가 피를 흘린 사람들, 사이판과 오키나와에서 자살을 감행한 수많은 일본인들의 참혹한 광경을 목격한 사람들의 후예가 맞는가 하는 의문이 든다.

그 미국이 일본을 봐주고 있다는 착각 속에 일본의 우익들이 준동하고 있는 것이다. 그들은 교과서를 새로 써서 자신들은 오로지 아시아를 위해 일을 했지, 해를 끼친 적은 없다고 말한다. 그들은 이웃나라의 항의를 귀담아 들으려 하지 않는다. 그러다가 중국에서 대규모 항일 시위를 당하기도 한다.

역사의 교훈을 잘 잊어버리는 사람들은 일본 사람들만이 아닌 것 같다.

노구교

중국의 수도 베이징에서 서남쪽으로 경석고속공로(京石高速公路: 수도 북경과 허베이 성河北省의 성도省都 스자장石家壯을 연결하는 고속도로)를 따라 약 15킬로를 가면 노구교(盧溝橋: 루거우차오)라는 지명이 나온다. 이곳에서 고속도로를 내려 작은 길을 따라가다 보면 돌로 쌓아올린 성(城: 宛平城)이 있는데, 이 성을 관통해서 서쪽으로 조금 더 가다 보면 돌로 만든 다리가 하나 나온다.

11개의 아치를 이은, 길이 265미터의 이 돌다리 위에는 양쪽으로 난간이 있고 난간 사이로 281개의 망주(望柱)가 서 있으며, 망주 머리 부분에는 각양각색의 돌사자가 조각돼 있다. 누워 있거나 앉아 있거나 일어서 있거나 엎드려 있는 이 돌사자들은 자세도 다 다르고 표정마저 달라서 마치 살아 있는 것 같다. 어떤 사자는 새끼를 데리고 놀고 있다. 암컷이다. 어떤 것은 지구 같은 공을 발밑에

끼고 놀고 있다. 이것은 수컷이다. 할 일 없는 사람들은 이 다리 위
에 있는 사자가 모두 몇 마리인지 세어 보려고 했다. 그러나 도무지
셀 수가 없었다. 세다가 자꾸 틀리기 때문이다. 그래서 중국인들은
'盧溝橋的獅子－ 數不淸(노구교의 사자는 몇 마리인지 숫자가 헷갈
려요)' 라며 세기를 포기한다. 어느 끈기 있는 사람이 세어본 결과
485마리라고 하기도 하지만.

　　노구교(盧溝橋)는 예로부터 아름다운 다리의 대명사였다. 다리
만 아름다운 것이 아니라 근처의 경치 또한 이름나 있었다. 우리나
라 고려 인종 때의 문신 정지상(鄭知常,?~1135)이 쓴 '大同江水何
時盡　別淚年年添綠波'(대동강수하시진　별루년년첨록파:대동강
물은 언제 마르겠는가? 해마다 이별의 눈물이 푸른 파도처럼 쌓이
는 것을)라는 시구처럼 위수(渭水)의 지류인 영정하(永定河, 잉딩
허)가 흐르는 이 강변은 예로부터 친구나 애인(情人)과 이별하는 장
소였으며, 화북지방과 북경을 연결하는 교통의 목이었다. 이곳을
두고 금나라 조병문(趙秉文)같은 이는

　　'해질녘 노구교의 버드나무여, 이별하러 몇 번이나 서울을 나오는구나.
　　落日盧溝橋上流　送人幾度出京華'

라고 읊었다. 또 고기원(顧起元)이란 사람은

　　'출정하는 사람의 가장 좋은 망향처라. 노구교 위의 달은 서리 같네.

라며 비감한 심정을 토로하기도 했다.

전해오는 말로는 아침 5경(更＝曉)에 서쪽으로 달이 질 때(月)의 이곳의 경치는 다른 어느 곳도 당해낼 수가 없다는 것이다. 그래서 금(金, 1115~1234)나라 때부터 '盧溝曉月(노구효월: 노구교의 새벽 달)'이란 말이 생겨났고, 燕京八景(연경팔경. 연경은 북경의 옛 이름. 연경의 아름다운 경치 8군데)의 하나로서 금나라 이후 중국인들의 사랑을 받아왔다. 유명한 청나라(淸, 1636~1912)의 건륭황제도 이곳을 다녀간 뒤에 '盧溝曉月'이란 넉 자를 돌에 써 놓았다. 그 글씨는 지금도 다리의 동쪽에 높이 4.5미터의 비석으로 남아 다리 입구를 지키고 서 있다.

그러나 이 다리가 정작 유명해진 것은 중국인에 의해서가 아니라 외국인에 의해서였다. 여진족이 세운 나라로서 중국 북부지방을 석권한 금나라의 해릉왕(海陵王) 완안양(完顏亮 : 재위 1122~1161)이 수도를 북경으로 정해 옮긴 이후 하북평야 지대로 통하는 이곳의 전략적인 중요성이 점차 높아감에 따라 견고한 다리의 건설이 긴요해졌다. 그래서 다음 황제인 세종(世宗) 대정(大定) 2년인 1188년, 그 때까지 나무로 된 부교(浮橋)로 있던 이 다리를 돌로 놓도록 명령해서 만 3년의 공사 끝에 공사가 완료되었다. 그로부터 백여 년 뒤인 원(元)나라 세조(世祖 : 1215~1294) 때 이탈리아의 유명한 여행가인 마르코 폴로가 이곳에 와서 다리를 보더니 세계에서 가장 아름다운 다리라며 그의 여행기인 《동방견문록》에 자세히 묘사해 놓았다. 그래서 이 다리는 외국인들에게는 '마르코 폴로 브리지'라는 이름과 함께 잘 알려져 있었다.

1995년 5월 3일 오후 2시 45분, 중국의 외빈용 차량으로서는 최고급에 속하는 벤츠 600이 앞장을 서고 50여 대의 수행차량이 열을 지어 이 다리에 도착했다. 차 문이 열리자 바람에 날리는 듯한 흰 눈썹을 단 노인이 모습을 드러내었다. 바로 하루 전에 중국을 방문한 일본의 무라야마(村山富市) 총리가 노구교에 온 것이다. 일본의 총리가 왜 이곳 노구교에 왔는가? 노구교 주변의 경치를 감상하기 위한 것인가? 그러나 무라야마(村山) 총리는 유명한 '盧溝曉月'이란 비 앞에서 8분 동안 구경하며 입을 굳게 닫고 아무 말도 하지 않았다.

1931년 9.18사변(9월 18일 일본군이 만철(滿鐵) 폭파사건을 조작하고 이를 구실로 만주를 쳐서 점령한 일)으로 만주를 삼켜버린 일본은 남의 땅을 빼앗아 먹는 데 재미가 들려 다음 목표는 중국 전체를 먹는 것으로 삼았다. 그래서 청나라의 수도가 있던, 중국의 중심지 북경(당시는 북평으로 불렀다) 주위에 군사력을 집중시키고는 이곳을 쳐서 빼앗을 좋은 핑계가 없을까를 찾았다. 군사력을 계속 증강한 일본은 1936년 10월부터 11월 사이에 화북 주둔 일본군 1만여 명이 참가하는 추계 대연습을 벌였다. 공격목표는 물론 북경, 이를 위해서 북경시 일대와 이곳 노구교에서도 훈련이 펼쳐졌다.

일본군들은 중국인들이 애써 가꿔놓은 면화, 배추 등의 농작물들을 마구 짓밟아 대부분 못쓰게 만들어놓았다. 중국인들에게 공포심을 주기 위한 일종의 심리적인 작전도 포함돼 있었다. 1937년에 들어서면서 일본군 내부에 중국에 대한 개전론(開戰論)이 주류를 이루게 된 가운데 일본군은 북경을 사면으로 포위하는데, 마지막 남은 노구교를 점령하기 위해 그 해 6월부터 이 일대에서 무력연습을 대규모로 공공연하게 벌이며 무슨 핑계거리라도 일어나기를 학수고대하고 있었던 것이다. 그러나 그러한 발단은 쉽게 일어나지 않았다. 기다리기에 지친 일본군은 드디어 득의의 작전을 펼쳤다. 그것은 실종극이었다.[2] 7월 7일 밤 10시 40분, 노구교 회룡묘(回龍廟)에서 연습을 하던 북평 주둔 일본군 제8중대는 연습을 끝낸 뒤 다리 건너편에 있는 완평성의 중국군 본부에 사람을 보내어 병사 한 명이 실종됐는데 중국군 주둔지 쪽에서 총성이 났으니 완평성 안으로 일본군을 들여보내 조사해보겠다고 나섰다. 물론 이 요구는 거절될 것을 예상하고 트집을 잡기 위한 것이었다. 일본군은 그렇다면 중국군이 철수해야 한다고 요구하다가 역시 거부당했다. 일본군은 이러한 말도 안 되는 사건을 구실로 완평성에 주둔한 중국군을 공격하기 시작했다. 이것이 바로 3천500만의 중국인을 죽게 한 일본의 중국본토 침략의 개시이며, 세계 제2차 대전의 시발이 되는 노구교 사변이다.

무라야마 총리는 노구교 일대를 둘러본 뒤 항일전을 주제로 한

---

2) 1931년 9.18사변의 전초전으로 일본은 나카무라(中村) 실종사건을 일으켜 관동군이 무력으로 만주를 삼킬 구실을 만들어 중일관계를 극도의 긴장상태로 만들었다. 1934년에는 남경에서 구라모토(藏本) 실종사건으로 남경 주둔 일본 총영사관이 중국 정부에 강력한 조사요구를 하면서 함대를 동원해 남경 강변에서 시위를 벌여 일촉즉발의 위기를 만들어 침략전에 활용한 바 있다. 齊福霖, '노구교 사변의 몇 가지 인식', 《盧溝橋事變與八年抗戰》, 북경출판사, 1990

‘혈육장성(血肉長城)’이란 조각대 앞에서 또 발을 멈추었다. 그는 조금 있다가 완평성 안에 세워져 있는 중국인민항일전쟁기념관 안으로 발길을 옮겼다. 이 기념관의 관장인 장승균(張承鈞)은 기념관 내에 전시된 실물이나 모형, 사진 자료, 통계 등을 차례차례 소개하며 무라야마 총리에게 9.18사변, 노구교사변, 남경대학살, 중국 군민들의 용감한 대일항전, 군국주의 침략을 저지하는 데 있어서의 중국의 공헌, 중국과 일본의 수교에 이르기까지의 주요 사건에 대해 설명해주었다.

"1931년 9월 18일 일본 관동군은 무방비 상태로 심양에 주둔하고 있는 중국군을 갑자기 습격해서 심양을 점령했습니다. 1937년 7월 7일 밤, 일본군은 병사 한 명이 실종됐다며 완평성 안에 들어와 수색하겠다고 요구하다가 거절당하자 총과 대포로 공격해 침략 전쟁을 일으켰습니다. 그 해 12월 일본은 남경을 점령한 뒤 중국의 군민(軍民) 30만 명을 무차별 살해하는 인류사상 유례가 없는 대학살을 저질렀습니다. 일본군은 중국 공산당이 이끌어가던 후방 게릴라전장에 살광(殺光;모조리 죽인다), 소광(燒光;모조리 불태운다), 창광(搶光;모조리 빼앗는다)는 삼광(三光)정책으로 대약탈을 저질렀습니다."

관장의 설명에 무라야마(村山) 총리는 가끔씩 머리를 끄덕이며 귀를 기울였다. 관람을 마친 뒤에는 방명록에 서명을 했다. 그는 일본어로 다음과 같이 썼다. ‘역사를 똑바로 보고 일본과 중국의 우호

와 영원한 평화를 기원한다(歷史を直視し日中友好, 永久の平和
を祈る).' 기자들이 기념관 관람을 마친 무라야마 총리에게 소감을
묻자 그는 또 이렇게 말했다. "과거의 역사를 회고하면서 나는 미래
의 평화에 대한 나의 결심을 더욱 새롭게 느낍니다."

　　무라야마 총리의 중국 방문은 일본이 2차 대전에서 패망한 50주
년, 러시아에서는 대(對)독일전쟁 전승기념일을 며칠 앞둔 시점에
이루어진 것으로서, 애초부터 과거 침략전쟁에 대해 중국에 어떤
식으로든 책임을 표시한다는 분명한 목적을 갖고 있었다. 무라야마
는 중국을 방문하는 보통의 외국 원수들이 잘 찾지 않는 천안문 광
장 안에 있는 인민영웅기념탑에도 헌화를 했다. 더구나 노구교는
일본 총리로서는 처음으로 찾은 것이었다. 이것은 중국에게는 매우
상징적인 의미가 있는 발걸음이었다. 중국으로서는 2차 대전 종결
50주년이라는 시점에 과거 침략전쟁을 일으킨 가해자 측 수상이
피해자였던 중국을 공식 방문하는 것에 각별한 의미를 부여하고 싶
어했다.

　　그러나 일본 총리의 중국 방문에는 몇 가지 짚고 넘어가지 않으
면 안 될 점이 있다.

　　첫째는 무라야마 총리가 이번 중국 방문에서도 과거의 행위에 대
해 반성은 했을지언정 사과는 하지 않았다는 점이다. 무라야마 총
리의 중국 방문은 과거 전두환 대통령이 일본을 방문했을 때 일본
인들이 쓴 '통석(痛惜)의 념(念)을 금할 수 없다' 는 표현이나 호소

카와 총리가 한국을 방문했을 때 보여준 과거에 대한 반성보다는 정중하고 성의가 담긴 것임에는 틀림이 없다. 무라야마 총리는 우익이 아닌 좌익적인 입장에서 일본을 이끌어 가고 있는 사회당 출신의 총리이기 때문에 과거 자민당이나 그 이후의 중도연립내각보다는 더 명확한 입장을 보일 수 있었는지도 모른다. 그러나 그러면서도 왜 사죄를 하지 않는가 하는 점은 영 개운치 않은 것이다.

둘째는 무라야마 총리가 비록 과거의 침략행위에 대해 일본이 반성하고 있다고 말은 했으나 그것이 일본 국민 전체의 공통된 인식은 아니지 않은가 하는 의구심이다. 그가 노구교의 항일전쟁기념관을 보고 나온 뒤 일본과 중국 기자들에게 한 말, 즉, '과거의 역사를 회고하면서 나는 미래의 평화에 대한 나의 결심을 더욱 새롭게 느낍니다.' 중에서 '나는' 이란 말과 '나의 결심' 이란 말이 가슴에 걸리기 때문이다. 총리이자 사회당의 리더로서의 그는 과거의 침략행위에 대해 반성을 하고 있으나, 일본 전체로서는 결코 과거를 완전히 반성하지 않고 있음을 느끼게 하는 일들이 최근 일본에서 자주 일어나고 있기 때문이다.

나가노 법무장관을 비롯한 일본의 많은 각료들이 자신의 발언이 몰고 올 파장을 너무도 잘 알고 있으면서도 목숨을 내걸고 과거 일본의 침략은 침략이 아니라는 점을 강조한다. 한 장관이 그러다가 사직하면 다른 장관이 나와서 또 그 말을 하고 또 사직한다. 그들에게는 아시아에 대한 전쟁이 침략전쟁일 수가 없는 것이다. 그들 일본인은 일본이 일으킨 전쟁은 아시아의 안정을 위해서 일으킨 명분 있는 전쟁이었으며, 식민지 상태 하에 있던 아시아 각국이 분분히 독립하게 된 것도 이 전쟁의 공이었다고 주장한다.

무라야마 총리는 1994년 취임한 이후 집권 사회당과 자민당, 그리고 혁신 정당들의 지지 아래 아시아 국가에 대한 침략을 사죄하고 일본이 다시 침략전쟁을 일으키지 않을 것이라는 이른바 '부전결의(不戰決議)'를 국회에서 통과시키기로 합의한 바 있다. 그러나 1994년 말 일본 내 12개 현의회에서는 일본의 침략전쟁 중에 죽고 부상한 일본인들에 대해서 감사를 표한다는 결의가 통과됐다. 1995년 2월, 일본 자민당 의원 150여 명은 사죄를 반대하는 조직을 만들고 그룹별로 국회에서 시위행진을 벌였다. 일본이 사죄를 해서는 안 된다는 청원서에 서명한 일본인이 450만 명을 넘었다. 1994년도 노벨문학상 수상자인 오오에 겐자부로(大江健三郎) 같은 이와 일본의 저명한 학자와 작가들이 무라야마 총리의 중국 방문 바로 전날인 5월 1일, 일본은 침략전쟁을 반성하고 이를 사죄해야 한다는 결의를 국회가 통과시켜야 한다고 성명서를 발표했지만 메아리 없는 아우성이었다.

1995년 6월 6일, 일본 국회는 논란이 계속되던 이른바 '부전결의(不戰決議)' 안 내용을 길고 지루한 협상 끝에 확정했다. 자민당과 사회당, 사키가케 등 집권여당이 확정한 결의안은 '근대 역사상의 수많은 식민지 지배와 침략적 행위를 유감으로 생각하며, 일본이 과거에 행한 이러한 행위 및 타국민들, 특히 아시아 국민에게 가한 고통을 인식하고 깊은 반성의 뜻을 표한다'는 내용으로 되어 있다. 그러나 가장 중요한 '침략전쟁'을 '침략행위'라고 표현함으로써 과거 일본의 침략전쟁이 국가가 아닌 일부 군인집단의 행위로 표현했으며, 사회당이 요구한 사죄라는 표현도 반성으로 표현돼버렸다. 또한 근대 역사상의 수많은 식민지 지배라는 말로 구미 열강도 식민지 지배를 자행했다는 암시를 함으로써 일본만 유독 잘못한 것은 아니라는 점을 부각시키고 있다. 결국 일본 정치인들은 억지로 반성은 하되 사죄는 하지 않겠다는 뜻을 확실히 한 셈이다. 사죄를 않는 손님 뒤에는 사죄를 할 줄 모르는 국민들이 있었던 것이다. 일본 국회에서 이 결의안이 통과돼도 그것이 무슨 의미가 있겠는가? 사죄를 않는다는 것은 진정으로 잘못을 모르기 때문이다.

아직까지 대다수 일본인들의 인식은 '그래, 우리 때문에 너희들이 그렇게 힘들었냐? 그렇다면 좀 미안하구먼. 그러나 너희들이 오죽 못났으면 남에게 침략을 당하냐? 그래, 이제 너희들이 우리 때문에 다시 일어서니까 잘 됐지 뭐냐. 그런데 왜 맨날 우리보고 사죄하라고 그러느냐?' 정도가 아니겠는가? 그것이 그들의 혼네(本音: 진짜 속마음) 아니겠는가? 그러기에 그들은 '침략'을 '진입' 또는 '진출'로, '반성'과 '사죄'를 '통한(痛恨)'과 '유감(遺憾)'으로 표현하며, '침략전쟁'과 '식민통치'를 '깊은 고난을 가져왔다'라고 고쳐 말하는 것이 아닌가? 무라야마 총리도 결국 이러한 국내의 흐름을 크게 벗어날 수 없기 때문에 직접적으로 사죄하지 않은 것이 아닌가?

일본인들의 역사인식은 아직 미흡하다. 과거 일본이 당시의 지배자인 무사 계급, 이어서는 군 지휘 계급을 중심으로 거대한 고무풍선을 불고 국민들에게 거기에 도취되도록 한 적이 있지만, 보다 많은 국민들은 그러한 도취를 위해서, 도취보다 더 쓰고 힘든 고통을 겪었다는 분명한 사실을 일본인들이 아직도 정확하게 인식하지 못하고 있다. 무라야마 총리의 중국 방문은 일본인들이 그러하다는 사실을 다시 정확히 보고 일본에 대한 경계를 풀 수 없다는 인식을 다시 하는 계기가 되어야 한다. 동시에, 무라야마 총리가 일부러 중국을 방문해서 비록 중국이 만족할 만한 수준은 아니지만 과거 일본의 침략행위에 대한 반성은 하되 사죄를 하지 않은 이유를 우리는 잘 살펴보아야 한다. 일본인들이 자신들의 침략전쟁을 진정으로 반추하고 반성해서 새로운 인식을 가질 수 있을까?

중국 말로 '전사불망 후사지사(前事不忘 後事之師; 지나간 일을 잊지 않는다. 뒷일의 스승이기에 그렇다)' 라는 말을 진심으로 일본인들에게 들려주고 싶다.

미도리의 날

일본어에 '미도리(みどり)'라는 단어가 있다. 초록이라고 하나, 녹색이라고 하나, 아무튼 나뭇잎이 무성하게 나서 푸른 상태를 뜻한다. 그럼 '미도리의 날'이라면 무슨 날이 되는가? 초록의 날? 녹색의 날? 외국인으로서는 그 뜻을 알기가 어렵다. 그런데 이 '미도리의 날', 곧 녹색의 날은 현 아키히토 천황의 아버지인 히로히토(裕人) 천황의 생일이다.

미도리의 날은 4월 29일이었다. 히로히토 천황의 생일이 4월 29일이란 얘기인데, 이 날은 1989년 이전까지만 해도 천황탄생일로 국경일이었는데, 1989년 히로히토 천황이 사망하자, 새로 즉위한 아키히토 천황의 생일인 12월 23일이 천황탄생일로 바뀌고, 그때까지의 천황탄생일이었던 이 날은 '미도리의 날'로 이름이 바뀐 것이다.

그런데 왜 하필 히로히토 천황의 생일을 '미도리의 날'로 바꾸었을까? 1926년 12월 왕위에 오른 뒤 중일전쟁과 제2차 세계대전 등 일본의 팽창주의 역사의 주동자로 비난을 받고 있지만 패전 이후에는 '인간'으로 되돌아와 식물 연구에 헌신했고, 그 결과 《나스(那須)의 식물》 등 저서까지 남길 정도로 식물학자로서의 길을 걸은 점을 부각시키기 위해 붙인 것이다. 또 미도리, 즉 녹색은 평화의 색이라고 할 수 있다. 그것만을 보면 히로히토 천황은 마치 중일전쟁과 2차 대전의 총 지휘자였던 사실과 그에 따른 책임은 온데간데없이 사라져버리고 오로지 평화를 위해 식물 연구에만 몸바친 천황으로서의 이미지가 일본인들에게 부각되어 왔던 것이다.

그런데 이 미도리의 날이 2007년부터는 '쇼와의 날'로 바뀌었다. 우리가 별로 주목하지 않은 가운데 2005년 5월 13일 일본 국회가 '개정축일법'을 통과시킨 데 따른 것이다. 이로써 '쇼와의 날' 곧 히로히토 천황의 치세기간동안의 연호였던 '쇼와(昭和)'가 다시 살아났고, 히로히토 천황도 녹색의 장막을 걷고 역사에 다시 등장하게 되었다.

이 개정법의 취지는 '쇼와의 날' 제정 취지는 "격동의 나날을 겪으면서 부흥을 수행한 쇼와의 시대를 회고하며 나라의 장래에 깊이 생각이 미치도록 한다"는 것으로 되어 있다. 곧 쇼와 시대를 이제 긍정적으로 보고, 그 때의 공을 잘 새겨 국가 발전의 원동력으로 삼자는 뜻에 다름 아니다.

일본의 우익 신문들은 '쇼와의 날' 탄생을 감격스런 듯 전하고 있다. 요미우리신문은 지난 2000년에 같은 취지의 개정안이 제출된 지 세 번째 만에 드디어 햇빛을 보게 되었다며 여기에는 '쇼와' 라는 것에 대한 국민의 의식이랄까, 민주당 내의 역학의 변화가 배경으로 작용했다고 보도하고 있다.

국민의식의 변화라는 말은 무슨 뜻인가? 그동안 일본인들도 쇼와라는 말에 대해서는 일종의 두려움과 죄송함이 있었다. 쇼와라는 말은 일본의 2차 대전과 사실상의 동의어였고, 그 말은 곧 군국주의를 연상시키는 말이었다. 그러므로 히로히토 천황이 사망한 이후 일본인들은 사망한 전 천황의 생일임을 노골적으로 드러내지 못하고 '녹색의 날' 이라는 애매한 표현으로 히로히토 천황의 생일을 포장한 것이다. 그런데 이제는 그런 포장이 필요 없다는 뜻이다. 표면적인 이유로는 종전 60주년이라는 역사적인 계기를 맞음으로써 쇼와 시대도 이미 과거의 역사 속으로 들어가 버려 국민들이나 국회의원들 사이에도 "근거 없는 알레르기가 희박해졌다"(민주당 의원의 말)는 점을 든다. 또한 이 법안을 반대하던 민주당도 옛 사회당 출신들의 구성 비율이 줄어들면서 더 이상 예전처럼 반대의 목소리가 높지 않게 되었다는 점이 국회 통과를 가능케 한 것이라고 분석하고 있다.

그러나 '쇼와의 날' 제정은 일본인들에게 국기와 국가에 경의를 표하도록 강제하는 '국기 · 국가 법' 이상으로 논란이 되어 왔었다.

듣기 좋아 '쇼와의 날'이지 실제로는 '쇼와 천황의 날'이라고 해야 맞을 이 날을 제정하자는 법안이 제출되자, 일본의 아사히신문은 "쇼와 시대는 아시아뿐만 아니라 유럽 등에도 부(負)의 유산을 남겼다. 이것을 극복하고 미래에 대한 전망을 열어가는 것은 얼마나 미묘하고 어려운 과제인가"(2000년 5월 사설 '다시 한 번 폐안을 요구한다')라며 이 법안의 폐기를 촉구했다.

이에 대해 우익지인 산케이신문은 "그럴 때마다 쇼와 천황을 중심으로 국민의 구심력이 작용해 위기를 모면했다. 전후 불에 탄 폐허에서 기적이라고 할 수 있는 부흥을 이룬 것은 천황을 모시고 긴 역사를 걸어온 일본 국민의 자부라고 할 수 있다. … 다시 한 번 입법화 노력을 해서 반드시 '쇼와의 날'을 실현하고 싶다. '쇼와'가 잊혀지지 않게 하기 위해"(2001년 4월 주장 '다시 한 번 쇼와의 날을 시도하자')라고 촉구했다.

이런 논란이 종식되고 결국 우익의 목소리대로 "긴 역사를 걸어온 일본 국민의 자부"를 되살리는 데 성공한 것이다. 요미우리신문은 이날 '역사를 계속 이야기하는 날이 되도록 하고 싶다'라는 제목의 사설에서 "전쟁, 종전, 부흥, 고도성장으로 이어져 온 '쇼와'는, 일본의 역사상 중요한 마디가 되는 시대였다. 이 시대를 돌아보아 일본의 장래의 교훈으로 하고 싶다고 하는 점에서 쇼와의 날의 큰 의의가 있다"라고 말했다. 결국 이 날은 쇼와 시대의 역사에 대해서도 반성이 아니라 자부심으로 되돌아보자는 뜻이 담겨 있는 것이며, 이것이 일본인들에게 인준된 것이다.

일본은 입헌군주제로서 천황이라 부르는 왕이 국가를 대표하고 있으므로, 왕과 관련된 국경일이나 휴일이 있는 것은 당연하고 그래서 현 천황의 생일을 휴일로 기리는 것은 납득이 가는 일이다. 그러나 우리의 개천절에 해당하는 2월 11일 건국기념일(초대 일왕인 진무천황이 기원전 660년 즉위한 날이라 추정하는 날)에 이어 1876년 메이지 천황이 최신식 배를 타고 홋카이도를 거쳐 요코하마에 귀향한 날을 기리는 7월 20일의 '바다의 날'에다 메이지 천황의 생일인 11월 3일 '문화의 날' 등 천황 관련 경축일이 너무 많다. 그러나 쇼와 천황의 생일인 4월 29일을 '미도리의 날'에서 '쇼와의 날'로 변경한 것은 이러한 경축일의 숫자와 상관없이 일본 사회 우경화의 큰 분수령이라는 데서 중요한 의미가 있는 것이다.

이미 일본은 국기·국가법으로 일본의 미래를 위한 국가 단합의 정신적 교육 시스템을 갖추기 시작했고, 이제 쇼와의 날 지정으로 과거까지도 새롭게 볼 수 있는 바탕을 마련했다.

이런 의미 있는 변화에 대해 국내 언론들은 별다른 주목을 하지 못했다. 겨우 1단 정도로 작게 한두 군데에서 취급하고 말았다. 오히려 미국 하원 국제관계위 전문위원인 테니스 핼핀 씨가 미국의 한 심포지엄에서 일본의 '역사 건망증'과 미 정부의 '무감각'을 혹독하게 비판하고 나서 눈길을 끌었다. 핼핀 위원은 "일부 워싱턴 사

람들은 일본이 '아시아의 영국' 이자 유엔 안전보장이사회 상임이
사국이 돼 미국의 세계 전략에 파트너가 돼 주기를 바라고 있으나,
일본이 역사에 진솔하게 책임지지 않는 한 결코 영국처럼 되는 일
은 없을 것"이라고 일갈하고, 최근 일본이 제2차 세계대전의 책임
자 중 한 사람인 히로히토(裕仁) 전 일왕을 기념하는 공휴일을 제정
키로 한 것에 대해서도 "최소한 일본 주재 미국대사관과 영사관들
만큼은 이날 문을 열어야 한다"고 주장했다.

왜 우리는 이 문제를 지나치고 말았는가? 일본의 우경화 소식을
너무 많이 다뤄 그 의미에 둔감해진 것인가?

천황 폐하 만세!

1939년 서울에서 태어났으니까 올해 70살이 된다. 식민지 나라의 수도, 고관의 가문에서 태어난 때문인가, 그녀는 한국에 대해서도 제법 이해가 깊은 척한다. 언젠가 일본의 문화에 대해 얘기할 때에 중국의 문화는 일본 문화의 아버지 격이고 한국 문화는 어머니 격이라고 말한 바 있다. 그런 그녀가 다시 세간의 이목을 집중시키고 있다.

그녀는 누구인가? 바로 A급 전범, 곧 태평양 전쟁의 주범으로 몰려 처형된 도조 히데키(東條英機) 전 일본 총리의 손녀딸인 도조 유우코(東條由布子)이다.

지난 98년 일본에서 제작된 영화 〈프라이드, 운명의 순간〉의 시사회장에 자신의 할아버지 도조 히데키의 유골을 들고 나와 시사회장을 놀라게 한 여자다. 그 영화는 도조 히데키의 사망 50주년을 맞아 15억 엔, 우리 돈으로 150억 원이라는 거액을 들여 만든 상영 시간 2시간 41분짜리 대작으로서 도쿄 재판정의 도조가 주인공이다. 그녀는 이렇게 '할아버지를 되살릴 수 있는' 자리라면 가리지 않고 참석해 목소리를 낸다.

이 도조의 손녀딸이 다시 등장했다. 후지 TV의 토론회 자리였다. 일본 총리의 야스쿠니 신사 참배에 대한 반대의 목소리가 높아가고, 이에 수반해서 야스쿠니에 합사되어 있는 A급 전범들을 분리해야 한다는 목소리도 높아지자 다시 등장한 것이다. 그녀는 야스쿠니에 합사된 A급 전범 분사(分祀)에는 절대 반대한다고 말했다. 유우코는 "2차 대전이 일본의 침략전쟁이 아니라는 것을 알리기 위해 분사를 거부한다"면서 "나카소네 야스히로(中曾根康弘) 전 총리가 작년 인터뷰에서 '도조 집안이 분사에 응할 것 같다'고 말했지만 완전히 소문에 불과할 뿐 응하지 않을 것이며, 다른 나라가 하라고 해서 할 일은 아니다"라고 주장했다.

그녀의 주장은, 일본이 이웃나라를 침략한 것이 아니기에 자신의 할아버지가 결코 전범이 아니며, 따라서 전범임을 인정하는 '분사(分祀)'는 결코 허용할 수 없다는 것이다. 이런 주장은 일본 우익들의 주장을 사실상 대변하는 것이다. 그러나 그의 할아버지인 도조 히데키가 누구인지를 안다면 결코 전범이 아니라고 우기지는 못할 것이다.

도조 히데키가 누구인지 백과사전에 나온 대로만이라도 우선 살펴보자.

"도쿄 출생. 육군대학을 졸업한 후 관동군 헌병사령관, 관동군 참모장, 육군차관 등을 역임하였다. 1940년 제2차 고노에(近衛) 내각의 육군대신이 되어 중국 침략 확대를 주장하고, 1941년 제3차 고노에 내각을 개전론(開戰論)으로 무너뜨렸다. 같은 해 10월 후계 내각을 조각(組閣)하여 육군·내무대신도 겸임하고, 12월 8일 하와이의 새벽 진주만에 있는 미국 함대기지를 기습 공격함으로써 제2차 세계대전을 일으켰다. 개전(開戰) 후 독재를 강화하여, 1943년 문부(文部)·상공·군수(軍需) 장관도 겸임하고, 한국에서는 징병제와 학도병 지원제를 실시하였으며, 1944년에는 참모총장까지 겸임하였다. 그러나 전황이 전면적 파국으로 빠져들자, 1944년 7월 총사퇴하였다. 종전(終戰) 후 자살을 기도하였으나 미수에 그치고, A급 전쟁범죄자로 극동국제군사재판에 회부되어 1948년 교수형에 처해졌다."

그의 경력에서 보듯 도조 히데키는 일본이 중일전쟁과 태평양전쟁 등으로 전선을 확대하는 중요 고비마다 그 결정을 이끌어 갔으며, 이로 인해 수많은 병사들을 사지로 몰아넣었다. 한국에서 징병제와 학도병제를 실시한 장본인이기에 그 때문에 피눈물을 흘리게 된 한국인 가족들도 그 수를 헤아릴 수가 없다. 참으로 그의 결정에 의해 태평양 주위의 수많은 나라국민들이 사망과 부상, 가옥 파괴, 강간, 학살 등의 피해를 당하였다. 그런데도 그 손녀는 할아버지가 전범이 아니란다. 일본 우익들이 이들 A급 전범들이 전범이 아니라고 주장하는 근거는 도조 히데키가 법정에서 한 최후진술에 상당 부분 근거를 두고 있다. 최후 공판에서 교수형이 언도된 도조 히데키는 다음과 같은 말을 남겼다.

그들의 마음속에는 미국이 원폭으로 일본 국민들을 죽인 것은 왜 학살이 안 되고 일본군이 죽인 것만 문제를 삼느냐는 생각이 있는 것이다. 이런 목소리가 바로 도조 히데키를 영웅화한 영화 〈프라이드, 운명의 순간〉에서도 강력하게 표출된다.

그러나 문제의 근원은 누가 전쟁을 일으키고 침략을 했느냐 하는 것이지, 전쟁의 과정에서 누가 얼마나 죽었는가가 아니다. 또한 남경대학살 등은 명백하게 개개인을 상대로 학살한 것이고 미국의 원폭은 침략전쟁을 중지시키기 위한 강력한 경고의 과정에서 발생한 것이므로 똑같이 학살이란 잣대로 재단할 일이 아니다. 그런데도 도조 유우코 등 일본 우익들의 눈에는 자기들의 잘못은 보이지 않고 미국의 강요만이 보이는 것이다. 그러니 그들이 자기들의 할아버지를 전범으로 인정할 까닭이 없다.

이런 사람들을 어떻게 할 것인가? 이들을 독립기념관으로 불러와 일제의 만행과 참상을 눈으로 직접 보도록 해야 하지 않을까? 요즈음 일본 우익의 돈이 대학가로 흘러 들어왔다고 해서 문제가 되는데, 이들 우익들에게 그들의 할아버지가 어떤 일을 했는가를 알게 하고, 그를 통해 진정한 반성과 사과를 받아내며, 나아가 야스쿠니 신사에서 A급 전범을 분사하도록 동의를 받아내기 위해 국민 성금을 모으는 운동을 벌리는 것은 어떨까?

1948년 5월 3일, 도조 히데키는 교수형을 받았다. 그는 형장에서 이렇게 외쳤다.

"천황 폐하의 신하 도조 히데키, 천황 폐하께 충성을 다했습니다. 대일본제국 만세!"

수천 수만을 죽인 모든 행위가 모두 천황이라는 이름 아래 행해졌고, 천황만 위한 일이기만 하다면 그 모든 행위가 면죄부를 받는다는 것이 일본 우익의 생각이다. 그리고 그들은 그러한 천황을 다시 살리려 하고 있다.

일본의 조바심

몇 년 전부터 일본의 역사학자나 문명연구가들은 중국의 송(宋)나라를 연구하기 시작했다. 전 아시아를 통일한 대당제국이 멸망한 후 각지에 계속되던 혼란을 극복하고 일어선 송나라는 10세기부터 13세기까지 중국 본토의 대부분을 차지하고 있으면서, 풍부한 상품 경제를 바탕으로 강력한 부를 형성한 경제대국으로 유명하다. 특히 북송 때에는 기술의 진보와 산업의 발전이 두드러졌고, 내외의 통상과 무역도 엄청나게 확대됐으며, 이에 따라 국가의 경제력과 국민의 생활수준도 놀라울 정도로 향상돼, 역사상 유례없는 황금문화를 이루었다. 또한 회화나 조각, 건축, 도자기 등에서 역사에 남을 명작들이 대거 창조됨으로써 문화의 황금기를 구가할 수 있었다.

그러나 건국 초기부터 국방에는 힘을 쏟지 않았고 오히려 군사력을 축소하는 데 급급했다. 그것은 당나라 말기에 각지의 군벌들에 의한 정국 혼란에 너무 혼이 난 때문으로, 지방 절도사들의 무장을 해제하고 중앙의 무관들도 문관으로 대치해 문관들이 무관을 지배하는 식으로 바꾸어버렸다. 그러다 보니 우수한 인재가 군을 외면하고, 군은 노약자들의 취업소로 전락했으며 군대의 방위력은 형편없이 약해져, 북방에서 일어난 거란족과 당구트족에 굴복해 매년 은으로 수십만, 심지어는 백만 관이 넘는 세폐를 바치며, 돈으로 평화를 구걸해야 했고, 결국에는 금나라에 중국 북부를 내어주고 양자강 남쪽으로 쫓겨가 명맥만 유지하다가 몽고에 망하게 되었다.

일본이 왜 중국 송나라 역사에 관심을 갖는가는 이로써 자명해진다. 일본도 지금 송나라처럼 역사상 유례없는 경제적인 번영을 구가해왔고 경제적인 힘이 있지만 너무 군사력이 약해서 혹시나 송나라처럼 다른 힘 있는 나라에 평화를 구걸하고 있는 꼴이 아닌가 하는 의문을 갖고 있는 것이다. 그동안 미국의 그늘에서 경제적으로 서양을 따라잡고 나아가서는 극복하는 데까지 성공했지만, 수비용 군사력만을 요구하고 있는 '평화헌법'이란 굴레에 갇혀 군사력을 키우지 못하고 있어, 국제적으로 아무런 힘을 쓸 수가 없는 상황이라고 그들은 생각한다. 그러다가 송나라처럼 다른 강대국에 평화를 구걸해야 하는 신세가 되지는 않겠는가 하는 불안을 갖고 있는 것이다.

일본은 2007년 마침내 현행 '평화헌법'을 개정하기 위한 구체적인 수순을 검토했다. 일본의 현행 헌법은 국민투표를 통한 개헌안 가결요건을 '과반수'로만 규정하고 있어 투표총수에 대한 과반수인지, 유권자 총수에 대한 과반수인지 해석이 엇갈려왔는데, 자민당은 투표권을 지니는 대상으로 선거권을 가지고 있는 사람을 원칙으로 하고, 국민투표 통과 요건은 총 유효투표의 과반수로 하는 등 헌법개정요건을 완화한다는 것이다.

2007년, 일본국회는 헌법개정을 국민투표에 부친다는 안건을 통과시켰다. 투표법 통과 후 3년이 지나면 헌법개정여부를 묻는 국민투표가 가능하다. 오비이락 격으로 일본의 고이즈미 총리는 야스쿠니 신사 참배를 공식화하겠다고 밝혔고, 한국의 독도우표 발행에 맞서 이미 일본에서는 주문형이라는 조건이 있지만 독도우표를 이미 발행한 후에, 추가 발행은 금지한다며 한 발 빠지는 듯한 모션을 취하고 있다. 또한 자위대를 이라크에 파견하면서 거대한 함정을 보내고, 항공기로 이들을 실어 나르며 일본의 군사력을 각국에 과시하고 싶어한다.

2009년 4월 북한의 장거리 미사일 시험발사를 계기로 일본은 개헌을 적극화할 타이밍을 학수고대하는 형국이다. 일본이 군사력으로 무장하려고 하면 할수록, 거대한 군사력을 마음대로 쓰려고 하면 할수록, 우리나 중국이 불안해질 수밖에 없다. 문제는 일본의 민족주의가 이제 막 봇물이 터지는 것처럼 흘러내리기 시작하고 있어서 어떻게 이를 멈추도록 할 것이냐 하는 것이다. 이제는 과거처럼 미국이 이를 제지해줄 수 있는 상황이 아니다. 그런 만큼 일본인들이 과거 강한 군사력으로 세계를 뒤흔들던 달콤한 유혹에 다시 빠져들고 싶어하는 것이 사실은 얼마나 위험하고 허망하며 얼마나 많은 희생을 수반하고 있는지를 어떻게 일본인들에게 일깨워줄 것인가가 오늘날 가장 큰 과제이다. 그런데 과거 60년 동안의 역사는 그 과제를 성공적으로 수행하기가 결코 쉽지 않다는 것을 증언해 주고 있다. 국민투표법의 경과기간이 지나는 2010년 일본은 헌법 개정을 위한 국민투표를 실시할 것인가? 동아시아의 관심은 여기에 모여지고 있다.

 # 스케일

1905년 러일전쟁에서 승리한 일본은 만주 침략을 본격화하기 위해 이듬해인 1906년 12월에 남만주철도주식회사(약칭 滿鐵)를 설립하여, 원래 러시아가 건설한 대련과 장춘 사이의 철도를 운영하면서 이 회사를 통해 만주를 사실상의 식민지로 착착 접수해 갔다. 이 '만철(滿鐵)'의 초대 총재로는 타이완 총독부의 민정장관으로서 수완을 발휘한 고토 신페이(後藤新平)가 임명되었다.

고토 신페이는 원래 의사였지만 행정수완을 인정받아 42살에 타이완의 민정장관으로 발탁된 뒤에 타이완 현지에서 철저한 조사사업과 경제개혁, 인프라 건설에 큰 공을 세웠다. 이러한 경험을 바탕으로 그는 40대 젊은 인재들을 고용해 만주철도의 인프라 구축, 위생시설의 확충, 대련 등 도시건설 사업을 수행했으며, 만철 내에 조사부를 설립해 이 부서가 일본의 만주병탄을 위한 모든 학술적인 조사를 실시하도록 했다.

그는 만주를 지배하기 위해서는 무력으로만 할 수 있는 것이 아니라며 이른바 '문장(文裝)적 무비(武備)', 곧 문화적인 포장을 통한 점령과 지배를 내세웠다. 교육, 위생, 학술 등 문화적인 면을 활용해서, 식민지인들이 일본에 대해 경외심을 갖게 해야 한다는 것이다. 특히 만철의 조사부 속에 있던 만선역사지리조사실(滿鮮歷史地理調查室)은 바로 이런 목적 아래 만주와 조선, 몽골의 역사와 지리 자료를 광범위하게 수집하고 연구해서 연구서도 발간하는 등 엄청난 일을 해낸다.

그 뒤 고토 신페이는 일본 내각의 내무부 장관, 외무부 장관, 도쿄 시장 등 요직을 거쳤는데, 1923년 관동대지진 이후에는 지진 복구를 책임지는 내무부장관 겸 수도부흥단 총재를 맡아 지진 복구를 수행했다. 1924년에는 도쿄방송국이라는 일본 최초의 라디오 방송을 설립해 첫 인사말을 직접 했으며 1928년에는 일본을 대표해 소련을 방문해 스탈린과 회담을 했는데, 이 때는 일본 보이스카우트 연맹 회장으로서 당시 소년들이 쌀 한 톨 씩을 모아서 만들어 준 초밥을 먹으며 소련을 방문했다고 해서 화제를 모으기도 했다. 만년에는 정치의 윤리화를 주창하며 순회강연을 하다가 오카야마로 가던 도중 뇌일혈로 숨졌다.

이렇게 보면 고토 신페이는 근대 일본을 살아온 가장 중요한 핵심인물 중의 하나임이 드러난다. 그에게는 일화도 많아서 도쿄 시장으로 있던 1924년, 당시 쇼코샤(尙工舍)라는 시계공장을 경영하는 친구가 대중들이 쉽게 구입할 수 있도록 값이 싼 시계를 개발하고 이름을 무엇으로 지을까 고심하자 '국민(Citizen)' 이라는 이름을 지어주어, 그것이 세계에 유명한 일본의 시티즌 손목시계가 되었다고 한다. 그는 뇌일혈로 숨지기 바로 전에 동행했던 스카우트 연맹 간부에게 마지막 유언으로

라고 하며 인재 양성의 중요성을 역설했다고 한다. 그만큼 그는 일본이라는 나라가 근대에서 현대로 넘어오는 과정에서 일찍부터 큰 뜻을 품고 동양을 경략한 큰 인물로 일본인들은 평가하고 있다.

그러나 자세히 들여다보면 그도 일본이란 나라를 키우는 데만 전심전력했을 뿐이다. 타이완이나 만주에서 문화를 통한 지배를 표방했지만 그 속 목적은 역시 일본의 병탄과 지배 확립이었다. 실제로 고토를 키워준 은인인 고타마 겐타로(兒玉源太郞)가 그와 함께 만든 〈만주 경영을 위한 대책〉이란 문건에는 "전쟁 후 만주 경영의 유일한 비결은 겉으로는 철도 경영을 위장하고 속으로 각종 시책을 단행하는 것이다"라고 되어 있다. 그에게 아시아는 침략과 병탄의

대상이었을 뿐이다.

　그런 그가 2007년 탄생 150주년을 맞았다. 이를 기려서 일본에서 고토 신페이 상(賞)이 제정되었는데, 제1회 수상자로 뜻밖에도 타이완의 이등휘(李登輝) 전 총통이 선정되었다는 발표가 일본 신문에 한 줄 나왔다. 이 상이 '만철 총재, 외무부장관, 도쿄 시장 등을 역임하면서 스케일 큰 정책을 구상한 고토의 탄생을 기념하는 모임'이 주는 상이기에, 이 상을 주는 의도도 그리 개운하지는 않고, 더구나 첫 수상자로 타이완의 총통을 선정한 것도 우리에게는 좋아 보이지 않는다. 수상자로 선정된 이등휘 전 총통이 상을 받고 나서의 행적도 우리나라 사람들의 심기를 건드릴 내용이었다. 그리고 어찌됐든 남의 나라를 침략하느라 발휘한 여러 정책을 '스케일이 크다'고 평가하는 일본인들의 그 인식이나 기준도 여전히 불편하다.

# 부화뇌동

이등휘(李登輝: 리덩후이)라는 타이완 사람이 있다. 1923년생인
데, 타이완을 통치해 온 장개석(蔣介石), 장경국(蔣經國) 부자에 이
어 1988년부터 12년 동안 총통으로 타이완을 이끈 정치가이다. 그
이등휘 총통이 2007년 일본에서 한 정치가를 기려 주는 제1회 고
토 신페이(後藤新平) 상(賞)의 수상자로 선정되었다. 이 상의 제정
이 '만철총재, 외무부장관, 도쿄시장 등을 역임하면서 스케일 큰
정책을 구상한 고토의 탄생을 기념하는 모임'에 의해 이뤄진 것이
기에 그 목적성이 곧바로 눈살을 찌푸리게 한다. 그런데 그 상을 받
으러 일본을 방문한 이등휘 총통 역시 예상대로 눈살을 찌푸리게
하는 행동을 하고 다닌다. 일본에서 야스쿠니 신사를 참배하고, 일
본 총리의 야스쿠니 참배에 대한 한국과 중국의 비난을 일축하는
등 일본을 위해 종횡무진 활약을 한 것이다.

이등휘는 일본에 도착하면서부터 야스쿠니 참배를 시사했다. 그리고 그는 이전에도 일본을 위한 변명을 많이 해 주면서 야스쿠니 참배를 염원해 왔다. 지난 2005년 12월 4일 일본에서 열린 대만 출신 전몰자 위령제에 메시지를 보내, 자신의 두 살 위 형 이등흠(李登欽)이 이와사토 다케노리(岩里武則)란 일본인 이름으로 출전해 마닐라 전투에서 사망한 뒤 야스쿠니에 합사되어 있음을 들어 자신도 유족이라고 밝히고, 생명을 돌보지 않고 나라를 위해 싸우다 숨진 분들을 위령하는 것은 후세로서 당연한 일이라고 밝히기도 했다. 그 자신도 교토제국대학 학생이던 때에 학도병으로 출전해 타이완의 카오슝(高雄) 고사포 부대에 배속되었다가 육군의 견습장교로서 나고야에서 종전을 맞았음을 밝히기도 했다.

그러므로 이등휘에게 야스쿠니 신사 참배는 벼르고 별렀던 일이 아닐 수 없다. 2007년 6월 7일 이등휘는 아내와 함께 도쿄(東京) 치요다(千代田) 구에 있는 야스쿠니 신사 본전에 도착해 신사 측의 안내로 참배를 마쳤다. 그는 "이번이 마지막 일본 방문이 될지도 모른다"면서 "개인적 차원에서 형의 위패가 있는 야스쿠니 신사를 방문한 것"이라고 참배 이유를 설명했다. 파문을 의식했는지 개인적인 차원이라고 애써 강조를 한 것이다. 그러면서 야스쿠니 신사에 감사하다는 인사를 빼놓지 않았다. 참배에 배석한 유명한 여류작가 소노 아야코(曾野綾子: 우리나라에는 ≪戒老錄≫, ≪中年 以後≫ 등으로 유명함)가 전하는 바로는 이등휘 전총통은 자신의 집안에는 형의 위패도 뭐도 아무것도 없다며, "형의 증거가 있는 곳은 야스쿠니 신사가 유일한 만큼, 야스쿠니에 감사하고 있다"고 말했다는 것이다.

그런 것은 개인의 문제니까 그럴 수도 있다. 그런데 그 문제가 다가 아니다. 도쿄의 일본외국특파원협회에서 열린 기자회견에서 이등휘는 "야스쿠니 문제는 국내 문제를 처리할 수 없는 한국과 중국에 의해 만들어진 것"이라고 일본 지도자의 야스쿠니 참배를 비판하는 양국을 싸잡아 비난하고, 반면 일본에 대해서는 "나라를 위해 목숨을 바친 젊은이들의 혼을 위로하는 것은 당연한 일"이고, "(한국과 중국 등) 외국 정부로부터 비판 받을 이유는 없다"고 강변했다. 그는 오히려 "(한국과 중국 등의 야스쿠니 참배 비판에 대해) 일본 정치가 너무 약했다"고 일본 정부의 강력한 대응을 주문하기도 했다.

우리는 여기서 궁금증이 든다. 왜 이등휘는 일본에 기울고 일본의 입장을 이해하고 일본의 역할을 긍정하는 것일까? 대만도 일본에 식민지 지배를 받지 않았던가? 그런데도 왜 이등휘로 대표되는 일단의 대만인들은, 우리와 달리, 친일을 내세울 수 있는가?

그러한 궁금증을 알려면 대만에 대한 일본의 식민정책에 대해서 알아야 한다. 먼저 일본은 대만을 무력으로 빼앗은 것이 아니라 그냥 접수했다. 즉, 일본은 대만을 뺏기 위해 그들을 죽이고 그들과 싸운 것이 아니라 그냥 중국과의 전쟁(청일전쟁) 이후 거저 생긴 것이라는 점이다. 그러기에 대만인의 입장에서는 일본이라는, 당시 아시아에서 가장 발달한 국가의 통치력이 갑자기 자기들에게 다가왔을 뿐이다. 물론 그 전까지 대만은 중국령이었지만, 북경에 있는 청나라 조정은 대만에 대해 그리 자상한 신경을 써주지 않았기에 일본이 와서 초기 현지인들에게 환대를 받기 위해 문화정책을 펴니 대만인들의 입장에서는 오히려 청나라 때보다도 더 좋다는 평가가 나올 수밖에 없었다. 일본인들은 대만으로부터 세금을 더 잘 거두기 위해 토지조사사업을 대대적으로 시작하고 산업장려운동을 펴는데, 이런 것이 대만의 상공업을 발달시키는 계기가 되었다는 평가를 받게 된다. 이 과정에서 핵심적인 역할을 한 일본인이 바로 이등휘가 받은 상의 주인공 고토 신페이(後藤新平)였다.

전남대 국민호 교수에 따르면, 당시 식민지 정부의 핵심 브레인이었던 고토는 근대적인 사적 토지소유 체제 확립이 세수 증대의 첩경이라고 보고 토지개혁을 추진했다. 토지개혁을 통해 토지의 사적 소유가 보장되고 토지의 효율적 이용이 증대되면 시장생산을 위한 의욕이 증대될 것으로 보았으며, 이것은 결국 농업 생산 증대와 설탕 수출 증대로 이어졌다. 물론 일본의 대만 경영은 대만을 일본 본국에 식량과 자원을 공급하는 기지로 만드는 동시에 일본 상품의 소비지로 만드는 것이었지만, 이 과정에서 대만의 농업 생산 증대와 설탕 수출 증대라는 효과가 있었고, 고토 신페이는 그 정책의 성과를 인정받아 일본이 의욕적으로 추진하는 남만주철도주식회사의 간부로 발탁되게 된다.

대만인들은 또 대만 출신과 대륙 출신으로 나뉘어져 있는데, 대륙에서 일본과 싸우다 내려온 장제스(蔣介石) 총통이 사망한 뒤에 대만 출신의 이등휘가 집권하게 되면서 자연히 일본과의 화해를 추구하게 되며, 특히 일본에 가서 공부를 하고 일본 장교 후보생까지 올라갔던 이등휘는, 일본에 대한 좋은 감정을 바탕으로, 총통이 된 1990년 대만 출신으로 일본군으로 나가 싸우다 숨진 전몰자 위령비를 대만의 한 절에 세우도록 하는 등 전몰자들에 대한 강한 애착을 보인다.

물론 대만에도 이등휘같이 일본을 좋게만 생각하는 사람들만 있는 것은 아니다. "내 부모형제의 이름을 야스쿠니 신사의 명부에서 지워 달라"며 일본 정부를 상대로 소송을 제기한 대만인 유족들도 있다. 야스쿠니 신사에는 조선인 2만 1000명뿐 아니라 대만인 2만 8000명의 혼백도 합사되어 있다. 그들은 자원해서 입대한 것이 아니라 강제로 동원된 경우가 대부분이므로 그들의 유족들은 일본 정부에 대해서 여전히 사죄와 보상을 요구하고 있다. 그러므로 이등휘의 친일 입장은 대만 전체의 것이라고 할 수는 없다. 그러나 대만인들이 군국주의 일본의 직접적인 침략을 받고 난징 대학살 등을 당한 중국 본토인들과는 사뭇 인식이 다르다는 것도 감안해야 할 것 같다.

그러나 어느 나라가 식민지 지배를 하면서 식민지의 발전을 최고의 목표로 해서 지배정책을 펴겠는가? 일본 제국주의의 식민지 경영 목표는 식민지를 원료 및 식량 공급 기지로 만들어 일본 산업자본의 이익에 봉사하게 하는 것이었다. 식민지 정부는 이에 장애가 되는 지주 세력을 국가권력을 동원하여 억압했으며, 식민지 민중들의 생활수준을 가급적 낮게 유지시켜 일본 산업생산에 공헌토록 하였다. 1920년대 일본으로의 쌀 수출이 늘어나 대만 지주들의 힘이 강화되었을 때 식민지 정부는 쌀 무역을 독점하고 강제적으로 쌀값을 하락시켰다. 이 과정에서 지주들은 보호받지 못하였고 농촌 사회는 분절화되었다. 그러므로 대만도 결국 일본의 식민지정책의 피해자인 것이다.

그것은 일본의 한국 지배도 마찬가지이다. 식민지 지배과정에서 우연적으로 나타난 초기산업화 요인들에 대해 의미를 부여할 필요가 없다는 것이다. 일제 식민지 유산이 한국과 대만의 근대화 과정에 일정 정도 작용했을 수도 있고 안 했을 수도 있지만, 한국의 경제성장은 역사적 경험과 주변 환경을 적절히 조화시켜 경제성장을 이끌어낸 한국인들의 노력의 산물이지 일제 식민지 유산의 결과 또는 혜택은 결코 아닌 것이다.

이등휘는 이러한 역사적인 사실을 종합적으로 인식하지 못하고 자신과 자신의 형, 아버지 등 가족사의 연장으로 일본의 대만 지배를 보고, 그것을 행동으로 나타냄으로써 일본에 피해를 입은 주변 국가들의 분노를 사고 있는 것이다. 그러한 분노가 이등휘 전 총통이 귀국하는 길에 도쿄 나리타 국제공항 출국장에서 30대 중국인 남성이 던진 페트병 세례로 나타난 것이다.

또 이등휘 전총통의 일본 방문 소식을 가장 자세히 전하는 〈日本
李登輝親友の会〉의 홈페이지(www.ritouki.jp)를 보면 고토 신
페이 상 수상 소식은 짧게 전하면서 오로지 일본에서의 활동과 발
언 등을 크게 다루고 있다. 그것을 보면 일본이 이 상을 제정하고
첫 수상자로 이등휘 전총통을 선정한 이유가 명백해지는 것이다.
겉으로는 '만철(滿鐵:남만주철도주식회사) 총재, 외무부 장관, 도
쿄 시장 등을 역임하면서 스케일 큰 정책을 구상한 고토의 탄생을
기념하는 모임'이 그의 탄생 150주년을 기려서 주는 것인 만큼 고
토 신페이처럼 스케일이 큰 정치가를 현창하자는 뜻이라지만, 실제
로는 이등휘 전 총통을 수상자로 해서 그의 입과 행동을 통해 일본
의 과거 2차 대전 때의 행위를 변명 내지는 합리화하자는 뜻이 더
강했던 것이다.

일본은 교묘한 방법으로 자신들의 과거를 미화하고 있고, 이등휘
라는 타이완의 전총통이 거기에 부화뇌동하고 있는 것이다.

친한파

　요즈음 일본을 휘어잡는 한 여성이 있다. 영화배우도 아니고 가수도 아니다. 전에 텔레비전 시사프로그램에서 오랫동안 사회를 본 여성방송인이다. 아니, 그 전에 일본에 주재하는 미국 신문의 특파원을 한 적도 있으니까 일본식으로 '저널리스트'라고 부르는 것이 더 맞을 것인가? 그 이름이 유명한 사쿠라이 요시코(櫻井よしこ)이다.

　그런데 이 여자가 '좌충우돌'이다. 이 '좌충우돌(左衝右突)'이란 말은 왼쪽으로 '부딪치고 오른쪽으로는 뚫고 나간다'라는 뜻인데, 글자 그대로 중국이나 북한의 공산정권에 대해서는 무조전적으로 몸으로 부딪쳐 나가며 비난을 하고, 오른쪽, 곧 우익적인 활동을 위해서라면 물불을 안 가린다.

잘 알다시피 2008년 10월, 일본 항공자위대의 막료장(공군 참모총장에 해당)인 다모가미 도시오(田母神俊雄)는 도쿄의 도시개발회사인 아파그룹이 주관한 제1회 '진정한 근현대사관' 논문 공모전에 〈일본은 침략국가였는가〉라는 제목의 논문을 제출해 최우수상(상금 300만 엔)을 받았는데, 그 내용이

"만주와 한반도는 일본 통치하에서 풍요로워졌고 많은 아시아 국가가 일본의 통치를 긍정적으로 평가하고 있다."
"우리가 침략국가였다고 하는 것은 그야말로 억울한 일이다."
"19세기 후반 이후 일본이 한반도와 중국 대륙에 군대를 진출시켰을 때 상대국의 양해 없이 일방적으로 보낸 적은 없다."

는 등 과거 일본의 침략행위를 무조건 두둔하는 것이어서 문제가 되자 결국 일본 총리에 의해 해임된 사건이 있었다. 그런데 다모가미 도시오 막료장은 그 직전에 자위대 간부들의 교육학교인 통합막료학교의 교장으로 있으면서 자위대 간부들을 위해 강좌를 개설한 적이 있다. 장군으로 진급하기 직전의 고위급 장교들을 위한 강좌로서, 당시 약 390명이 출석한 가운데 일본의 우익 교과서 편찬을 주도한 '새로운 역사교과서를 만드는 모임(새역모)'의 교수 회원들이 나가서 강의를 했는데, 2006년의 강의에 이 사쿠라이 요시코라는 여자도 나간 것이 밝혀진 것이다. 그 강의는 그해 강좌의 마지막 시간이어서, 흔히 '마지막 수업'이라고 불리고 있단다.

그 날의 강의실 표정은 이렇다.

사쿠라이 요시코는 이런 강의실 분위기에 어울리지 않게 기모노를 입고 나왔단다. 강의실 뒤쪽에는 학부형들도 몇 명 있었다. 다모가미 막료장의 어머니도 있었다고 한다. 요시코의 말은 이런 것이었다.

"여러분, '자위사관(自慰史觀)의 역사'는 오늘이 최후의 수업이 되었습니다. 전후 교육의 병폐와 '귀축미영(鬼畜米英;악귀, 짐승 같은 미국과 영국)'의 음모에 맞서는 바른 역사관을 가르쳐주지 않으면 안 됩니다."
"우리 일본은 세계에서도 가장 고귀해서, 아인슈타인도 칭찬을 아끼지 않았습니다. 그것을 가르쳐 준 '자위사관'을 결코 잊어서는 안 됩니다. 국가가 어떤 범죄를 저질렀다고 하더라도 '없었다'고 계속 주장하여야만 됩니다. 일본은 천황을 중심으로 한 '신의 나라'인 때문입니다. 대일본제국 만세!"

이 강연을 보면 도대체 이 여성이 어떤 생각을 하고 있는지가 너무도 확연히 드러난다. 그는 '자위사관(自慰史觀)'이란 말을 쓴다. 일본에서 흔히 쓰는 '자학사관(自虐史觀)'의 상대되는 말로서. 일본이 저지른 역사적 행위를 너무 범죄시하며 자학하지 말고 스스로의 역사에서 좋은 점을 찾는 사관이라는 뜻일 게다. 이 여성은 이른바 '새역모' 모임의 강연장이면 만사 제쳐놓고 달려간다. 늘 앞장서서 강연을 한다. 그의 타고난 '유명세'가 여기서도 역할을 한다. 사람들이 많이 몰려오기 때문이다.

사쿠라이 요시코, 현대의 일본을 알기 위해서는 이 여성을 알아야 한다는 생각이 드는 것이다. 그녀는 뛰어난 언론인이었다.

1945년 베트남에서 태어났다. 아마도 2차 세계대전이 끝나기 조금 전일 것이다. 일본에 돌아와 대학까지 다니다가 하와이 대학으로 자비유학을 떠난다. 그리고는 일본에 돌아와 미국 크리스찬 사이언스 모니터지 기자, 곧 특파원을 오랫동안 하다가 1980년부터는 니혼테레비의 시사프로 〈NNNきょうの出来事(오늘의 사건)〉의 진행자를 맡아 1996년까지 16년간을 진행한다. 말하자면 여성 앵커의 개척자였다. 그런 만큼 그는 일본의 유명한 방송인이 되었다. 결정적으로는 1995년 에이즈 치료제의 문제점을 다룬 〈에이즈 범죄 혈우병 환자의 비극〉으로 큰 반향을 일으켜 그 해 논픽션상을 수상하는 등 주목을 받는다. 그 뒤에 그녀는 주요 방송프로그램을 진행하거나 평론가로 출연하거나 각종 저서(단독, 공저를 포함해서 70권이 넘는다) 집필과 강연회 등에 참가하는 등 다양하고도 폭넓은 활동으로 높은 인기를 누리고 있다.

그러나 이 여성 방송인은 최근 들어 완전히 우익으로 전환해서 과격한 말들을 쏟아내고 있다. 고이즈미 내각에 동조하다가 고이즈미 총리의 북한 방문을 계기로 그의 노선에 반대하면서 강력한 반공주의자로 변신한다. 특히 북한과 중국의 결탁 가능성, 혹은 북한 붕괴시 중국의 북한 점령 가능성 등에 대해 자주 경고를 한다. 우리나라에 대해서는 기본적으로 박정희 전 대통령의 치적을 인정하고 김대중, 노무현 노선에는 반대를 해왔다. 우리나라 텔레비전 방송의 편향성 문제도 가끔 인용해 왔다. 그러다 보니 우리나라의 월간지 같은 데서 그녀의 생각을 실어주기도 한다. 월간조선 2008년 8월호가 그 사례이다.

"중국은 이렇게 하여[3] 배후와 발밑을 확고히 하고 남진 채비를 갖추었다. 중국은 과거 20년간 국민이 굶주리든 말든 문화혁명이라는 내전에도 아랑곳하지 않고 끊임없이 지속해온 군비 확장의 결과 막강한 군사력을 갖추었다. 남진의 당면 목표는 타이완 획득일 것이다.
북한에 만일의 사태가 발생할 경우 중국은 반드시 북한에 대해 행동을 개시할 것이다. 중국과 북한 국경지대의 중국군의 배치상황을 보면 자연스레 그런 결론에 도달하게 된다. 중국은 '국경지대에서의 군사 대비태세가 탈북자의 대량유입을 막기 위한 것'이라고 하지만 북한문제는 중국문제다."

이런 경고 등을 볼 때 사쿠라이 요시코는 우리나라의 우익들과 입장을 같이한다. 그래서 많은 지인들이 있고 그녀를 도와주는 사람들도 있는 것이 사실이다. 그러나 그녀의 미모와 화술에 넘어가기 전에, 그의 글이 밝히는 반공 이데올로기에 매료되기 전에, 그가 이 글 마지막에서 밝힌 것을 자세히 보지 않으면 안 된다.

"김정일 정권에 동조하는 세력은 반드시 대항해 올 것이다. 그들은

---

3) 러시아와 화해하고 합동 군사훈련을 수행할 정도가 되었고 외국에 대해서는 불간섭주의를 표방한 것 등으로 해서-필자 주

국내적으로 인류의 보편적 가치인 민주주의와 자유, 법의 지배와 인권을 신봉하는 보수세력을 파괴하고, 대외적으로 해양국가간의 연대를 저지하려 할 것이다.

한국의 힘이 쇠퇴하도록 할 것이다. 독도, 광우병 문제처럼 일본과 미국, 한국 관계의 이반을 촉진시키기 위해 계속 선동할 것이다. 이를 위해 교과서와 역사를 포함해 온갖 문제를 이용하려 들 것이다. 양식 있는 사람들은 반일(反日), 반미(反美), 반한(反韓) 감정의 소용돌이에 빠져선 안 된다. 지금 가장 필요한 것은 세 나라의 양식 있는 인사들의 안정된 교류이다. 충분한 의사소통이 이뤄지면 문제는 반드시 좋은 방향으로 해결될 것이다. 해양국가간의 전략적 연계의 틀을 구축하는 것을 서둘러야 한다.

끝으로 한국인들의 조국에 대한 사랑을 관철하고 어떤 상황에서도 자유와 민주주의를 지키는 투쟁을 계속하도록 기원한다. 일본에게 한국은 둘도 없이 소중하기 때문에 진심으로 뜨겁게 그 투쟁을 지원하고자 한다.”

이것을 보면 정말로 그가 한국인을 생각하고 한미일의 연대와 공조를 강조하는 사람이라고 생각하기 쉽다. 그런데 자세히 보라. 겉으로는 한국과 일본, 미국 지식인들의 연대를 강조하고 김정일과 그를 추종하는 세력들의 어떠한 이간질이나 농간에 넘어가서는 안 된다고 하면서 그 배경으로 독도와 광우병 문제를 들고 있다. 광우병 문제라고 하면 물론 위험성이 높지 않은 미국산 소고기의 광우병 가능성을 확대해서 제기한 것을 뜻하는 것이지만, 그 문제는 그렇다고 하고, 이 참에 독도문제를 들고 나온 것이다. 여기에 이 저 널리스트의 함정이 있다. 그녀는 '독도는 일본 것인데, 일본이 이 주장을 하면 왜 자꾸 이것을 문제삼아 한일관계를 해치느냐?' 는 주 장을 하고 있는 것이다. 그가 자주 글을 발표하는 일본의 대표적인 우익 주간지인 《주간신조(週刊新潮)》의 2005년 4월 7일자를 보면 그것을 분명히 알 수 있다.

"논리(적 타당)성은 한국에 있는 것이 아니라 일본에 있다. 하지만 일본 도 심각한 문제를 안고 있다. 그것은 이렇게 명확한 근거가 있음에도 불 구하고 정부는 이것을 근거로 한 반론을 왜 당당하게 펴지 못했냐는 것 이다. 항상 물러서 있는 듯한 자세로 항의를 한다. 마찰을 두려워해 참 는다. 이런 것이 국가인가? 정부인가? 이런 일본 외교의 틈을 노리고 한국 정부는 다케시마에 등대 항구를 건설하고 관광편까지 개설했다. 많은 일본인은 한국의 실효 지배가 확실히 진행되고 있음을 염려하고 있다. 하지만 영유권 논쟁이 일어난 후의 조치는 국제사법재판에서는 고려의 대상이 되지 않는다. 한국의 다케시마에 대한 현재의 실효 지배 는 국제법상 전혀 무의미한 것이다. 일본은 지금 무엇을 해야 하는가? 다케시마는 일본령이라는 근거로서 시모죠 교수들의 연구 결과를 가지 고 한국 측의 자료를 이용하면서 정부 수준에서 광범위하게 국제 사회 에 주장하는 것이다.

한국의 실효 지배는 국제법상 무의미하다는 것을 잊지 말고 끈기 있게 일본의 주장을 계속해야 하는 것이다. 당연히 마찰은 일어난다. 하지만 마찰을 두려워하는 한 사태는 개선되지 않는다. 필요한 마찰은 피하지 그들은 어떻게 하든 일본의 이익을 극대화하기 위해 이웃나라의 지인들을 자기 식대로 인용, 이용하고, 한국과의 연대를 강조하면서 독도문제나 역사문제에는 초강경적인 극우 일본주의이다. 그녀의 미소 앞에 한국의 지성계가 혹시나 미혹된 일은 없었겠지만 그녀의 뒷모습에는 이처럼 극우일본인의 모습이 있음을 잊지 말아야 한다.

2008년 12월 3일 일본에서는 일본 문부과학성이 고등학교용 공민(사회)교과서 학습지도요령에 독도 영유권 관련 내용을 직접 기술하는 문제를 검토 중인 것으로 알려져 다시 파문이 일어났다. 일본 문부성은 2008년 7월 중학교 사회과목의 학습지도요령 해설서에 일본의 독도 영유권을 처음으로 기술해 한국 측의 강력한 반발을 초래한 바 있는데, 파문이 잠잠해진 것 같으니까 다시 시도하는 것이리라.

마침 이 날 부산에서는 해양영토 부산시민 대토론회가 열렸는데, 초청강사로 나온 호사카 유지 세종대 교수(한국인으로 귀화한 사실

은 잘 알고 있으리라)는 일본의 독도외교는 모습을 보이지 않으면
서도 조용히 적을 섬멸시키는 '닌자(忍子)'와 같은 전술을 쓰고 있
다고 밝혔다. 호사카 교수는 일본의 '닌자' 식 독도외교와 상대하려
면 한국은 자료와 논리에서 이기고 그것으로 제 3자를 설득할 수
있어야 한다고 주장했다.

호사카 교수에 따르면 일본인들은 그동안 독도가 당연히 일본의
영토라고 생각하고 큰 문제로 생각하지 않았으나, 지난 7월 미국의
지명위원회가 독도를 한국령으로 표기해온 사실이 드러나면서 큰 충
격에 빠졌다는 것이다. 여기서 알 수 있듯이 일본인들은 독도를 당연
히 자기네 영토로 생각하고 있고, 일본은 그렇게 가르쳐왔다. 호사
카 교수는 일본은 이번 미국 지명위원회 사태 이후 '닌자처럼' 조용
한 외교를 본격적으로 가동시켰고, 물밑에서는 한-일간의 치열한
암투가 벌어지고 있다며 독도문제에 대한 철저한 대비를 강조했다.

우리에게 친한 척하고 김정일이나 중국 공산정권에 대항해서 우
리 편을 들어주는 척하는 일본의 우익인사들을 우리들이 결코 만만
히 보거나 허술히 대해서는 안 된다는 교훈을 여성 저널리스트인
사쿠라이 요시코에게서 얻는 것이다.

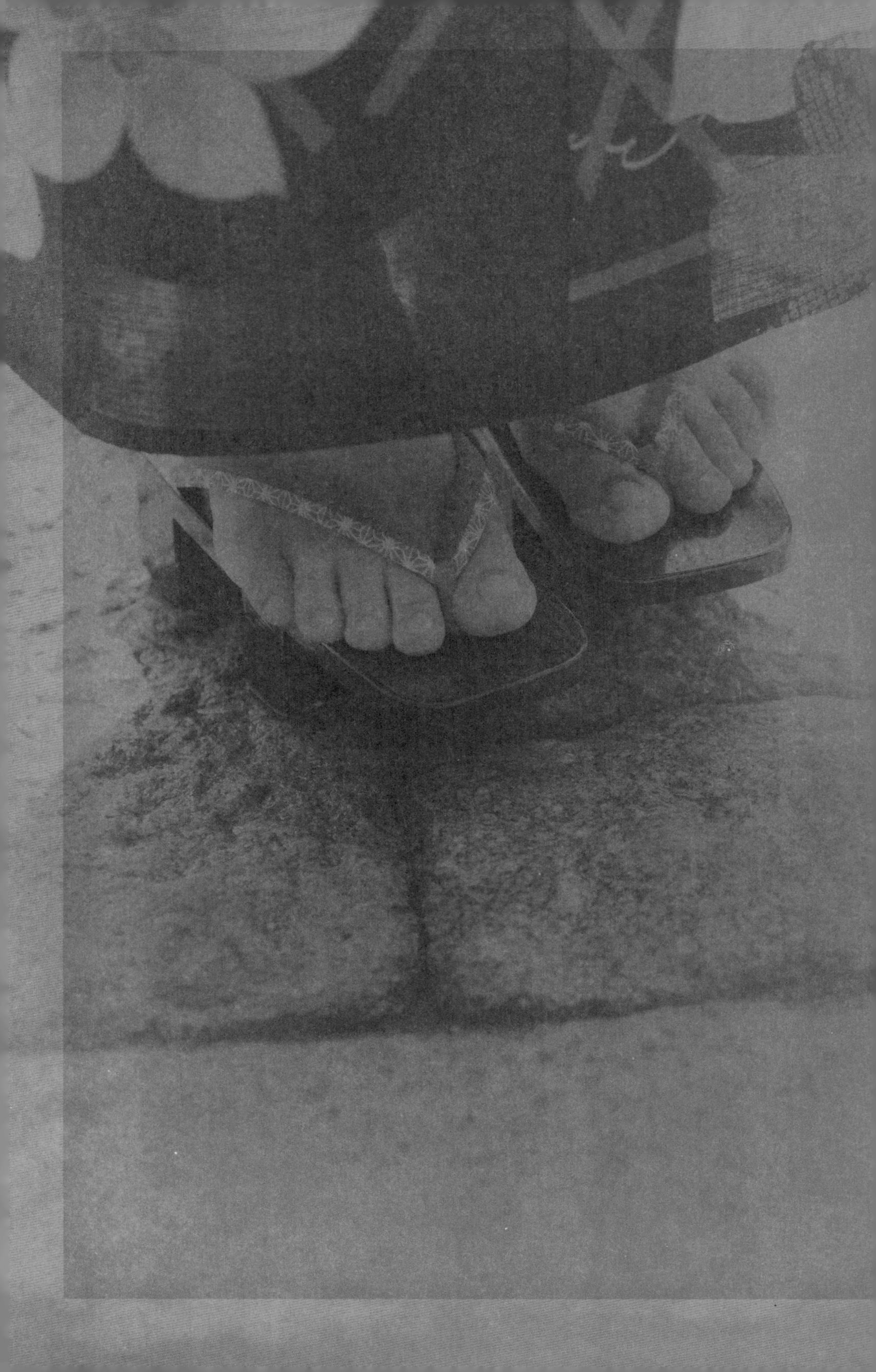

제.2부
마음

일본을 어떻게 볼 것인가?

    우리나라 국민처럼 일본에 대해 복잡한 생각을 하고 있는 사람들은 없을 것이다. 영국과 프랑스가 과거 역사 속에서의 수많은 침략과 전쟁으로 은원관계가 남아 있고 프랑스와 독일도 마찬가지이겠지만 우리만큼은 아니다. 그것은 대체로 영국이나 프랑스는 전쟁이 상호간에 이루어진 것이지만 우리의 경우는 일방적으로 일본에서 우리쪽으로만 진행되었고 그러다 보니 우리나라 사람들은 다른 어느 나라 관계에서도 찾아볼 수 없는 가장 긴 시간에 걸친 피해자로서 그 마음의 앙금이 좀처럼 풀어질 수 없는 것 같다.

    그러다 보니 일본이란 나라나 일본 사람들을 너무 가까이에서만 보게 되고, 그것이, 이를테면 아무리 아름다운 여자의 얼굴도 가까이에서 보면 땀구멍에다 여드름 자리에 다른 흉터 등이 자세히 들여다보여 결코 아름답게 느끼지 못하듯이, 일본에 대해서도 좀 멀리 떨어져 있을 때의 보다 객관적인 시각과 인상을 가지기 어려운 것 같다.

그런데 일본을 좋게 생각한 사람이나 나라도 있었다. 100년 전인 1904년 5월, 러시아와 일본 간에 우리나라 지배권을 둘러싼 러일전쟁이 발발해 결국 러시아가 일본에 패했는데, 이 과정에서 러시아의 속국이었던 핀란드는 러시아가 종이호랑이라는 사실을 파악하고는 독립운동을 벌여 마침내 러시아의 속박에서 벗어나게 된다. 핀란드인들에게 이런 용기를 준 직접적인 계기는 발틱 함대가 도고가 이끄는 일본 함대에 패한 것이며, 그래서인지 잘 알지도 못하는 도고 헤이하치로(東鄕平八郞, 1848~1934)는 핀란드 독립영웅으로 추앙받게 된다. 그리고 핀란드에는 도고 제독을 기념하여 ‘도고’라는 브랜드의 맥주가 출시되기도 한다.

인도의 시성(詩聖)으로 일컬어지는 타고르(Rabindranath Tagore, 1861~1941)도 러일전쟁에서 일본의 승리를 보고 “일본은 아시아에 희망을 가져왔다. 우리들은 이 해 돋는 나라에 감사를 드리는 동시에, 일본에는 수행해주어야 할 동양의 사명이 있다”고 일본에 찬사를 보냈다.

이렇듯 일본이 러시아를 누르고 미국이나 영국을 대신해서 동아시아의 패권을 차지한 것에 대해 실력으로 백인우월주의를 타파하고, 역사상 착취를 당해온 유색인종, 아시아 인종에게 희망을 준 것이라는 평가를 내리는 사람들도 있다.

이렇게 국제적으로 우리와 다른 시각의 평가를 받는 것을 우리가 무조건 수용할 수는 없지만, 그렇다고 이런 시각 자체를 무조건 도외시하는 것도 바람직하지는 않은 것 같다. 말하자면 일본에 대해서 조금 떨어져서 보며, 다른 사람들의 말도 참고할 필요가 있다는 것이다.

다른 말로 하면 일본과 일본인의 장점을 우리가 다시 들여다볼 필요가 있다는 것이다. 어찌됐든 일본은 세계 2위의 경제력을 갖는 막강한 국가가 되었다. 식민지배, 태평양전쟁, 한국전쟁 등을 통해 경제력이 닦여진 점이 있지만, 2차대전의 패망 이후 경제적으로 세계일류국가로 올라선 과정은 주목할 만 하다고 하겠다.

제2차 세계대전으로 일본은 침략국가로 각인되었다. 우리 입장에서 보면 당연한 것이고, 일본의 침략에 의한 우리 민족의 피해는 그 어떤 방법으로도 완전히 보상을 받지는 못할 것이다. 그런 보상 차원과는 별개로 혹 우리가 일제의 침략으로 피해를 본 당사자이기에 지금도 해결되지 않은 역사적 앙금 때문에 이웃 일본인들의 장점을 못보고 지나치지는 않는 걸까?

일본이 이렇게 성장한 것이 근대 이후라고 한다면 메이지 유신에서부터 현대로 이어지면서 일본인들이 어떤 생각을 했고 그들의 삶은 어떠했는지를 자세히 연구할 필요가 있다.

사실 우리가 알고 있는 일본은 일본이 우리나라를 침략한 사실과 관련된 것이 대부분이고 이들이 어떤 생각을 하고 어떻게 살아왔으며 앞으로 어떻게 살 것인지에 대해서는 별로 정보가 없다. 그래서 일본인 하면 단순히 칼을 찬 원숭이 정도로 생각하는 경향이 없지 않다. 그런데 개별적인 일본인에 대해서는 대체로 좋은 평가가 많은 것 같고, 실제로 일본에서 살아본 사람들은 일본인 개개인의 덕목에 대해서는 대체로 높은 점수를 주고 있음을 자주 확인하게 된다. 그러한 삶의 자세가 남에게 빚을 지고는 살 수 없다는 일본 사회 특유의 분위기 때문이라는 분석도 있다.

일본인을 알고싶다고 해서 1억이 넘는 일본인들을 다 만나볼 수는 없다. 그저 역사상 떠올라오는 일본인들과 그들의 사회문화를 코끼리 배 만지듯 살펴볼 수밖에 없다. 그러나 그렇게 해서라도 그동안 보이지 않았던 이웃의 또 다른 모습을 발견하는 것이 우리에게는 중요하고 또 시급하다. 왜냐하면 일본이라는 그릇이 너무 뜨겁거나 차갑거나 간에 가장 민감하게 느끼고 영향을 받을 사람들은 가장 가까이에서 어깨를 맞대고 살아가야 하는 우리 한국인들이기 때문이다.

그런데 기왕이면 부정적인 일본의 모습은 너무 많이 보아왔으니까 이제는 조금 긍정적인 측면에서도 바라보도록 하자!

대표적 일본인

"I for Japan;

Japan for the World;

The World for Christ;

And All for God."

영어로 된 이 짧은 글은 한 일본인의 묘비명이다. 무슨 뜻일까?

"나는 일본을 위해서

일본은 세계를 위해서

세계는 그리스도를 위해서

그리고 모두는 신을 위해서"

이렇게 해석할 수 있을 것인가? 이 말을 읽는 일본인들은 그 뜻을 잘 이해하기 쉽지 않을 것이고, 오히려 미국인이나 유럽인이 보면 이해를 잘 할 수 있을 것 같은데, 이 사람이 평소에 한 다른 말을 보면 이해가 좀 될 것인가?

"I love two J's and no third; one is Jesus, and the other is Japan. I do not know which I love more, Jesus or Japan."
나는 오로지 두 J를 사랑할 뿐 더 이상은 없다. 하나는 Jesus의 J이요, 다른 하나는 Japan의 J이다. Jesus와 Japan, 어느 것을 더 사랑하는지는 나도 모르겠다.

그렇다. 그것은 일본이 그리스도를 믿는 나라가 되고 이를 통해 일본이 세계의 일원이 되자는 것이다.

이 일본인이 우치무라 간조(內村鑑三)이다. 일본 무교회운동의 선구자로서, 또한 김교신, 함석헌 목사의 스승으로도 알려져 있다. 1861년에 도쿄의 한 무사 집안에서 태어난 우치무라는 12살 때에 도쿄에 있는 영어학교에 들어갔다가 3년 후엔 삿포로 농학교(일본 정부가 홋카이도 개척을 위해 급히 만든 학교)에 2기생으로 들어간다. 이 삿포로 농학교에는 마침 미국 매사추세츠 농과대학의 학장이던 윌리엄 클라크 박사 등 많은 외국인들이 와 있어서 그들의 열성적인 교육과 감화력으로 이미 1기생 중 상당수 일본 학생들이 기독교 신앙을 갖게 되었고 우치무라도 결국 기독교 신앙을 갖는다. 그 때의 동급생이 나중에 《무사도(武士道, Bushido)》라는 책을 쓴 니토베 이나조(新渡戶稻造)이다.

이 삿포로 농학교는 홋카이도 개척을 위해 급히 만든 학교라고는 하지만 외국인 교수들을 초빙해 전 수업을 영어로만 진행했다. 그런데 도쿄에서 이미 영어학교에 다녔던 우치무라로서는 날고 싶은 데 날개를 단 형국이 되었다. 곧 영어가 거의 모국어에 준하는 수준으로 올라섰다. 영어로 기독교 교리를 설명하고 토론을 벌일 정도가 된 것이다. 그런 그가 5년 만에 학교를 졸업한 후 3년 뒤 자비를 들여 미국 유학길에 오른다. 그리고는 신학 공부를 하다 말다 하면서 4년 만에 귀국하는데, 이 때 그의 영어실력은 타의 추종을 불허할 정도였다.

귀국한 후 우치무라는 고등학교 영어선생으로 학교를 몇 군데 옮기게 되는데, 도쿄 제1고등학교 교사로 있던 1891년에 강당에서 거행된 '교육칙어(敎育勅語)' 봉독식(奉讀式)에서 천황이 친필로 서명한 교육칙어에 대해 최대의 경의를 표하지 않음으로써 학생들로부터 비난을 받게 되고, 이것이 불경죄(不敬罪)에 걸려 우치무라에게 수난과 궁핍이 시작된다. 학교도 한 군데에 있지 못하고 각지를 전전하게 되고 건강도 나빠졌다. 그러나 1897년 신문 요로즈초보(萬朝報)사에 들어가 영문판 주필이 되는 등 이 무렵부터 영어로 글을 쓰기 시작해, 《기독교도의 위안》, 《나는 어떻게 기독교도가 되었나(How I Became a Christian)》와 같은 글을 잇달아 발표한다. 1900년 《성서연구》지(誌)를 창간하고 무교회주의를 표방하며 외국 선교사에 의존하지 말고 일본인 스스로의 손으로 전기독교 교리를 연구하고 이를 보급할 것을 주장하였다. 1901년에는 《무교회(無敎會)》라는 잡지를 발간하고 자기 집에서 성서 강의를 시작한다.

그런데 이 무렵 일본에서 서양에 당시 일본의 전통문화와 사상을 소개하는 글이 쏟아져 나왔으며 그 중 3권은 미국과 유럽을 흔드는 일대 센세이션을 일으킨다. 그 세 권의 책은 우치무라가 1894년 처음 《Japan and The Japanese(日本及び日本人)》란 제목으로 쓴 책과, 니토베 이나조(新渡戸稲造, 1862~1933)가 1900년에 펴낸 《Bushido(武士道)》, 그리고 오카쿠라 덴신(岡倉天心, 1862~1913, 오카쿠라 가쿠조라고도 함)이 1906년 펴낸 《The Book of Tea(茶の本)》이다.

우치무라의 절친한 친구로서 삿포로 농학교부터 미국 유학생활까지 같이 한 니토베 이나조가 1900년에 미국에서 펴낸 《무사도》라는 책은 동서양의 주요 문헌을 섭렵하며 일본의 무사도가 사랑이라는 개념은 없지만 기독교와 흡사하다는 논지로 일본이 적어도 기독교에 준하는 높은 윤리수준을 갖고 있음을 주장한다.

27살에 도쿄 미술학교 교장이 될 정도로 높은 미술적 감식안을 자랑하는 오카쿠라 덴신이 1906년 미국 보스턴에서 펴낸 《The Book of Tea》는 동양을 전혀 알지 못하던 서양인들에게 당신들의 것만이 전부가 아니라고 일갈하고는 다도(茶道)라고 하는 지극히 간결하고 단조로운 음차법(飮茶法)을 마치 위대한 종교나 되는 것처럼 분석하고 설명하고 평가한다.

우치무라가 쓴 《Japan and The Japanese》도 위 두 권의 책 못지않은 영향을 주었다. "아니, 이런 일본인들이 있단 말인가? 그렇다면 일본인들은 툭하면 칼을 꺼내어 사람 목을 치고 배를 가르는 호전적인 집단이 아니고 매우 평화적이고 성실하며 인정 많은, 그러면서 합리적이고 이성적인 사람들이구먼!" 하고 미국과 유럽인들이 일본인들에 대해 생각하게끔 했다는 평가를 받는다.

우치무라는 1894년에 《Japan and The Japanese》이란 이름으로 책을 냈다가 1908년에 《Representative Men of Japan(代表的日本人)》으로 바꾸어 다시 펴낸다. 책에는 일본인을 대표하는 5명의 삶과 그들의 뜻한 바가 소개되어 있다. 제목이 바뀐 것은, 그 사이 우치무라의 생각이 바뀌었다는 뜻이다. 맨 처음 책을 쓸 때에는 일본이 중국과 전쟁을 벌인 청일전쟁을 의로운 전쟁이라고 칭송했었는데, 그 뒤 러일전쟁을 겪으면서 전쟁의 참혹한 양상을 본 뒤에 절대로 전쟁은 안 된다는 신념을 갖게 되어 그런 생각이 인물의 묘사 등으로 반영된 것이라고 한다.

그렇다면 미국인들을 놀라게 한 다섯 명의 일본인, 우치무라가 가려 뽑은 그들은 누구인가를 보자.

첫 번째 인물은 '마지막 사무라이' 라 부르는 사이고 다카모리(西鄕隆盛, 1827~1877)이다. 우리가 흔히 '정한론(征韓論)'을 주창한 인물로 기억하는 메이지유신의 1등 공신. 남부 지방 사츠마 번(薩摩藩) 출신으로 에도 시대 말기의 막부 타도 운동에 적극 가담해 메이지유신을 성공시킨 뒤에 육군 대장 겸 참의(參議)에 오른 사람이다. 그러나 1873년 메이지 새 정부가 그의 정한론을 받아들이지 않자 이에 반발하여 관직을 사퇴하고 낙향했다. 그 자신은 야심이 없었으나 중앙정부에 불만을 품은 사츠마 무사들의 옹립을 받아 1877년에 반란을 일으켰다가 전쟁에 패하여 자결하게 됨에 따라 역적으로 몰렸으나 1889년 복위된다. 우치무라는 이 사람을 신일본의 창시자로 평가한다.

두 번째는 '탁월한 농촌 경영자' 라고 할 우에스기 요잔(上杉鷹山, 1751~1822)이다. 최고의 개혁주의자로 꼽히는 에도 시대 말기의 다이묘(大名), 곧 지역의 영주(領主)로서 거의 몰락 직전에 놓인 영지를 솔선수범의 철저한 검약, 행정 쇄신, 산업 장려를 통해 화려하게 재건시켰다. 그는 뽕나무, 닥나무, 옻나무 등 상품성 있는 작물 재배를 적극 권장했고, 농업 인구 확보를 위해 이웃 지방의 여성을 불러들여 '농촌 총각 장가 보내기' 같은 아이디어를 내어 성공하기도 한다.

세 번째 인물은 '농민 성자'로 불리는 니노미야 손토쿠(二宮尊德, 1787~1856)이다. 그는 에도 시대 말기의 탁월한 농정가(農政家)로서 가난한 농민의 아들로 태어나 몰락한 집안을 일으키기 위해 어린 나이에 황무지 개간 등의 지혜를 터득해 어엿한 지주로 성장한다. 신도(神道)와 불교, 유교 사상을 바탕에 깔고 스스로 음덕(陰德), 적선(積善), 검약을 실천하면서 풍요로운 농촌 건설에 매달려 성공을 거두었고 그 결과 다른 지역 영주들도 그를 초빙하려 안달해 결국 모두 605개 마을이 그의 풍부한 농업지식에 의해 되살아났다.

네 번째로는 유학자인 나카에 도쥬(中江藤樹, 1608~1648)가 뽑혔다. 에도 시대 초기의 유학자로 일본 양명학의 시조로 일컬어진다. 독학으로 《사서대전(四書大全)》을 연구했고 주자학에 정통했다. 집안에 커다란 등나무가 있어서 도쥬(藤樹)란 이름을 지었다고 한다. 신분 차이를 넘어선 인간의 내면적 평등성을 강조함으로써 농민들로부터 성인으로 추앙 받았다.

그리고 마지막으로는 '일본 불교의 상징'이라고 할 니치렌(日蓮, 1222~1282)이다. 일본에서 일련종(日蓮宗)을 창시한 승려로서 '南無妙法蓮華經(나무묘법연화경)'이란 개념을 주창해 큰 파장을 일으킨다. 그는 당시의 막부에 〈입정안국론(立正安國論)〉을 써 보내어 필화를 입고 유배당했지만, 몽골의 침공을 예견한 것이 적중하여 사면받음으로써 더욱 유명해졌다. 그의 가르침을 따르는 사람들이 일련정종(日蓮正宗)이란 교단을 형성하고 있으며, 그 신도들이 주도하는 '창가학회(創價學會)'는 공명당을 만들어 현재도 정치에 참여하는 등 많은 활동을 하고 있다.

이들 5명을 다시 보면 무사 정치가, 농촌경영자, 농민운동가, 유학자, 그리고는 스님이다. 각기 일본을 대표할 수 있다고 하지만 국제적으로 잘 알려진 도요토미 히데요시(豊臣秀吉) 같은 사람, 또는 러일전쟁을 승리로 이끈 노기 마레스케(乃木希典, 1849~1912) 대장이나 도고 헤이하치로(東鄕平八郞, 1848~1934) 같은 동시대의 군인들은 전혀 다루지 않는다. 사이고 다카모리의 경우 메이지 정부에 반란을 일으켰지만 그것은 외국에 대한 침략이 아니므로 이들 5명의 면면을 본 외국인이라면 일본이란 사회가 참 좋은 사람들이 이끄는 사회이고, 일본인들이 정말 괜찮은 사람들이구나 하는 생각을 하게 된다.

사실 그것이 이 책을 쓴 목적이기도 하다. 아니, 그보다 더 원대한 목적이 숨어 있다. 우치무라는 이 책의 후기에 이렇게 썼다.

"나(라는 사람)는 어머니의 태 속에 자리 잡기 이전에 여러 가지 많은 영향을 받아 형성되었다. 신(神)의 선택 작업은, 우리 국민 가운데 2천 년도 더 오래된 옛날부터 가동되고 있었으며, 결국 그것으로 나도 예수 그리스도의 종으로서 뽑히게 되었다. 나는 종교라는 것을, 뭔가 기독교 선교사로부터 배운 것이 아니다. 그 전부터 일련(日蓮), 법연(法然), 연

요는 이스라엘에서 이스라엘이라는 땅의 역사를 바탕으로 기독교가 생겼다면, 그리고 그 신이 보편적이라면 일본이라는 땅에서도 같은 신의 원리가 적용되어야 한다는 것이다. 이러다 보니 그는 기독교 신앙도 서양의 여러 나라에서 생긴 무슨 무슨 교파에 얽매이지 않으며, 거대한 교회를 세우고 신도들을 끌어 모으는 세속적인 신앙 형태에 찬성하지 않고 오로지 성서만을 읽고 이의 가르침을 생활화하자고 주장한다. 이런 생각은 그가 처음 기독교 신앙을 배울 때에 각 종파 간의 차이와 이에 따른 극심한 분열과 대립에 환멸을 느낀 데서 비롯된 것으로서, 일본이라는 땅에서도 기독교가 일본식 신앙의 형태로 가능하다는 것을 설파하는 것으로 볼 수 있다.

그런데 이 말을 뒤집어 보면 일본 땅에 살아온 사람들도 이스라

엘의 아브라함 후손과 마찬가지로 곧 신의 아들일 수 있다는 생각을 은연중에 갖게 해주는 것이다. 그러니 이 책을 읽게 되는 미국인, 서양인들은 일본에도 정말로 괜찮은 사람들이 사는구나 하고 생각하고, 일본을 같은 기독교의 형제국처럼 받아들일 수가 있는 것이다.

우치무라 간조, 그는 1930년에 세상을 뜰 때까지 늘 생각을 하고 많은 글을 써서, 그가 남긴 글은 사후에 책으로 모아보니 21권에 이르는 방대한 양이었다. 그의 생각은 도쿄의 그의 집에서 직접 무릎 앞에 앉아 그의 말을 들은 김교신과 함석헌 등에 의해 우리나라에도 전해졌으며, 그의 책은 우리나라 말로 번역돼 많은 이들이 열심히 읽고 연구하고 있다. 그의 사상과 가르침은 이처럼 근대 일본의 한 시대를 넘는 그 무엇이 있다고 할 것이다. 그런 면에서 우치무라야말로 대표적인 일본인이라고 해야 할 것이다.

 우동 한 그릇

해마다 섣달 그믐날이 되면 우동집으로서는 일년 중 가장 바쁠 때이다. "북해정"도 이날만은 아침부터 눈코뜰새 없이 바빴다. 보통 때는 밤 12시쯤이 되어도 거리가 번잡한데 그날만큼은 밤이 깊어질수록 집으로 돌아가는 사람들의 발걸음도 빨라지고 10시가 넘자 북해정의 손님도 뜸해졌다. 사람은 좋지만 무뚝뚝한 주인보다 오히려 단골손님으로부터 주인 아줌마라고 불리우고 있는 그의 아내는 분주했던 하루의 답례로 임시종업원에게 특별상여금 주머니와 선물로 국수를 들려서 막 돌려보낸 참이었다. 마지막 손님이 가게를 막 나갔을 때, 슬슬 문앞의 옥호막(상호가 적힌 막)을 거둘까 하고 있던 참에, 출입문이 드르륵하고 힘없이 열리더니 두 명의 아이를 데리고 한 여자가 들어왔다. 6세와 10세 정도의 사내들은 새로 준비한 듯한 트레이닝 차림이었고, 여자는 계절이 지난 체크무늬 반코트를 입고 있었다.

1억 일본인들을 감동시킨 명작동화 '우동 한 그릇'은 이렇게 시작한다. 구리 료헤이(栗良平)라는 일본의 한 동화작가가 1988년에 발표한, 길지 않은 이 동화는, 그 이듬해인 1989년 2월 열린 일본 114회 국회의 중의원 예산위원회에서 한 의원이 당시의 다케시타 노보루(竹下登) 총리에게 전문을 읽어 주어 순식간에 일본 전체에 큰 인기를 몰고 왔다. 이후 우리나라에도 알려져 지금까지 계속 판을 거듭하며 한국인들에게도 감동을 주고 있는 화제의 동화이다.

원래 제목은 '一杯のかけそば' 우리말로 직역을 하면 '한 그릇의 메밀국수'란 뜻이지만 우리말로 옮기는 과정에서 '우동 한 그릇'으로 번역이 되면서 이 이름으로 알려진 이 동화의 무대는 홋카이도의 어느 도시(삿포로로 추정)에 있는 조그만 우동집인 '북해정(北海亭)'이다.

신년을 맞이했던 북해정은 변함없이 바쁜 나날 속에서 한 해를 보내고, 다시 12월 31일을 맞이했다. 지난해 이상으로 몹시 바쁜 하루를 끝내고, 10시를 막 넘긴 참이어서 가게를 닫으려고 할 때 드르륵, 하고 문이 열리더니 두 사람 의 남자아이를 데리고 한 여자가 들어왔다. 여주인은 그 여자가 입고 있는 체크무늬의 반코트를 보고, 일년 전 섣달 그믐 날 의 마지막 그 손님들임을 알아보았다.

"저…… 우동…… 일인분입니다만…… 괜찮을까요?"

"물론입니다. 어서 이쪽으로 오세요."

여주인은 작년과 같은 2번 테이블로 안내하면서, "우동 일인분!"하고 커다랗게 소리친다. "네엣! 우동 일인분."이라고 주인은 대답하면서 막 꺼버린 화덕에 불을 붙인다.

"저 여보, 서비스로 3인분 내줍시다." 조용히 귀엣말을 하는 여주인에게, "안돼요. 그런 일을 하면 도리어 거북하게 여길거요."라고 말하면서 남편은 둥근 우동 하나 반을 삶는다.

아버지가 교통사고를 내어 8명이나 다치게 하고 돌아가시자, 피해자들에게 다달이 5만 엔씩을 주어야 했고 그러다 보니 무척 어렵게 살아온 3명의 모자. 두 아들가운데 형은 신물배달로, 동생은 집안 일을 도우며 엄마의 자활노력을 돕는다. 그래서 힘들게 노력을 해서 겨우 빚을 갚게 되자 이들 모자는 그 해 비로소 2인분을 주문한다. 그리고 그 자리에서 주인부부는, 그들이 그동안 더 담아준 우동 1인분이 이들에게 얼마나 큰 힘이 되었는지를 확인한다. 동생이 이런 내용을 학교에서 작문시간에 발표한 것이다.

“작문은…… 아빠가 교통사고로 돌아가셔서 많은 빚을 남겼다는 것, 엄마가 아침 일찍부터 밤 늦게까지 일을 하고 계시다는 것, 내가 조간석간 신문을 배달하고 있다는 것 등…… 전부 씌어 있었어요.
그리고서 12월 31일 밤 셋이서 먹은 한 그릇의 우동이 그렇게 맛있었다는 것. 셋이서 다만 한 그릇밖에 시키지 않았는데도 우동집 아저씨와 아줌마는, 고맙습니다! 새해엔 복 많이 받으세요! 라고 큰 소리로 말해주신 일. 그 목소리는…… 지지 말아라! 힘내! 살아갈 수 있어! 라고 말하는 것 같은 기분이 들었다고요. 그래서 준은, 어른이 되면, 손님에게 힘내라! 행복해라! 라는 속마음을 감추고, 고맙습니다! 라고 말할 수 있는 일본 제일의 우동집 주인이 되는 것이라고, 커다란 목소리로 읽었어요.”

카운터 안쪽에서, 귀를 기울이고 있을 주인과 여주인의 모습이 보이지 않는다. 카운터 깊숙이 웅크린 두 사람은, 한 장의 수건 끝을 서로 잡아당길 듯이 붙잡고, 참을 수 없이 흘러나오는 눈물을 닦고 있었다.

“울지 않고서도 배겨날 수 있는가를 시험하기 위해서라도 한번 읽어보라!”라는 니혼게이자이(日本經濟)신문의 광고로 더욱 눈물샘을 자극한 이 동화의 백미는, 이 후 식당 주인이 매년 그믐날에는 이들을 위한 예약석을 준비하지만 10년 이상 3모자가 오지 않다가 이윽고 다시 나타난 날이다.

10시 반이 지났을 때, 입구의 문이 드르륵 하고 열렸다. 몇 사람인가의 시선이 입구로 향하며 동시에 그들은 이야기를 멈추었다. 코트를 손에 든 양복 정장 차림의 두 사람의 청년이 들어왔다. 다시 얘기가 이어지고 시끄러워졌다. 여주인이 죄송하다는 듯한 얼굴로 "공교롭게 만원이어서"라며 거절하려고 했을 때 기모노(일본 옷) 차림의 부인이 깊이 머리를 숙이며 들어와서, 두 청년 사이에 섰다.

가게 안에 있는 모두가 침을 삼키며 귀를 기울인다. 기모노을 입은 부인이 조용히 말했다.

"저…… 우동…… 3인분입니다만…… 괜찮겠죠?" 그 말을 들은 여주인의 얼굴색이 변했다.

십수년의 세월을 순식간에 밀어 젖히고, 그 날의 젊은 엄마와 어린 두 아들의 모습이 눈앞의 세 사람과 겹쳐진다. 카운터 안에서 눈을 크게 뜨고 바라보고 있는 주인과, 방금 들어온 세 사람을 번갈아 가리키면서.

"저…… 저…… 여보!"하고 당황해하고 있는 여주인에게 청년 중 하나가 말했다.

"우리는, 14년전 섣달 그믐날 밤, 모자 셋이서 일인분의 우동을 주문했던 사람입니다. 그 때의 한 그릇의 우동에 용기를 얻어 세 사람이 손을 맞잡고 열심히 살아갈 수가 있었습니다. 그 후, 우리는 외가가 있는 시가현으로 이사했습니다. 저는 금년, 의사 국가시험에 합격하여 교토의 대학병원에 소아과의 병아리 의사로 근무하고 있습니다만, 내년 4월부터 삿뽀로의 종합병원에서 근무하게 되었습니다. 그 병원에 인사도 하고 아버님 묘에도 들를 겸 해서 왔습니다. 그리고 우동집 주인은 되지 않았습니다만 교토의 은행에 다니는 동생과 상의해서, 지금까지 인생 가운데에서 최고의 사치스러운 것을 계획했습니다. 그것은, 섣달 그믐

날 어머님과 셋이서 삿뽀로의 북해정을 찾아와 3인분의 우동을 시키는 것이었습니다."

고개를 끄덕이면서 듣고 있던 여주인과 주인의 눈에서 왈칵 눈물이 넘쳐 흘렀다. 입구에 가까운 테이블에 진을 치고 있던 야채가게 주인이, 우동을 입에 머금은 채 있다가 그대로 꿀꺽하고 삼키며 일어나, "여봐요 여주인 아줌마! 뭐하고 있어요? 십 년간 이 날을 위해 준비해 놓고 기다리고 기다린, 섣달 그믐날 10시 예약석이잖아요, 안내해요. 안내를!"

야채가게 주인의 말에 번뜩 정신을 차린 여주인은, "잘 오셨어요…… 자 어서요…… 여보! 2번 테이블 우동 3인분!"

무뚝뚝한 얼굴을 눈물로 적신 주인, "네엣! 우동 3인분!" 예기치 않은 환성과 박수가 터지는 가게 밖에서는 조금 전까지 흩날리던 눈발도 그치고, 갓 내린 눈에 반사되어 창문의 빛에 비친 북해정 이라고 쓰인 옥호막이 한 발 앞서 불어제치는 정월의 바람에 휘날리고 있었다.

우동 한 그릇에 담긴 배려와 사랑, 용기와 감사, 인생의 보람과 희망이 추운 겨울 우동의 따끈한 국물처럼, 모락모락 피어오르는 이 동화는, 사실 굳이 일본인만이 아니라 우리나라, 혹은 중국인 등 누구에게도 같은 감동을 줄 수 있는 이야기라 할 것이다. 우리가 어릴 때 보고들은 안데르센의 동화보다도 더 동양적이고 가족적이다.

이 동화를 보면서 뭔가 보통 사람들과 다른 느낌을 우리들은 받는다. 우리 같으면 "그래, 서비스로 한 그릇 더 드리죠!"라고 하고 더 담는 경우가 보통일 것 같고, 아마도 이 동화 속의 북해도 주민들도 그렇게 하려 했을 것이지만, 이 우동집 주인은 보이지 않게, 그들이 눈치 채지 않게 내용물을 더 담아 이들이 고픈 배를 달랠 수 있도록 한다. 이런 것을 일본인들만이 할 수 있는 배려로 보고 일본 사회, 일본인들의 그런 배려를 일본의 특징으로 보아온 것이 그동안의 통상적인 시각이었다.

그런데 이런 표면적인 감동과는 별개로 이 동화를 쓴 주인공은 뜻밖의 행보를 보인다. 이 동화가 인기를 얻으면서 영화로도 만들어지는 등 일대 붐을 이루던 중, 작가 구리 료헤이의 면모가 드러난다. 삿포로대학 의학부를 졸업했다는 그의 학력이 거짓으로 드러났고, 사가현에서 금품사기를 친 것이 드러나 자취를 감춘다. 1994년부터 98년까지는 한 가정주부를 유혹해서 각지를 전전하며 사기를 치는 등 사기행각이 드러난다. 이 때문에 이 '우동 한 그릇'은 적어도 일본 내에서는 "위대한 사기 동화"로 전락한 셈이 되었고, 그것을 잘 모르는 외국에서는 여전히 감동의 동화로 남게 된다.

이 동화가 뜨게 된 결정적인 계기가 된 일본 중의원 예산심의위원회는, 당시 정, 재계 요인들에게 주식을 뇌물로 비밀스럽게 나눠준 일본 희대의 리쿠르트 사건의 철저한 수사를 촉구하기 위해 한 야당의원이 의도적으로 낭독한 것이기에, 이 동화가 정직하고 배려 깊은 일본 사회를 대표한다기 보다는 그런 사회에 대한 희망을 담고 있는 것으로 보는 것이 더 말이 된다고 하겠다.

　그러나 동화 하나, 일화 하나도 다 그 사회가 만들어내는 것이라면 이 동화를 통해 남에게 드러나지 않게 친절을 베푸는 마음이 일본인에게 있음을 알게 된다. 그것은 물론 우리나라에서도 없다고 할 수는 없지만, 우리가 아주 가까이 있으면서도 보지 못하고 느끼지 못했던 일본인들의 마음을 우리가 조금이라도 알게 되었다는 차원에서 의미 있는 동화라고 하겠다. 물론 이 동화가 갖고 있는 가치는 이런 한 일간의 마음의 비교를 떠나서 더 높은 곳에 있지만 말이다.

백가마니의 쌀

일본의 메이지유신(明治維新)은 일단의 젊은 무사들이 도쿠가와(德川)라는 군벌을 타파하고 정권을 잡은 것인데, 그것이 최종적으로 성공하기 위해서는 보신전쟁(戊辰戰爭)이란 피를 흘리는 싸움이 더 있었다. 도쿠가와(德川) 막부를 추종하던 세력들이 반란을 다시 일으킨 것이다. 이들은 1868년 1월 도바 후시미에서 시작하여 우에노, 아이즈를 거쳐 1869년 봄 홋카이도의 하코다테에 이르기까지 격렬한 저항을 하지만 결국 패하고 만다. 이 전쟁, 곧 반란에는 도쿄 바로 위쪽에 있는 나가오카(長岡)라는 작은 번(藩)도 가담을 한다. 그러다가 진압군에 패해서 이 고장이 초토화되고 주민들은 먹을 것이 없어 큰 기근을 겪는다.

이렇게 되자 영주에 얹혀 녹을 받던 무사들이 가장 큰일이었다. 먹을것을 못 구해 피골이 상접했지만 무사 체면에 구걸도 할 수 없었다. 이러던 차에 이웃 지방인 미네야마번(三根山藩)에서 구휼미로 쌀 100가마니을 보내왔다. 무사들이 난리가 났다. 어서 빨리 쌀을 나눠달라는 것이었다. 그런데 이곳의 내무행정을 책임지고 있던 고바야시 도라사부로(小林虎三郞, 1828~1877)가 나타났다. 그는 무사들에게 일갈한다. "우리는 항상 전쟁터에 있다. 전쟁터에 있으면 힘들고 배가 고프다든지, 뭐가 없고 뭐가 모자란다는 말을 할 수가 없다. 그런데 무사란 자가 특히 먹을 게 없다고 쌀을 나눠달라는 것이 말이 되는가? 그래도 자네들이 나가오카의 무사라고 할 수 있는가? 적어도 나가오카의 무사라면 설령 굶어죽는다고 해도 그런 한심한 말은 해서는 안 될 것이다." 이렇게 꾸짖는다. 그는 또 말한다. "이 쌀을 나눠먹으면 며칠이나 가겠는가? 그러나 이 쌀로 능력 있는 인재를 키워놓으면 이 쌀은 몇 년 후에는 일만 가마니가 되고 백만 가나미가 될 수도 있다. 그러면 우리는 반드시 다시 일어설 수 있다." 이렇게 꾸짖고는 이 쌀로 학교를 세우고 아이들을 가르치게 한다.

이 이야기가 그 유명한 '쌀 백 가마니(米百俵)' 이야기이다. 이 이야기는 실화를 바탕으로 1942년 이 지방을 여행한 야마모토 유조(山本有三, 1887-1974)가 희곡으로 써서 연극으로 상연된 이후 널리 알려지게 되었다. 이를 기념해서 나가오카 시에는 고바야시가 무사들을 꾸짖는 장면을 동상으로 만들어놓고 이 동네가 가장 어려운 때에 스스로의 먹을 것을 참아가며 교육에 매진해서 다시 일어선 자랑스런 역사를 널리 알리고 있다. 동상을 보면 쌀을 달라는 무사들의 절박한 표정과 이를 꾸짖는 고바야시의 모습이 막 지금 일어나고 있는 것처럼 생생하다.

이 '쌀 백 가마니'의 주인공인 고바야시 도라사부로(小林虎三郎)는 24살 때에 메이지유신의 정신적인 스승인 사쿠마 조잔(佐久間象山; 사쿠마 쇼잔이라고도 읽음)으로부터 학문을 배워 일찍부터 일본의 근대화에 눈을 뜨게 된다. 이 때 같이 배운 동문이 유명한 요시다 쇼인(吉田松陰)이다. 이 두 명을, 그래서, 조잔문하의 두 호랑이라고 부른다. 요시다 쇼인의 문하에서 배운 제자들이 명치유신을 일으키고 근대 일본의 중추적인 인물이 된다.

전 세계 경제가 요동치면서 각 나라마다 어렵다고 난리가 났다. 우리보다는 충격이 덜하다고 하는 일본에서도 경기 진작을 위해 2조엔(円)에 이르는 교부금을 어떻게 나누는가 하는 문제로 시끄러웠다. 일본 국민들 모두에게 같이 나눌 경우 1만 2천 엔, 여기에 어린이와 노인들에게 8천 엔이 가산되어 2만 엔이지만 나누고 나면 그야말로 아무것도 아닌 돈이 된다. 일본 언론들이 '쌀 백 가마니'의 이야기를 다시 꺼내고 그 가르침을 언급하는 것이 바로 이런 이유에서이다.

우리나라도 어렵다. 모든 사람들이 자기의 호주머니에 돈이 들어오기를 바라고 있다. 돈이 있는 중산층들도 기왕이면 종부세건 양도세건 많이많이 깎아주기만을 바라고 있다. 서민들은, 그러면 우리들에게는 무엇을 줄 것이냐고 볼이 메려고 한다. 회사는 어려워

지고 언제 문 닫을 줄 모르는 상황으로 치닫자 적어도 월급이나 퇴
직금이라도 되도록 많이 챙기자는 심리가 작용한다. 온 사회가 돈
에 목이 말라 있다. 정작 '쌀 백 가마니'의 이야기의 교훈이 필요한
나라는 일본이 아니라는 생각이 드는 것이다.

바람직한 정치가

제35대 미국 대통령으로 당선된 존 F케네디는 일본 기자단과의 회견에서 이런 질문을 받았다.

"당신이 가장 존경하는 일본의 정치가는 누구입니까?"

그 질문에 대해서 케네디 대통령은 이렇게 대답했다.

"그 사람은 우세스기 요잔입니다."

질문을 한 일본 기자들은 깜짝 놀랐다. 우에스기 요잔이 누구인지를 자신들이 모르고 있었기 때문이다. 일본에는 하고 많은 이름난 정치가들이 있다. 일본을 통일하고 조선을 침략한 영웅 도요토미 히데요시, 그 뒤를 이어 일본을 300년간 다스린 도쿠가와 막부의 주인공인 도쿠가와 이에야스(德川家康), 메이지 유신을 일으킨 장본인으로 일본인들이 가장 좋아한다는 사카모토 료마(坂本龍馬), 일본의 개화를 이끈 정신적 지도자 후쿠자와 유키치(福澤諭

吉), 일본을 대표하는 경영자인 마츠시타 고노스케(松下幸之介)…
그런 사람들을 빼놓고 생전 듣지도 못한 사람 이름이 나온 것이다.

우에스기 요잔(上杉鷹山, 1751~1822)은 15만 석도 안되는
조그만 번인 요네자와(米澤) 번의 영주일 뿐이다. 케네디 대통령이
기라성 같은 사람들을 빼놓고 어떻게 이런 인물을 알고 그를 가장
존경한다고 하는가?

이 의문에 대한 해답은 결국 책 한 권이었다. 1894년에 영어로
미국에서 나온 《일본과 일본인(Japan and The Japanese)》이
란 책이 그것이다. 이 책은 우리가 잘 아는 대로 일본의 기독교연구
가이며 성서학자인 우치무라 간조가 능숙한 영어 실력을 바탕으로
쓴 책으로, 미국에서는 이 책을 안 읽은 사람이 없다고 할 정도로
유명해진 책이다. 케네디 대통령도 틀림없이 이 책을 보았을 것이
기에 우에스기 요잔이란 사람을 알고 그에 대해 존경심을 갖게 된
것이라고 사람들은 말한다. 이 책은 또 독일어, 프랑스어, 덴마크
어로 번역되어, 프랑스에서는 총리이던 클레망소(Georges
Clemenceau, 1841~1929)가 이 책을 읽고 감동을 받아 "건강
이 허락하는 한 일본에 가서 이 사상가와 얘기를 나누고 싶다"고 했
다고 한다. 잘 쓰여진 한 권의 책이 얼마나 중요한가, 그 영향력이
얼마나 클 수 있는가를 이 일로 실감할 수 있다.

우에스기 요잔(上杉鷹山), 그는 임진왜란 이후 약 150년이 지난
1751년 규슈의 작은 영주 집안에서 출생하였다가 아홉 살이 되자,

아들을 얻지 못한 우에스기 집안의 양자로 들어갔다. 우에스기는 9대째 일본 동북지방의 요네자와(米澤) 번을 다스려왔던 집안. 15세의 나이(1767년)에 번주(藩主)에 올라, 2년 뒤 정치개혁을 단행하였다. 그는 철저한 검약을 솔선수범하며 행정을 쇄신하고 산업을 장려해서 몰락직전의 영지를 다시 살려 내었다. 뽕나무, 닥나무, 옻나무 등 상품성 있는 작물 재배를 적극 권장했고, 농업 인구 확보를 위해 이웃 지방의 여성을 불러들여 '농촌 총각 장가보내기' 같은 작전까지 폈다. 당시 통치자로서는 상상하기 힘들었던 일까지 몸소 행하며 기득권 세력 타파에 힘썼다. 식사는 매끼마다 밥과 국 한 그릇만 올리도록 했다. 그로부터 20년, 우에스기 요잔은 이 작은 번을 일본 최고의 주식회사로 탈바꿈시킨다.

요잔이 번주로 취임할 당시 이 작은 요네자와 번은 선대 몇 대째 이어져오던 막무가내 식의 경영으로 재정이 파탄이 나 있었다. 번에는 옛날부터 이어져오던 무사들이 주렁주렁 매달려 있었다. 사람들은 먹을 것을 찾아서 눈에 핏발이 서 있는 상태였다. '맛있는 말보다도 한 그릇의 밥', 그것도 '내일 먹을 밥이 아니라 오늘 먹을 밥!' 이것이 요네자와 사람들의 절박한 요구였다.

"지금 중앙에 내야 하는 세금도 쌀로 내야 하고 모든 것이 쌀로 평가받고 이뤄지지만 우리 땅은 원래 쌀농사에는 적당하지 않다. 따라서 우리 땅과 기후에 맞는 식물을 심어야 하는 것이 아닌가? 이 요네자와에서는 옻나무나 닥나무, 뽕나무 등이 매우 잘 자랄 것이라는 생각이 든다. 옻 그러나 당시 요네자와 번은 다른 번들과 마찬가지로 관습과 절차, 형식에 사로잡혀 위기에 처한 현상을 제대로 인식하지도 못하고 있었다. 중신들은 자신의 지위만을 지키려 하고 있었고 번의 사람들은 그러한 중신들을 원망하면서 체념에 빠져 있었다. 이 상황을 개혁하기 위해서 그는 번의 궁핍한 실태를 정확하게 파악해서 이를 모든 번의 무사들에게 그대로 알리고, 이 상태를 벗어나기 위해서는 이런 방법 밖에 없음을 설득하고, 다시 이 방법으로 반드시 성공할 수 있다는 확신을 그들에게 주는 방법을 택했다.

쌀농사밖에 모르던 사람들에게 작물을 재배하는 기술을 가르치기 위해서 이웃 지방에서 기술자를 높은 돈을 주고 데려왔다. 사람들에게 개혁의 성공을 알리기 위해 번주 스스로가 음식을 줄이고 밥 한 그릇과 국 한 그릇으로 식사를 했다. 사람들에게 그들이 왜 이런 일을 하는지를 알려주어 그들의 성취욕을 자극했다. 부족한 농토를 보충하기 위해 무사들의 마당에도 작물을 심으라고 했다.

그런 노력으로 요네자와 번은 불과 20년 만에 일본 최고의 알짜 번
이 된 것이다.

"번주는 백성을 위해서 존재하는 것이다. 번주를 위해서 백성이 존
재해서는 안 된다"는 것이 그의 신념이었다. 그는 자신의 개혁정치,
개혁경영을 다음 번주에게 물려주기 위해 '전해주는 말(伝国の辞)'
로 정리해서 넘겨주었다. 그것이 아직까지도 유명한 세 문장이다.

　-나라는 선조로부터 자손에게 전해지는 것이므로, 나 개인의 것
으로 해서는 안 된다.
　-백성은 국가에 귀속되어 있는 것이므로, 결코 나 개인의 것으로
해서는 안 된다.
　-백성을 위해서 세워진 것이 번주이므로, 번주를 위하여 백성이
존재하게 해서는 안 된다.

이러한 그의 사상은 우치무라 간조가 처음 주목한 이후 현대의
일본인들에게 큰 영향을 끼쳤고, 현대의 경영학도들은 그의 경영방
법을 분석하고 그 장점을 알려 현재 일본의 많은 기업들의 강령이
되어 있다. 그의 삶을 그린 소설이 쓰여지기도 했다. 1993년 김영
삼 대통령은 '문민정부'를 기치로 대통령이 된 이후 우에스기 요잔
의 일대기를 소설로 쓴 《불씨》(번역한 책 이름임. 원제는 소설 우에
스기 요잔, 작가는 도몬 후유지·童門冬二)를 읽은 감동을 비서진
들에게 말해주었다. 청와대 민정수석실은 280질을 사서 비서관과

행정관들에게 나눠주었다. 김영삼 대통령은 이 책의 감동에 따라 점심에는 칼국수 한 그릇만을 들었고 청와대를 찾는 손님들에게도 그렇게 대접을 했다. 역사에 감춰져 있는 사람들의 삶을 재조명하는 것이 이처럼 큰 영향과 파장을 몰고 올 수 있는 것이다.

오늘날 우리들이 다시 우에스기 요잔의 삶을 되돌아볼 필요가 없을까?

만일에 요즈음도 칼국수 한 그릇으로 식사를 때우라고 한다면 소비가 줄어 경제가 침체된다며 아우성을 칠지도 모른다. 요즈음의 경제는 활력이 중요하므로 어떻게 하든 경제가 돌아가야 할 터인데, 먹지 않고 입지 않는 개혁으로는 성공할 수 없다고 말할 수도 있을 것이다. 그런데 중요한 것은 세계 경제가 요동을 치고 우리 경제가 나날이 그 영향으로 곤두박질을 치는 이 순간 우리들에게는 우에스기 요잔과 같은 신념을 가진 지도자가 필요하다는 점이다. 그는 상황을 냉정하게 분석해서 그 해결방법을 찾아내었고, 그 방법을 수행하기 위해 국민들의 합의와 목표 설정을 먼저 이끌어내었고 자기 주위의 기득권 세력을 시범적으로 척결하고 이를 통해 국민들의 합심을 유도했다.

이것을 위해서 스스로가 근검절약의 모범을 보였다. 어느 시대, 어느 시기를 보더라도 모든 경제적 위기의 해결책은 근검과 절약이었다. 그것은 기업의 가장 큰 수익원일 뿐더러 가정과 국가의 부를 이뤄가는 가장 기본적인, 그러면서도 가장 확실한 방법이었다. 1992년에 처음 발간돼 15판을 찍은 《우에스기 요잔에게서 배운다》라는 책의 저자 스즈무라 스스무(鈴村 進)는 이렇게 말한다.

"저코스트, 효율화, 자원 절약, 리스트럭추어, 리엔지니어링… 등등 시대에 따라서 이름은 변화하고 있지만 이런 것들은 모두가 절약근검에 다름 아니다. '마른 수건을 다시 짠다'고 하는 명문구로 오늘의 영광을 이룬 기업도 있다. …이 불안의 시대를 맞아서 우리들은 우에스기 요잔으로부터 배우고 싶다. 그는 당시의 요네자와 번에 이 근검의 모럴을 확실히 심어갔고 그 위에 겸허와 감사를 길러주어 열매를 맺게 했지 않은가."

매끼 밥 한 그릇과 국 한 그릇만을 먹는 지도자의 정성에 감읍해서 백성들도 자진해서 스스로의 밥그릇을 줄이고 고통을 감내했다. 지도자의 목표 설정과 이를 이루기 위한 솔선수범, 이를 승복하고 따라준 국민들로 해서 에도 시대 가장 작고 가난한 나라인 요네자와는 가장 알찬 저역으로 자라날 수 있었다. 그런 지도자의 경륜과 방법론, 국민들의 도덕률이 지금 이 시대 우리나라와 사회와 회사와 가정에도 가장 필요한 것이리라. 미국식의 대량경제, 흥청망청하는 생활, 욕망의 충족만이 전부라고 생각하며 살아온 우리에게 일본식의 근검절약은 어울리지 않을지 모른다. 그러나 우리가 배워야 할 것은 미국식의 경제관념과 사고방식이 아니라 일본식이라고 해야 할 것이다. 경제위기가 닥쳤다고는 하지만 일본은 외화도 많이 보유하면서 끄떡없지 않은가?

　사상 초유의 경제위기에서 아직 벗어나지 못한 우리는 일본 최고의 경영자였던 우에스기 요잔의 삶과 그의 가르침을 진지하게 되돌아보아야 할지도 모르겠다.

무사도

대체로 어느 나라건 자국에서 통용되는 지폐에는 그 나라에서 생각하는 이상적인 인물을 담는 것이 보통이다. 우리나라의 경우 만 원권 지폐에는 세종대왕, 5천원권에는 율곡 이이, 천원권에는 퇴계 이황의 초상이 들어있다. 가장 정치를 잘 한 세종대왕에게 모여지는 국민들의 존경심을 대변하는 것이고, 율곡과 퇴계로 대표되는 우리들의 정신사적 유산을 되살리자는 뜻이 들어 있다고 하겠다.

이웃나라 일본의 경우 만 엔(萬円)짜리 지폐에는 근대 일본의 사상가인 후쿠자와 유키치(福澤諭吉, 1835~1901)가 들어 있다. 아시아를 벗어나서 유럽을 따라잡아야 한다는 이른바 '탈아론(脫亞論)'으로, 또 게이오대학(慶應大学)의 창설자로 유명한데, 1860년 이후 당시 막부(幕府)의 견외사절(遣外使節)로 3회에 걸쳐 해외를 여행하며 새로운 문물을 접하고 충격을 받아 귀국한 후에 젊은이들을 가르치는 데 전념하면서 부국강병을 주장하여 일본 자본주의 발달의 사상적 근거를 마련한 인물이다. 그리고 천 엔(千円)짜리 지폐에는 우리가 이름을 들어봤음직한 소설가 나츠메 소세키(夏目漱石, 1867~1916)가 있는데, 그의 작품 〈나는 고양이로소이다〉는 우리들에게 적어도 제목으로라도 잘 알려져 있다.

그런데 5천엔권 인물에 대해서는 우리가 잘 모른다. 아니, 우리라기보다는 내가 잘 모른다고 하는 편이 맞는데, 그 지폐의 주인공은 니토베 이나조(新渡戸稲造, 1862~1933)라고 하는 교육가이다. 그런데 이 니토베 이나조가 일본의 천황이나 이토 히로부미 등의 정치가들 외에 미국과 서양이 기억하는 가장 유명한 일본인이라는 사실을 우리들은 정말 잘 모르고 있다. 대신 이렇게 이야기하면 잘 알까? 일본이 세계에 자랑하는 '무사도(武士道, 일본식으로는 부시도)'를 일찍이 영어로 써서 일본 무사도가 단순히 사람을 서로 죽이는 방법이 아니라 마치 미학과 윤리와 신사도가 들어 있는 고도의 정신세계인 것처럼 세계인들에게 알게 한 사람이라고.

1862년 시골 무사의 셋째 아들로 태어난 니토베는 11살 때에 도쿄의 외국어학교 영어과에 들어가 일찍부터 영어를 배웠는데, 4년 뒤인 15살 때에는 유명한 삿포로 농학교(札幌農学校)에 제2기로 들어간 것이 그의 일생에 큰 작용을 한다. 이 학교는 "소년들이여 큰 뜻을 품어라!(Boys be ambitious!)"라는 유명한 말을 남긴 미국인 선교사 윌리엄 클라크가 세운 학교로, 니토베가 입학할 당시 클라크 선교사는 본국으로 돌아갔지만 이 학교의 창립이념에 따라 기독교에 몰입하게 되었고, 일본의 유명한 기독교 사상가인 우치무라 간조(內村鑑三)와도 친구가 된다. 곧바로 나중에 도쿄제국대학이 된 도쿄대학 본과에 입학해 계속 공부를 하면서 실력을 인정받아 20살에 정부의 초급관리가 되고 삿포로 농학교 조교수로도 임명되는데, '태평양의 다리가 되고 싶다'는 생각에 24살 때에 자비로 미국 유학길에 올라 존스 홉킨스 대학에 들어간다. 3년 후에는 다시 독일로 옮겨 본 대학에서 공부를 하다 할레 대학에서 박사학위를 받아 귀국한다.

이런 많은 공부로 인해 유창한 영어 실력에다 서양의 문화에 대한 풍부한 식견을 쌓은 뒤 귀국해 삿포로 농학교 교수가 되었는데, 이때에 최초로 영문으로 된 《일미통교사(日米通交史)》를 써서 이름을 날렸으며, 공부와 연구로 몸이 상해 미국 캘리포니아에서 요양을 하던 중에 그의 일생일대의 '명저'인 《무사도(원제는 BUSHIDO: The Soul of Japan)》를 영문으로 쓴다. 바로 1900년의 일이다. 이 때는 일본이 청나라와 전쟁을 해서 승리한 다음이라 일본에 대한 관심이 높아진 시기여서, 이 때에 나온 이 책은 전 세계에 큰 반향을 일으킨다.

1899년 12월에 쓴 초판 서문에서 보면, 니토베가 무사도에 대해서 쓰게 된 것은 벨기에의 신학자와의 대화에서 비롯되었다. "일본

의 학교에서는 종교 교육이 없는가? 그렇다면 어떻게 자라나는 세
대들에게 윤리 교육을 시키는가?"라는 질문을 받고 즉답을 할 수가
없어서 그 해답을 생각해보니 결국은 자기가 어려서부터 받은 무사
도가 그 해답이었다는 것이다. 말하자면 무사도를 종교 차원으로
승화시킨 것이다. 그는 첫 문장을 이렇게 시작한다.

CHIVALRY is a flower no less indigenous to the soil of Japan than its emblem, the cherry blossom; nor is it a dried-up specimen of an antique virtue preserved in the herbarium of our history. It is still a living object of power and beauty among us; and if it assumes no tangible shape or form, it not the less scents the moral atmosphere, and makes us aware that we are still under its potent spell. The conditions of society which brought it forth and nourished it have long disappeared; but as those far-off stars which once were and are not, still continue to shed their rays upon us, so the light of chivalry, which was a child of feudalism, still illuminates our moral path, surviving its mother institution.

무사도라는 것은 일본의 상징인 벚꽃에 비견될 수 있는 일본 토양에 고
유한 꽃이다. 그것은 우리 역사의 표본실에 말려서 보관되어 있는 옛 미

덕 표본도 아니다. 그것은 우리들 가운데에 살아 있는 힘과 아름다움의 대상이며, 비록 그것이 만져질 만한 모습이나 형태가 없다고 해도 도덕적 분위기의 향기를 내뿜음으로써 우리들이 그 강력한 마법 아래에 있음을 충분히 느끼게 한다. 무사도를 탄생시키고 키워온 사회는 오래 전에 사라졌지만 과거에 있었던 그 멀리 떠 있는 별이 아직도 우리에게 빛을 내려쬐어 주듯 봉건제도에서 태어난 무사도라는 빛은 아직도 우리들의 도덕의 길을 비추어주면서 그 모태인 봉건제도를 넘어서 살아남고 있다

이런 기본적인 생각과 함께 니토베는 무사도를 의(義), 용(勇), 인(仁), 예(禮), 성(誠). 명예(名譽), 충의(忠義) 등을 포괄하는 높은 수준의 행동규범이자 종교로 설명하고 있으며, 스스로 칼로 배를 갈라 자살을 하는 셋부쿠(絕腹)라든가 무사도에서의 칼(刀)의 의미, 나아가서 그것이 어떻게 일본인들의 혼(大和魂)으로 연결되는지를 영문으로 자세히 써나가고 있다.

What Japan was she owed to the samurai? They were not only the flower of the nation, but its root as well. All the gracious gifts of Heaven flowed through them. Though they kept themselves socially aloof from the populace, they set a moral standard for them and guided them by their example. I admit Bushido had its esoteric and exoteric teachings; these were eudemonic,

 다시 쓰는 목근통신(木槿通信)

일본은 사무라이에게 무엇을 빚지고 있을까? 그들은 민족의 꽃이었고 동시에 뿌리였다. 하늘이 주는 모든 우아한 선물은 그들을 통해서 내려왔다. 일반 대중과는 떨어진 높은 곳에 있었지만 그들은 도덕적인 기준을 제시하고 그것을 실천으로 보여주었다. 무사도는 깊은 뜻의 가르침과 통속적인 가르침을 주었음을 인정한다. 그들은 대중들의 복지와 행복을 챙겨주었다는 점에서 공리주의자였으며, 그들 자신을 위해서 덕목의 실천을 강조함으로써 높은 규율주의자들이었다.

유려한 영어로, 더구나 동서를 꿰뚫는 안목으로 써내려간 이 글은 곧 20세기 초부터 가장 유명한, 가장 멋있는 일본인으로 니토베를 부상시킨다. 그의 접근법은 절충적이면서도 광범위한 것이었다. 한편으로 그는 불교, 신도, 유교, 그리고 일본의 사무라이와 현자들에 의해 수백 년 동안 전해내려온 도덕적인 기준선을 파고들었다. 다른 한편으로는 비슷하거나 대비가 되는 것들을 서양의 철학자나 정치가들로부터 찾으면서 동시에 유럽과 미국의 사상과 문명의 형성자들을 찾으며 로마와 그리스, 성서시대에까지 거슬러 올라갔다.

예를 들어 용기(勇氣)를 서술하는 제 4장을 보자.

among virtues, unless it was exercised in the cause of Righteousness. In his Analects Confucius defines Courage by explaining, as is often his wont, what its negative is. "Perceiving what is right," he says, "and doing it not, argues lack of courage." Put this epigram into a positive statement, and it runs, "Courage is doing what is right." To run all kinds of hazards, to jeopard one's self, to rush into the jaws of death--these are too often identified with Valour, and in the profession of arms such rashness of conduct--what Shakespeare calls "valour misbegot"--is unjustly applauded; but not so in the Precepts of Knighthood.

용기는 의(義, righteousness)에 의해 발동되지 않는다면 거의 덕 (德)으로 여겨지지 않았다. 공자는 《논어(論語)》에서 그의 종종의 어법 에서처럼 그 반대가 무엇인지를 설명하는 방법으로 용기를 정의한다. "무엇이 옳은지를 알고도 하지 않는다면 용기가 부족하다고 말 듣는다" 고 했다. 이 말을 긍정화법으로 설명한다면 "용기는 옳은 것을 행하는 것이다"라고 할 수 있다. 모든 위험을 무릅쓰고 자신의 생명까지도 걸 고 죽음으로 돌진하는 것… 이런 것들은 종종 용맹(勇猛)과 동일시되어 왔으며 무기를 들고 싸우는 직업에서는 이런 용맹함은, 셰익스피어는 'valour misbegot', 곧 용맹의 사생아라고 불렀는데, 부당하게 칭 송되었다. 그러나 '무사도의 계율'에서는 그렇지 않다.

이 짧은 문장에서 그는 공자와 서양의 무기사와 셰익스피어, 그리고 그 사상까지도 언급하고 있다. 이런 문장 속에 녹아 있는 그 해박한 지식과 이를 적절히 아우르는 시각과 기법이 사람들을 감탄하게 한다. 그러기에 그의 책은 서양인들의 절찬을 받은 것이다. 그에 대한 최고의 찬사는 이런 것일 게다.

"This book is a classic to which generations of scholars and laymen alike have long referred for insights into the character of the Japanese people. And all of its many readers in the past have been amply rewarded, as will be all those who turn to its pages in the next and future decades."

이 책은 일본인들의 성격에 대한 고찰을 위해 전문학자나 일반인들이 대를 이어 참고한 고전이다. 과거의 그 많은 독자들은 모두가 충분히 보상을 받았고 또 앞으로도 이 책을 펴보는 사람들도 그럴 것이다.

물론 이 문장은 출판사들의 광고 선전문구이지만, 그만큼 많은 사람들에게 일본에 대해서 좋게 생각하는 근거로 호평을 받았음을 이런 문구를 통해서도 알게 된다. 그런데 냉정하게 이 《무사도》라는 책을 들여다보면 여러 가지 잘못된 가설과 그에 따른 결론으로 서양인들을 오도하고 있음이 눈에 띈다. 앞에서 소개한 대로 무사도가 일본에게 가져다준 것이 무엇이냐는 항목에서 니토베는

라고 설명하고 있다. 과연 그들은 대중들의 복지와 행복을 챙겨주었을까? 그들이 자신이 추구하는 가치관에 얽매여, 그것을 추구할 수밖에 없었던 현실적인 상황이나 한계를 따라간 것이 아닐까? 과연 사무라이들을 마치 위대한 공리주의자인 것처럼 미화할 수 있는 것인가?

주군에 대한 충절의 표시로 자기 자식을 희생양으로 삼아 직접 자식의 목을 베고 어린 세 형제가 서로 할복을 도와주는 장면은, 우리로서는 사무라이 사회의 극한, 극단적 광기로 보이는데, 이것을 영광스러운 일이라고 할 수 있는 것인가?

무사도에서 극기의 극치로 꼽는, 자신의 배를 갈라 죽음을 택하는 행위에 대해서, "신체의 한 부분에 칼을 들이대는 것은 그곳이 영혼과 애정이 깃든 곳이라는 고대 해부학적인 신념에서 기초한 것이라"라는 설명은 과연 타당한가? 너무나 자기도취에 빠진 맹목적인 설명이 아니겠는가?

적을 이기기 위해서는 적의 허를 찌르는 전략이나 침략을 선(善)이라고 생각하는 것이 무(武)의 정신이라고 니토베는 설파한다. 사무라이(士)의 직분은 자신의 몸을 닦고(修身), 주군을 받들어 충성을 다하며, 인과 예를 지켜 의리를 다함은 물론이고, 농·공·상의 직업을 초월한 존재로서 세 부류의 백성들 사이에서 윤리를 저버린 무리를 처벌하여 인륜을 지키는 존재라는 설명도 있다. 그것은 일본만의 사회체제에 따른 불가피한 설명이지, 결코 보편적인 설명이 될 수 없다. 만약 서양이라면 그런 역할을 하는 것이 경찰이다. 그런 것을 무사에게 맡기고 그들이 어떤 기준에서건 사람의 목숨을 함부로 하는 그런 권리를 용인한 것이 결코 의로운 것일 수는 없는 것이다.

바로 이런 점 때문에 이 《무사도》라는 책은 결과적으로 일본의 침략주의를 부추겨 일본이 큰 전쟁을 일으키고 많은 아시아인들, 거기에는 일본인까지 포함되는 수많은 인류를 고통과 죽음에 이르게 한 근본 원인을 제공했다는 비판을 받는 것이리라. 이 저서가 나온 것이 일본이 청나라와의 전쟁에서 이기고 기고만장할 때이다. 이럴 때에 하필이면 사람을 죽이는 길이자 방법인 무사도가 찬양되는 글이 가장 일본이 세계에 자랑하는 교양인을 통해서 아주 교양적인 수법으로 제시된 것이다. 여기에 미국을 비롯한 서양인들의 일본관이 잘못되는 단초가 된 것이다. 그것이 결국은 2차 대전 종전 이후까지 일본인들에 대해 현실과는 다른 인식을 갖게 된 배경이자 원인일 것이다.

니토베 이나조는 교육자이면서도 이러한 그의 저서의 명성 등을 토대로 국제평화운동에 나서서 2차 대전 이후 결성된 국제연맹의 사무차장으로도 활동했다. 그만큼 국제적인 인물이었는데, 우리나라 구한말 조선을 '나약하고 죽어가는 나라'로 표현하며 식민주의의 당위성을 설파했고, 그 자신 일본의 해외침략의 본산이 된 다이쇼쿠(拓殖) 대학의 학감으로 근무하기도 했다. 그러한 이중성이 저자가 말하는 사무라이 정신에 숨어 있으며, 그것이 일본 군국주의의 토대를 쌓은 것으로 보아 크게 틀리지 않을 것이다.

1984년부터 새로 쓰여지던 일본의 화폐는 2004년부터 바뀐다. 천엔짜리는 소설가 나쓰메 소세키(夏目漱石, 1867~1916)에서 황열병(黃熱病) 연구에 일생을 바친 노구치 히데오(野口英世, 1876~1928)로, 5천엔짜리는 《무사도》를 쓰고 유엔 사무국 차장을 지낸 니토베 이나조에서 메이지시대 여성 소설가인 히구치 이치요(樋口一葉, 1872~1896)로 바뀐다. 다만 1만엔짜리 지폐의 얼굴은 후쿠자와 유키치 그대로이다. 왜 바뀌었을까? 아마도 니토베가 표방했던 무사도의 정신이 더 이상 일본으로서는 내세울 수 없는 덕목이라는 인식이 생겼을까? 이제 일본도 오히려 일본만을 위해서보다는 세계를 위해 일을 한 사람들을 내세우는 것이 더 좋겠다는 인식이 든 것일까? 오늘날 일본의 젊은이들에게서 과거 무사도의 덕목이 발견될 수 없다는 일부 현상적인 관찰에 기인한 것일까?

그러나 근본은 결코 쉽게 바뀌지 않는다는 점에서, 니토베가 배운 무사도의 덕목도 결국은 자신도 모르게 배운 것이라는 데서, 그가 개념화하고 국제적으로 알린 '멋진 사무라이'의 실체는 보다 더 엄정하게 비판받고 수정받아야 한다. 동시에 우리로서는 그처럼 뛰어난 영어 실력으로 우리가 가진 가치, 정신문화나 전통문화를 세계에 알릴 수 있는 실력 있는 사람이 빨리 나와야 한다. 니토베 이나조의 얼굴 도안이 5천엔짜리 지폐에서 빠짐으로써 점차 사라지는 것을 보면서, 그가 남긴 《무사도》라는 책을 다시 생각하고 일본과 한국의 앞날에 대해서도 다시 고민해본다.

속이지 않고도

  광주 비엔날레의 예술총감독 임명을 놓고 불거진 신정아 씨의 가
짜 박사 사건이 권력층의 비호설 여부로 확대되면서 관련자들의 대
리변명 등으로 갈수록 미궁으로 빠져드는 과정등을 지켜보면서 생
각난 사람이 있으니 바로 일본을 대표하는 건축가인 안도 다다오
(安藤忠雄, 1941~)이다. 이 건축가가 얼마나 대단한가 하면 세계
건축계의 노벨상이라고 하는 프리츠커 상(賞)을 1995년에 수상한
데다가 1997년 영국 왕립건축학회 로열 골드메달 수상, 2002년
미국건축학회 골드메달 수상, 그리고 그 전인 1991년 뉴욕 현대미
술관에서 건축 작품전을 열었다는 것. 또 도쿄대와 예일대, 하버드
대, 컬럼비아대의 객원교수를 역임하기도 했다.

  그런데 이런 다채롭고 화려한 이 건축가의 학력, 곧 대학은 빈 칸

이다. 말하자면 대학을 안 나온 것이다. 그러므로 번듯한 정규 대학에서 건축을 전공하지도 않은 것이다. 그런데도 이런 세계적인 건축가가 되고 당당히 대학에서, 그것도 세계적인 대학에서 강의를 하는 것이다.

1941년 오사카에서 태어나 한 공업고등학교를 졸업하고 화차 기관사로 취직하면서 복싱계에 뛰어들어 복싱으로 돈을 벌기도 했다. 이 와중에 잠시 헌책방에 들렀다가 20세기 건축거장 르 코르뷔지에의 작품을 소개하는 책을 우연히 발견했다. 코르뷔지에의 작품을 본 순간 "건축, 이거 재미 있겠다"는 느낌을 받았다고 한다. 그것으로 그의 인생은 180도 전환된다. 23전 13승 3패 7무승부라는, 그리 나쁘지 않은 전적을 뒤로 하고 건축에 뛰어들어 독학을 하기 시작했다. 한 대학 교수가 창립한 부설 연구반인 'Semi Mode 연구반'에 등록하고 잠시 공부를 한다. 어느 정도 지식이 쌓이자 21살이 되는 1962년부터 복싱으로 번 돈으로 세계 건축 여행에 나선다. 프랑스와 영국 · 미국 · 독일 · 스페인 · 모스크바 · 아프리카를 돌며 8년 동안 수많은 고전 건축물을 스케치했다. 그것이 세계를 놀라게 한 그의 건축 공부의 전부였다.

'근대 건축과 동양적 세계관을 결합한 건축가', '건축의 누드작가', '자연과 명상의 건축가' 등 그를 수식하는 말은 수없이 많지만 그의 건축은 기존의 서양 건축의 논리를 넘어서서, 과거 동양의 건축이 모두 자연과 밀접한, 자연과 공존, 공생하는 점에 주목하고 자연 그 자체를 느끼고 체험하는 건축이다. 그래서 콘크리트 벽을 그대로 노출시키고 빛, 바람, 물 등 주변 자연을 끌어들인다.

1976년에 지은 첫 번째 출세작인 '스미요시 연립주택'은 사용자가 처한 상황에 따라 바람과 빛의 감촉, 시시각각으로 변하는 자연의 양상을 즐길 수 있다. 이 집에 사는 사람은 에어컨이 필요 없이 빛과 바람만으로 생활을 다양하게 연출할 수 있다.

1988년 만든 '물의 교회'는 홋카이도의 평원에 위치하고 있으며 이 부근의 개울에서 물을 끌어들여 인공호수를 만들었다. 물이라고 하는 것은 여러 가지 의미가 있을 것이지만 물 옆에 교회를 둠으로써 세례나 속죄의 의미를 내면으로 느낄 수 있다. 오사카 이바라키 시의 조용한 주택가에 위치하고 있는 '빛의 교회'는 예배당의 벽에 십자형으로 슬리트가 뚫어져 있어서 아침 햇살을 받으면 빛의 십자가가 자연스럽게 나타난다. 1989년 작품이다.

2000년 완공된 '아와지 꿈의 무대'에서는 빛을 이용하여 하늘에 액자틀을 두어 구름을 가두기도 하고 변화하는 그림을 계속 만들어 낸다. 곧 구름이나 자연이 곧바로 액자 속의 그림이 되는 것이다.

2006년 문을 연 도쿄의 '오모테산도 힐스'도 안도의 작품이다. 패션숍과 식당이 들어선 3층짜리 건축물로, 도쿄의 새 랜드마크가 됐다. 낡은 아파트를 리노베이션하면서 건물 앞 느티나무와 높이를 맞춘 것이 화제였다. 건물 한가운데가 3층까지 뚫렸고 나선형 복도를 따라 오르면 시야에 들어오는 공간의 모습이 속속 바뀐다. 관광명소가 됐고 일대 부동산 가격이 45%나 치솟았다. 최근 미술관 기행으로 인기를 끌고 있는 나오시마(直島) 프로젝트의 베네세 하우스, 지중미술관도 안도의 작품이다. 미술관이면서도 겉으로는 미술관이 아니고 그 속에 들어가야 비로소 미술관이 되는, 자연친화적인 작품이다.

이러한 그의 일련의 건축들이 세계적인 화제와 주목의 대상이 되면서 미국의 대학들이 잇달아 그에게 강의를 요청했다. 1987년 예일대학, 1988년 컬럼비아 대학, 1989년 하버드 대학에서 각각 객원교수를 맡으며 강의를 했다. 세계의 건축계가 그의 건축의 비밀이 무엇인지를 배우려 한 것이다. 그의 건축을 문외한이 평할 수는 없지만, 근본은 현대 건축의 기능을 추구하면서도 그 기능의 바탕을 일본의 전통적인 공간 개념에서 찾은 것이라고 말할 수 있겠다. 일본인들이 생성해온 일본만의 독특한 공간 개념, 그 개념에 담긴 윤리적, 미학적인 원리들을 찾아내어 그것을 근대적인 재료와 방법으로 재구현해낸 것이다.

그런 까닭에 그는 유럽이나 북미의 여러 건축비평가들에 의해 전통적인 (서양의) 근대 건축과 극동의 세계관을 결합한 대표적인 동양의 건축가로 불려지고 있다. 그의 건축은 흔히 ‘침묵의 건축’으로 불려지며, 지금은 작고한 미국의 건축가 루이스 칸(Louis Khan)과 견주어진다. 이러한 그의 은유적 작품성은 기독교인이 아니면서도 교회 건축을 가장 많이 설계한 건축가로 기록되는 첫 번째 아이러니를 만드는 이유가 되기도 한다.

건축에 익숙하지 않은 분들에게 그의 건축 세계를 더 이상 장황하게 설명하는 것은 별 의미가 없을 것이다. 요컨대 그가 대학을 나오지 않았으면서도 세계적인 대학의 교수로 초빙 받을 수 있었던 것은, 그만큼 그의 건축 세계가 독자적이며 독창적이며 그만큼 신선한 충격이었기 때문이며, 그것은 남의 작품세계를 모방하거나 훔치지 않고 그 자신의 것을 찾아낸 때문이다. 이것을 일본의 전통문화의 입장에서 보면 그만큼 전통문화가 갖고 있는 특성을 잘 찾아내어 이를 현대화한 것이라고 설명할 수도 있다. 다른 면으로는 그만큼 일본이라는 사회가 굳이 학벌에 눈을 가리지 않고 예술을 있는 그대로 봐주고 평가하기 때문이라고 설명할 수 있다.

안도 다다오는 스스로 공고만을 나오고 한때 열차 기관사였고 복싱 선수였다는 것을 결코 부끄러워하지 않았다. 있는 그대로의 자

신, 있는 그대로의 일본의 생각, 있는 그대로의 일본의 자연을 받아
들이고 이를 예술화함으로써 그는 우리나라 건축계가 가장 부러워
하는 세계적인 건축가가 된 것이다. 그리고 일본이라는 사회는, 학
력이라는 간판을 우리보다 덜 중시하기에 우리가 갖지 못한 건축계
의 노벨상인 프리츠커 상을 1987년(단게 겐조)에 이어 1993년(마
키 후미히코), 1995년(안도 다다오) 등 세 차례나 수상했다고 볼
수 있지 않을까?

니혼, 닛폰, japan?

우리나라 동쪽에 한 나라가 있다. 한반도라는 돌출된 지형을 빙 둘러싸고 있는 듯, 마치 여성이 몸으로 이 지형을 자신의 아이처럼 안고 있는 것 같기도 한 형태로 길쭉하게 있는 이 나라. 우리가 일본(日本)이라고 부르는 나라이다.

그런데 이 '日本'이라는 한자어를 정작 일본인들은 어떻게 부르는가 하면 통일된 이름이 없고 '닛폰'이라 부를 때도 있고, '니혼'이라고 부를 때도 있다. 말하자면 통일된 이름이 없다는 것이다. 그리고 영어로는 위 두 이름이 아닌 'JAPAN'이라는 호칭이 등장한다. 도대체 일본은 '닛폰'인가, '니혼'인가, 'JAPAN'인가? 일본이란 나라의 호칭이 이렇게 헷갈리는 만큼 우리는 이 나라와 이 나라 사람들에 대해서도 많이 헷갈린다.

일본인 자신도 헷갈리기는 마찬가지이다. 어느 날 요미우리신문의 1면 맨 밑에 실리는 〈편집수첩(編集手帳)〉이라는 난(欄)에 이런 글이 올라왔다.

"지하철 홈에 만원인 전차가 들어왔다. 지팡이를 든 초로의 여성이 들어온다. 곧 중년의 남성이 일어서서 자리를 양보하고 그 여성은 고맙다는 인사와 함께 앉는다. 그러자 "'日本'은 아직도 쓸만하구먼"이란 생각이 들었다. 그런데 이 때에 日本은 '닛폰'인가? 아니면 '니혼'인가?"

일본인 스스로도 헷갈린다는 뜻이다. 왜 이런 현상이 생기는가? 일본이 도입한 한자(漢字)라는 표기법은 일본어를 보충하는 수단이지, 그것만이 절대적인 것이 아니다. 무슨 이야기인가 하면 일본은 한자를 도입하면서 자기네 나라의 고유한 언어와 섞어서 사용을 한다는 것이다. '日本'이란 단어를 예로 들어보겠다. 원래 일본인들이 나라를 이루기 전에 자신들을 특별히 부르는 이름이 없었다. 그러다가 '야마토'라고 하는 (지역의) 사람들이 정치세력의 중심이 되어 중국인과 관계를 가지기 시작하면서 자신들을 '야마토'라고 불렀고 그 때의 표기법으로 왜(倭)라는 글자를 쓰기 시작했다. 그러다가 중국이 당나라로 통일되고 신라와 연합해서 고구려와 백제를 멸망시킨 뒤에는, 이 '왜(倭)'라는 글자를 '일본(日本)'으로 바꾸어 쓰면서도(서기 702년에 당나라로부터 정식으로 인정을 받았다) 발음은 그대로 '야마토'라고 했다. 그런데 이렇게 야마토라고 읽던 '日本'이란 글자가 어느 틈엔가 중국의 한자식 발음대로 읽히기 시작한 것이다. 이 과정에서 읽는 법의 혼란이 시작된 것 같다.

이 당시 '일본'이란 호칭이 생긴 것은, 위에서 보듯 국제적인 사건이었다. 왜 한자어 '일본'이냐 하는 것에 대해서도 우리가 아는 대로 '해가 뜨는 곳에 가까운 것이 국호의 유래이다'라는 설명이 있지만, 다른 한 설명으로는 '왜국이라는 호칭이 아름답지 못해 싫어했기 때문에'라는 설명이 《구당서(舊唐書)》와 《신당서(新唐書)》라는 역사책에 각각 실려 있는 것을 보면 이 두 가지 뜻이 함께 들어 있다고 봐야 할 것이다. 아마도 '倭'라는 글자를 자기들은 야마토라는 뜻으로 빌려 썼지만 발음이 같은 '矮'라는 글자와 의미가 혼동되어 아무래도 이 글자가 보기 싫었던 것이리라.

아무튼 이런 과정에서 생겨난 이 '일본'이란 나라 이름은, 점차 야마토라는 옛날의 촌스런 이름 대신 당시로서는 보다 국제적이고 선진적인 스타일인 중국식 호칭으로 바뀌기 시작한다. 그런데 당시 '일본'이란 글자를 읽는 방법은 '닛폰'(吳音)과 '짓폰'(漢音) 두 가지가 있었다.

일본인들은 자신들이 남북조 시대에 중국 남조의 문화와 접촉했고 그들로부터 직접 한자를 수입했다고 믿고 있는데, 그 발음이 바로 오음(吳音; 일본식 발음으로는 고온)이다. 그러나 중국 한자는 그 이전 한(漢)나라 때부터 써오던 발음이 있었고 이 발음은 한반도를 통해서 일본에 전해졌으니 그것이 곧 한음(漢音)이다. 그 두 가

지 발음이 있다가 자기들끼리는 닛폰이라는 발음이 주로 쓰였는데, 이 닛폰이란 발음이 후대로 내려오면서 촉음(促音, っ)이 탈락하면서 '니혼'이라는 발음이 생겨나 이것이 점차 많이 사용되기 시작한 것으로 보인다고 일본인들은 분석한다. 한편 외국에는 짓폰이라는 발음이 전해지면서 JAPAN이란 호칭이 생겨난 것으로 보인다. 유럽에서 일본을 지칭하는 호칭 Xipangu, Japan, Japon 등은 모두 이렇게 해서 태어난 것으로 보인다는 것이다.

그렇지만 혼란이 메이지(明治) 시대에 들어서서 더욱 심해지자 일본 정부는 1934년(昭和9年)에 문부성을 통해 당시의 국어에 대해 조사를 한 뒤 국호를 '닛폰'으로 하고 외국어 표기도 JAPAN을 폐지하고 NIPPON으로 한다는 안을 제시했지만 완전한 통일은 이루어지지 않았다. 최근 들어서 닛폰이라는 말은 단독으로는 잘 보이지 않고 일본은행(日本銀行) 같은 경우 닛폰이라는 발음이 쓰인단다. 다만 보통의 경우 니혼이라는 말이 90% 이상으로서, 닛폰이란 말은 잘 쓰지 않는 것으로 되어 있다. 또 영어의 경우 일본인이나 일본인을 지칭할 때는 JAPAN이란 단어가 쓰이지만 아까 지적한 일본은행 같은 경우는 일종의 고유명사로서 NIPPON이란 호칭이 쓰이고 있어서 혼란은 여전하다.

어쨌든 닛폰이라는 발음과 니혼이라는 발음이 공존하고 있고 일본인 스스로 그 차이를 구별하지 못하고, 다만 어느 것이 더 많이 쓰이느냐만 알 정도이니, 참으로 이상한 일이 아닐 수 없다고 하겠다. 그만큼 일본에 사는 사람들은 자기들 얼굴을 잘 모른다고 할 수 있다. 이런 이상한 나라를 옆에서 지켜보고 있는 우리들도 헷갈리기는 마찬가지이다.

# 세계 3대 미녀

“세계 3대 미녀가 누구인가?”

이런 질문처럼 어처구니없는 질문이 없다. 도대체 동서양, 남북 반구, 아프리카 중동 전 세계 많은 여성들, 그것도 과거에서부터 현대까지 아마도 수천억 명을 넘어 수조 명에 이를 여성 가운데 가장 아름다운 여성 3명을 꼽으라니? 그러나 이런 질문을 하고 그 답을 어려서부터 가르치는 나라가 있다. 그 나라를 이야기하기 전에 그 답부터 들어보자. 그 답은

클레오파트라, 양귀비, 오노노 고마치

이 대답을 보고 우리는 그러한 질문을 하고 해답을 가르쳐 준 나

라가 적어도 중국 아니면 일본이란 생각이 들 것이다. 왜냐하면 만약 그 질문이 서양에서 나왔다면 양귀비나 오노노 고마치라는 이름 대신 트로이 전쟁의 미인 헬렌이라든가 다른 서양 이름이 들어갔을 것이고, 만약 중국이라면 굳이 잘 모르는 일본 여성보다는 춘추전국시대 오나라에 미인계를 썼던 서시, 흉노에 가게 된 비운의 왕소군, 역시 미인계의 수단이 된 초선 등의 이름이 등장할 것이다. 실제로 중국에서는 3대 미인이란 말은 없고 흔히 4대 미인이라고 하는데, 여기에는 방금 인용한 세 명 외에 우리가 익히 잘 아는 양귀비가 들어갈 터이다. 그렇게 따지다 보면 이 질문을 하고 답을 가르쳐주는 나라는 일본이 되는 것이다.

우리도 어렸을 때 세계 3대 미인이 누구라고 가르쳐 받은 적이 없는데, 일본에서는 어릴 때 이것을 가르친다고 한다. 다른 나라에서는 거의 가르치지 않는 세계 3대 미인에 굳이 자국의 여성을 끼워놓고 가르친다는 발상이 너무 신기하고 재미있다. 도대체 누가 어떤 기준으로 그 수많은 미인들을 비교해서 점수를 주었으며, 왜 하필이면 그 많은 여성 가운데 서양 1명, 중국 1명, 그리고는 일본인 1명일까?

게다가 클레오파트라를 지금 기준으로 보면 결코 미인이 아니라는 분석도 있다. 2007년 2월 영국의 뉴캐슬 대학 연구팀이 기원전 32년에 제작된 로마 시대 은화(銀貨)를 연구한 결과 클레오파트라는 좁은 이마에 뾰족한 턱, 얇은 입술, 날카로운 코 등 미인형과는 거리가 있는 모습이었다고 한다. 양귀비는 어떤가? 양귀비의 실제 모습은 살이 약간 쪄서 통통한 편이고. 피부는 말 그대로 백옥같이 부드러웠다 한다. 그런데 양귀비가 살던 당나라에서는 발이 작아야 미인이었다고 하며, 양귀비는 발이 현종의 손에 올려도 현종의 손보다 작았다고 하니 그래서 미인으로 분류되었는지도 모른다. 아무튼 동서양의 이 두 미인을 관통하는 기준은 없지만 요즈음처럼 갸름한 얼굴형보다는 통통하고 건강한 얼굴이 기준이라고 할 수 있을 것이다.

그렇다면 일본인들이 3대 미인으로 내세우는 오노노 고마치라는 여성은 어떤 미인일까?

오노노 고마치(小野小町)는 앞의 두 미인처럼 최고 권력자와의 로맨스가 있는 여성은 아니고 헤이안 시대(平安時代: 794~1192년)의 와카시인(歌人)이다. 생몰연대는 809년에서 901년까지, 곧 아흔두 살까지 산 것으로 알려지고 있어, 흔히 '미인은 박명하다', 곧 미인은 명이 짧아서 오래 살지 못한다는 속설이 이 경우에는 맞지 않음을 알 수 있다. 와카(和歌)라는 것은, 일본어 음절을 5·7·5·7·7의 5구절 31음의 형식으로 읊는 일본 고유의 짧은 정형시로서, 오노노 고마치는 당시 활약하던 뛰어난 여섯 명의 와카 시인 중 한 명이었다. 그 여섯 명 중 다른 다섯 명은 모두 남성이고 여성으로는 유일하게 포함될 정도이니 당시로서는 큰 이름을 떨친 여성 시인이라고 할 수 있을 것이다.

우리말로 하면 향가작가, 혹은 시조시인이라고나 할 오노노 고마치는 원래는 일본 천왕이 있는 궁중에서 시중을 들던 궁녀였으며, 무척 아름답고 재주도 뛰어난 것으로 묘사되어 있지만 구체적으로 어떻게 생겼는지를 전해주는 그림이나 기록은 없다. 다만 재색을 겸비한 까닭에 그녀에 대한 인기가 높아 그를 흠모하던 남성들이 많았으며, 요시미네노 무네사다(良峰宗貞)라는 젊은 승려는 매일 밤 그녀를 찾아오다가 99일째 되는 날에 지치고 얼어서 죽었다고 전한다.

그녀가 남긴 노래를 한 번 보자. 《古今集(고킨슈)》라고 하는 최초의 관찬 와카집에 전하는 그녀의 노래 가운데 가장 유명한 것은 바로 이것,

"思ひつつ寝ればや人の見えつらむ夢と知りせば覺めざらましを"

그리움에 사무쳐 잠들면 눈에 어리는 님이여. 꿈인 줄 알았다면 깨어나지 않았을 건데

그리고 다른 또 하나는

"花の色は うつりにけりな いたづらに わが身世(みよ)にふるなが めせしまに"

라고 해서 뜨거운 사랑의 감정을 섬세하고 애잔한 필치로 그려내고 있다. 이런 작품 12수가 아까 말한 《古今集(고킨슈)》에 전하고 있는데, 여러모로 16세기를 살다 간 우리나라의 대표적인 미인이자 시인인 황진이(黃眞伊)에 비견되고 있다.

相思相見只憑夢 그리워라, 님을 만날 길은 꿈속밖에 없는데
濃訪歡時歡訪濃 님 찾아 떠난 사이에 님은 나를 찾아왔네
願使遙遙他夜夢 바라노니, 언젠가 다음날 밤 꿈에는
一時同作路中逢 같이 떠나 오가는 길에서 만나기를.
– 〈상사몽(相思夢)〉

동짓달 기나긴 밤, 한 허리[腰]를 베어내서
춘풍 이불 아래 서리서리 넣어뒀다가
님 오신 날 밤에 굽이굽이 펴리라

황진이에 필적할 일본의 미인 오노노 고마치는 미모가 뛰어나고 글재주가 사람을 놀라게 했다는 것이지만, 그런 묘사만으로 세계 3대 미인에 들어갈 수 있는지는 확실치 않다. 클레오파트라나 양귀비는 그 아름다움으로 해서 나라가 기울었다면 오노노 고마치는 고작 한 명의 스님을 얼어 죽게 했을 뿐이다. 그런 면에서라면 우리의

황진이는 15살 때에 동네 청년이 상사병으로 죽을 정도로 일찍부터 많은 사람을 좌절하게 했으니, 만약에 누군가를 잘못되게 한 것이 미인의 기준이라면, 황진이가 오노노 고마치보다도 더 미인이라고 해도 틀리지 않을 것이다. 그런데도 일본에서는 이 여성을 세계 3대 미인으로 가르치고 있고 일본인들은 이를 아주 당연한 것으로 생각하고 있다. 최근에는 양귀비가 포함되어 있다는 것만으로 중국인들도 가끔씩 이 '세계 3대 미인론'을 인용하기도 한다.

이것을 어떻게 보아야 할까? 이 현상을 어떻게 설명할 수 있을까? 중국인이 '일본판 3대 미인론'을 인용하는 것은 뭐 자기들이 손해가 없으니 그렇다고 할 수 있지만 일본의 경우는 어떻게 보아야 할까? 이 글의 앞에서 지적한 대로 참으로 어처구니없는 질문이라고 하지 않을 수 없겠지만 생각을 바꾸어보면 어처구니가 있는 생각일 수도 있다. 그것은 "미인을 규정하든 역사를 정의하든 우리 나름대로의 눈과 잣대로 세상을 보자. 우리가 굳이 서양 사람의 눈에 휘둘릴 이유가 없지 않은가?" 이런 것이 아닐까? 한편으로는 우리가 일본인들에 대해서 좁은 섬나라 사람들의 시각이라고 혹 폄훼하고 싶은 생각이 일어날지도 모르겠지만, 그만큼 밖에서 오는 사물에 대해서 스스로의 시각을 잃지 않고 스스로의 기준을 지키며 본다는, 우리로서는 가장 아쉬운 그 무엇을 일본인들이 갖고 있는 것이 아닌가? 우리가 갖고 있는 역사, 우리라는 사람들도 능히 중국이나 유럽 누구와 견줄 수 있다는 자신감의 발로가 이 '일본판 세계 3대 미인론'에 담겨 있는 것이다. 그러기에 그 발상과 범위가 자기중심적이고 유치한 면이 없지 않지만 그 기본 발상에 대해서는 인정해 보면 어떨까?

그런데 솔직히 우리들이 자랑하는 미인인 황진이하고 비교해보면 어떨까? 황진이와 오노노 고마치는 생존한 연대가 다르다. 고마치(이름이 너무 길어서 이렇게 줄여서 쓰도록 하자)는 9세기이고, 황진이는 16세기이다. 일본이나 한국이나 여자에 대한 관념은 시대에 따라서 변해왔고 근대로 내려올수록 여자들의 운명이 점점 고달파져온 것은 두 나라가 다르지 않을 것이다. 우리나라의 경우도 신라시대, 고려시대에는 여성에 대한 제한과 단속이 그리 심하지 않다가 조선조 태종 이후에 강화된 것이라면 그 전 신라 말기에 해당하는 일본의 헤이안 시대에 특별히 여성에게 어려운 상황이었다고는 상상할 수 없을 것이다. 그런 점을 감안하면 우리의 황진이와 일본의 고마치는 좋은 비교대상이 된다. 마치 우리의 '춘향전'과 일본의 '추신구라(忠臣藏)'가 두 나라 사람들의 심성과 가치관을 단적으로 드러내는 좋은 예가 되듯이 말이다. 황진이는 임진왜란이 일어나기 이전인 조선 중종 때를 살다간 인물로서 그 시기는 엄격한 양반 위주의 봉건적 계급사회, 전제주의 사회, 남녀차별이 심한 사회였다고 하겠다. 그러한 시대적 배경에도 불구하고 황진이는 평생 동안 자신의 자유와 인간성, 그리고 예술의 성취를 위해 봉건사회라는 시대적 상황에 대항했고, 기생의 길을 걸었으면서도 예술과 사랑, 자유와 문학에 대한 추구 등 세 가지 목표를 성취한, 어쩌면 세계사에서 드문 미인이라고 하겠다.

이에 비해 고마치는 아름다움과 재주는 많지만 삶의 길은 너무 평탄하고 덤덤했다고 하겠다. 태어나고 자라고 하는 이야기도 별반 없거니와 궁궐에서 시중을 들면서의 일화라든가 작품을 지을 때의 비화 등도 황진이에 비하면 너무나 적거나, 사실상 없는 편이다. 그녀를 흠모해 99일간이나 찾아왔던 그 승려가 없었다면 과연 미인이라는 칭호를 받을 자격이나 있을까 하는 의구심이 들 정도로 그녀의 삶은 평범하고 조용했다. 다만 그가 남긴 노래들이 10여 수전하면서 그의 뛰어난 문학적 재질을 전해줄 뿐이다.

물론 고마치가 일본 미인의 대명사가 되면서 그가 태어난 아키타 (秋田) 현의 신칸센에는 'こまち(고마치)'라는 애칭이 붙어 있고, 일본 쌀 품종 중에 'あきたこまち(아키타 고마치)'라고 해서 아키타 현에서 나오는 품종이 있으며, 그가 마지막 죽음을 맞은 교토의 즈이신인(隨心院)에는 고마치의 화장유물과 그녀가 받은 연애편지를 묻었다는 '문총(文塚)'과 같은 유적이 남아 있다. 그리고 그녀와 관련된 많은 연극이 만들어져 공연되기도 한다. 하지만 고마치가 뛰어난 미인임을 입증할 라이프 스토리는 거의 없다고 하겠다. 그래서 하는 말이지만 아무리 따져 봐도 우리의 황진이가 세계 3대 미인에 들지 못할 이유가 없다고 하겠다. 그의 다양한 라이프 스토리나 풍부한 한시나 시조, 그리고 그녀의 예술가적인 기질 등은 현대 세계 각국 남자들의 시선을 끌 요소가 너무도 많다. 그런데도 오노노 고마치는 적어도 일본 사람들에게는 세계 3대 미인이 되어 있고 우리의 황진이는 누구에게서건 세계의 몇십 대 미인으로라도 언급되지 않는다.

　황진이에 비교가 되지 않는다고 볼 수 있는 고마치를 세계 3대 미인으로 가르치는 일본이란 나라 모든것을 자국민최고의 기준으로 바라보는 그 사회를 다시 들여다보게 된다.

일본 양귀비

1970년대 일본을 사로잡은 십대 아이돌(idol)로서 우리나라에도 많은 팬을 갖고 있던 야마구치 모모에(山口百惠, 1959~)는 1980년 연예계에서 은퇴했지만 2002년에 갑자기 동아시아 언론의 주목을 받았다. 어느 날 자신의 원래 성(姓)은 양(楊)씨로서, 양귀비(楊貴妃)의 후손이라고 밝힌 것이다. 이런 소식에 일본 언론은 물론 중국 언론들도 난리가 났다. 어떻게 양귀비의 후손이 일본에 있을 수 있는가? 당나라의 현종이 총애하던 양귀비는 안록산ㆍ사사명의 난 때에 죽지 않았던가? 그런데 어떻게 일본에서 그 후손이 나올 수 있단 말인가?

그러나 그리 놀랄 일만은 아니었다. 이미 1920년대에 중국의 저명한 홍학가(紅學家: 홍루몽을 연구하는 학자)인 유평백(俞平伯 유핑바이) 씨가 〈長恨歌(장한가)〉라는 글에서 양귀비가 역사에서 알려진 대로 마외파(馬嵬坡)라는 곳에서 비단에 목이 매달려 숨진 것이 아니라 일본으로 건너갔다고 주장한 바가 있기 때문이다. 당시 근위대장인 진헌례(陳玄禮)가 시녀를 대신 죽도록 하고 양귀비를 일본으로 빼돌렸으며 양국충의 아들며느리와 손자 양환(楊歡)도 양귀비와 함께 일본으로 도망갔다는 것이다.

이보다도 앞서 야마구치 모모에의 집안으로 일본야채구매공사 상하이(上海)사무처에 근무하던 야마구치 미츠토모(山口光友) 씨 일행이 1986년에 집안에 전해오는 양(楊)씨 족보를 들고 중국 절강성(浙江省, 저장성)을 찾아가 조상의 뿌리를 찾은 결과, 중국의 동해안 지방인 절강성 삼문만(三門灣)을 흐르는 사류청계(沙柳淸溪)라는 소하천 입구의 두계(溪頭) 양(楊) 씨 마을이 야마구치 집안의 뿌리라는 것이 확인되었다고 알려졌다. 그러나 그 양씨가 양귀비의 후손이라는 증거는 확실하게 드러나지 않았다. 그런데 야마구치 집안이 양귀비의 후손이라고 주장하는 야마구치 현(山口縣)에는 실제로 양귀비가 배를 타고 상륙했다고 전해지는 곳이 있고, 양귀비를 기리는 사당이나 비석이 있으며, 다른 곳에는 양귀비를 모사한 관음상이 있고, 이곳 사람들은 양귀비가 이곳으로 왔다고 믿고 있다. 어떻게 이런 일이 가능한 것인가?

여기서 양귀비 관련 역사를 다시 들여다보자. 양귀비가 현종 황제로부터 총애를 받자 그의 가족들도 높은 직위에 봉하여졌고 6촌

오빠인 양쇠(楊釗)는 국충(國忠)으로 이름을 바꾸어 현종에 아첨하더니 국정을 농단하게 되어 마침내는 '안사의 란(安史之亂)', 곧 안록산과 사사명의 반란이 일어나게 된다. 반란군이 장안으로 쳐들어오자 현종은 황망히 촉군(蜀郡)으로 피난을 가던 도중 마외파(馬嵬坡)라는 역관(驛館)에 이르렀을 때 호위하던 군사들이 정변을 일으킨다. 군사들은 백성들의 원한이 큰 양국충을 먼저 죽이고 현종을 핍박하여 양귀비에게 죽음을 내리도록 하였다. 어쩔 수 없게 된 현종은 고력사(高力士)에게 명하여 양귀비에게 자결하도록 하였다. 양귀비는 결국 역관의 배나무에 목매여 죽음을 당했는데 그 때 38살이었다고 한다. 그것이 역사가 전하는 양귀비의 마지막 모습이다.

그리고는 반란이 평정되고 현종이 장안으로 돌아온 뒤에 현종은 꿈에도 잊지 못하던 연인 양귀비를 생각하며 그의 시신을 수습하라고 명을 내린다. 그래서 발굴단을 양귀비가 숨진 곳으로 보내는데, 한참 발굴을 한 결과 양귀비의 유품은 찾았지만 정작 시신은 찾지 못한다. 그 때문에 마치 히틀러의 경우처럼 양귀비가 죽지 않고 다른데로 도망갔을 것이라는 전설이 생긴 것이라고 생각된다.

2004년 일본을 방문한 엽광금(葉廣芩;이광진)이라는 한 중국 언론인은 일본을 여행하며 버스를 타고 가다가 '양귀비의 고향(楊貴妃の里)'이라는 길거리 간판을 보고 깜짝 놀랐는데, 그곳이 야마구치 현(山口県)이었다고 전한다. 그리고 길 옆을 보니 양귀비 상점, 양귀비 주점, 양귀비 호텔 등 온통 양귀비 이름이 붙어 있더라는 것이다. 그 동네는 야마구치 현(山口県) 오츠 군(大津郡) 유야쵸 마을(油谷町村)이었다고 한다(지금은 행정구역이 바뀌어 2005년 3월부터 나가토시(長門市)로 편입되었음). 그래서 동네 노인들과 말을 해보니 노인들 모두 양귀비를 잘 알고 있었고, 자기가 옛 당나라의 수도 장안이 있는 섬서성(陝西省) 지방의 말을 몇 마디 해주니 그렇게 반가워하더라는 것이다. 그리고 그 동네에는 야기(八木)라는 성을 가진 집안이 있는데 이들이 양귀비의 후손이라고 말하더라는 것이다. 이들이 양귀비 묘소라고 주장하는 것은 니손인(二尊院)이라는 데에 있었다. 그 곳에 있는 건물, 정자들은 중국식과 흡사하게 지어져 있고 화장실도 중국식으로 쪼그려 앉아서 보는 구덩이 식이다. 거기에는 양귀비를 옥으로 빚은 상(像)도 서 있다. 중국은 양귀비가 죽은 곳인 마외파에 양귀비상을 세워놓았는데, 여기 일본에 있는 상은 중국만큼 통통하지는 않고 약간은 마른 상이라는 것이다.

실제로 일본인들이 이곳을 양귀비의 고향으로 가꾸려고 애를 쓴 흔적이 역력하다. 중국식 건물과 탑을 지어놓았고 경내도 깨끗하게 조성해 놓았다. 240여 년 전인 1766년 이 지역의 한 사찰 주지(惠学和尚)가 이 고장에 전해오는 전설을 모은 고서에 의하면, 당나라 천보(天宝) 1년(756년) 7월 무카츠구한토(向津具半島)에 툭 튀어나온 곳이 있는데 그 서쪽에 노가 없는 배가 표류해 왔다고 한다. 그 배에는 오랜 표류로 지치고 야위었지만 기품이 있는 한 여인이 누워 있었다고 한다. 그 옆의 시녀가 이 여인을 양귀비라며, 처

형 당시 황제의 탄식을 참아내지 못했던 근위대장이 몰래 목숨을
구해서 이 배에 태워 도망가게 했다는 것이다.

목숨이 경각에 달려 마을 사람들이 열심히 간호를 했지만 이 여
인은 숨을 거두게 되어 마을 사람들은 바다가 내려다보이는 오츠
(久津)의 언덕에 묻었는데, 그곳이 지금 니손인(二尊院)의 경내에
있는 오륜탑이라는 것이다.

전설은 더 계속된다. 양귀비를 잃은 현종이 밤마다 보고 싶어 근
심을 하는 차에 어느 날 꿈에 양귀비가 나타나 "저는 표류해서 일본
에 도착했습니다. 현지인들이 잘 대해주었지만 몸이 약해서 이제는
이 세상 사람이 아닙니다. 비록 천상과 인간계가 구별이 되어 있지
만 언제나 만날 수 있을지요?"라고 했다나. 그 말을 들은 현종은 백
마장군 진안(陳安)을 일본으로 보내어 양귀비의 영 앞에 조의를 표
하고 가지고 왔던 아미타불과 석가여래 등 불상과 석탑을 배에 실
었다는 것이다. 그런데 어디에 표류했는지를 알 수가 없어서 교토
(京都)에 있는 세이료지(清凉寺)에 맡겨놓고 돌아갔다고 한다. 나
중에 일본 조정에서 양귀비의 묘가 오츠(久津)에 있는 것을 알게 되
어 그곳으로 보내려 했지만 이번에는 교토 쪽에서 불상을 그냥 보
낼 수 없다고 해서 결국 같은 것을 만들어 하나씩 양쪽으로 나눠서
안치했다고 한다. 그래서 이 양귀비 묘가 있다는 절의 이름이 니손
인(二尊院)이 되었다는 것이다.

그런데 그 중국 사람이 보니까 일본 전체가 아주 깨끗한데 이 일

대 해변을 보니 해상 쓰레기가 많은데, 놀랍게도 중국에서 온 음료수 병 등 각종 쓰레기가 많더라는 것이어서, 그만큼 이 곳이 해류를 통해 중국에서 곧바로 도착할 수 있는 곳이라는 설명이 된다.

그리고 교토에는 센뉴지(泉涌寺)라는 절이 있는데, 이 절에는 특이하게 양귀비관음상이란 것이 있다. 일본의 중요문화재(국보급)로서 서기 1255년 중국 남송에서부터 만들어 온 것인데, 중국 황제의 특명을 받은 것으로 소개하고 있다. 또 다른 전설이 일본에 전하는데, 그것은 양귀비가 진현례의 보호 하에 남쪽으로 도망하여 오늘날의 상하이 부근에서 출항하여 일본으로 간 것까지는 같은데, 도착한 곳이 야마구치의 해변이 아니라 유야정 츠마라는 곳 유야초(油谷町)이고 양귀비도 금방 죽지 않고 상당 기간 살아 있었다는 것이다. 안사의 반란이 평정된 이후 현종이 방사를 파견하여 양귀비를 찾도록 하였고, 양귀비를 찾은 방사는 현종이 내린 불상 두 구를 양귀비에게 주었으며 양귀비는 답례로 옥비녀를 선물하였다고 한다. 그 후 양귀비는 끝내 일본에서 세상을 떠서 츠마에 안장되었다는 것이다. 그러나 이 전설은 위의 것보다도 덜 구체적이고 실감이 덜 난다.

이렇게 전설이 전해오지만 사실 교토에 있는 니손인이라는 이름의 절에서 모시고 있는 불상은 같지만 창건연대가 서기 830년대여서 차이가 많이 난다. 그래서 전설은 전설로 받아들여야 하지 않을까 생각이 든다.

그런데 여기서 우리는 생각해 볼 수 있다. 왜 일본에는 진시황의 불로약을 찾기 위한 서복의 일본 상륙 전설도 그렇고, 양귀비의 일본 망명설이 이렇게 생생하게 살아 있어서 중국인들까지 여기에 동조하게 되었을까? 진실로 양귀비가 살아서 일본에 밀항할 수 있었을까? 그것은 마치 20세기에 히틀러가 자살하지 않고 살아서 몰래 빠져나가 남미에 가서 살았다는 어느 픽션을 연상시킨다. 그것은 정말로 픽션일 뿐이지 않은가?

아무리 근위대장이 빼돌렸다고 하나 양귀비가 시녀 한 명만을 데리고 돛도 없이 중국해를 건너 일본까지 올 수 있었겠는가? 아무리 해류가 도와준다고 해도 상하이에서부터 일본 야마구치까지는 돛 없는 쪽배로 오기에는 너무나 먼 길이다. 그리고 만약 정말로 현종이 양귀비의 존재를 확인하고 방사를 보내어 위문품을 전달했다면 왜 중국의 정사에는 나오지 않는가? 그것은 결국 이 전설이 모두 허구일 뿐임을 증명해주는 것에 다름이 아니다.

그렇지만 일본인들은 그 픽션에 의한 전설을 키우기 위해 중국에 가서 관련 유물을 받아 오기도 하고 야마구치에는 대규모 중국식 절을 다시 세웠다. 그리고 그 전설을 끊임없이 확대해서 소개하고 있다. 그럼으로 해서 일본의 교토나 야마구치의 오츠는 전설과 설화로 풍부해졌다. 그 풍부한 전설을 현장에서 확인하려 많은 관광객들이 몰리고 있다. 그래서 우리는 씁쓸한 것이다. 부산만 해도 중국과 관련된 많은 유적이나 전설이 있지만 이를 관광자원으로 키우려는 노력은 하지 않는다. 그저 외국인들의 투자를 받아 대형 위락

시설을 세울 생각만 한다. 그렇게 해서 큰 놀이동산을 만들고 쇼핑
센터를 만들면, 어디 중국인들이 그런 시설이 없어서 한국을 찾아
오겠는가? 중국과 관련된 무슨 이야기나 전설. 역사를 찾아서 오는
것이다. 어디 부산뿐이랴. 전국 곳곳에 중국과 관련된 유적 유물이
많지만 모조리 덮고 있다. 그러면서 부지런히 중국에 가서 우리 유
적을 세우고 우리 관광객들이 중국 가는 것을 도와줄 뿐이다. 우리
돈으로 중국에 유물을 세우고 그 유물을 보러 우리가 간다. 그러면
서 우리나라에 있는 중국 관련 유적은 모조리 뭉개버린다.

일본인들을 침소봉대한다고 비난할 것이 아니라 우리도 있는 역
사적 자료나 전설을 발굴해야 한다. 혹 침략과 수탈의 어두운 역사
라면 이를 발굴하기가 쉽지 않겠지만 우리나라를 도와주었거나 우
리나라와의 친선교류차원의 유적이나 사적이라면 마땅히 드러낼
수 있다. 이들을 관광자원화함으로써 앞으로 전 세계 관광의 가장
큰 손님이 될 중국인들을 끌어들여야 한다. 부산만이 아니라 전국
어디나 초대할 수 있다. 그것이 양귀비의 일본 망명 전설을 이렇게
길고 지루하게 확인해 본 이유이자 목적이다.

일본의 왕릉

　일본 천황가는 기원전 660년부터 현재까지 한 핏줄이라는 이른 바 '만세일계'라는 게 일본 천황가의 주장이고, 일본 사람들 중에는 이를 곧이곧대로 믿는 경우가 많다고 한다. 물론 있을 수 없는 일이다. 그런데도 그렇다고 계속 주장하니 우리로서는 반박하기가 쉽지 않다.

　이 문제와 관련해 일찍이 와세다 대학의 미즈노 유(水野裕) 교수가 아주 특이한 이론을 내놨다. 일본 천황가는 '3왕조가 교체됐다'는 주장이다. 그에 의하면, 제1대부터 제9대까지는 가상인물에 지나지 않으며, 제10대 숭신(崇神)이 실제로는 제1대조 왕조에 해당한다고 주장한다. 그리고 제2대조 왕조는 인덕(仁德) 천황이며, 제3대조 왕조가 25대인 계체(継体) 천황이라 주장한다. 그 계체로부터 현 천황(125대)까지 이어지므로 현 천황가는 계체가 선조가 된다. 이 계체천황은 누구인가? 계체천황 대에 백제는 관인과 오경박사를 일정 기간 교대로 일본에 파견한다. 고려대 최재석 교수는 이를 백제가 왜를 경영한 것이라고 해석한다. 일설에는 계체천황이 백제 무령왕의 지원으로 왕이 됐다는 주장도 있다. 일본 천황가를 관리하는 궁내청(宮內廳)은, 오사카(大阪府 茨木市 大田 3 丁目)에 있는 한 무덤을 계체천황의 능으로 지정해 외부인의 출입을 금하고 보호해 왔다. 그런데 그것이 잘못 지정됐고, 또 잘못인 줄 알면서도 쉬쉬하며 감추고 있었다는 점이 드러나 파장이 일고 있다.

2008년 5월 8일자 요미우리신문은 "역대 일본 천황묘 중 최소한 10곳이 잘못 지정됐을 가능성을 인정하는 일본 궁내청 내부자료가 발견됐다"고 보도했다. 문제의 자료는 2차 대전 이전에 작성된 '임시능묘조사위원회 서류 및 자료'(1933~44년)와, 2차 대전 후 작성된 '능묘참고지 일람' 등인데, 일왕가를 전문적으로 연구하고 있는 덴엔초후가쿠인(田園調布 学園) 대학 도이케 노보루(外池昇) 교수가 최근 정보 공개 청구로 관련 자료를 봄으로써 확인된 것이다. 현재 문제가 되는 왕릉은 25대 무열(武烈), 26대 계체(継体), 85대 중공(仲恭) 등 10군데에 이른다. 1935년부터 1944년까지 활동한 일본 궁내청 대신의 자료를 보면 당시에 벌써 다른 곳에 있는 무덤이 계체천황의 무덤으로 보인다는 발언록이 기록돼 있다는 것이다. 이 때라면 황국사관이 가장 영향력을 발휘하던 때, 천황과

천황가의 권위는 건드릴 수도 없이 막강한 때였는데도, 왕릉 지정이 잘못됐으므로 재지정해야 한다는 소견을 피력하고 있을 정도로 확실히 문제가 있었다는 것이다. 이렇게 10여 군데의 천황 묘가 잘못 지정됐을 가능성이 궁내청에서 오래 전부터 제기돼왔는데, 일본 궁내청은 왜 재조사 또는 재지정을 시도하지 않고 있을까? 물론 아주 안 한 것은 아니었다. 지난 1957년부터 궁내청이 일왕가 분묘에 대한 현지 측량 등 조사에 착수했으나, 1963년까지 29군데를 조사하다가 특별한 이유 없이 돌연 중단해 현재까지 40년 이상 더 이상의 조사나 재지정 시도를 하지 않고 있는 것이다.

일 왕가의 분묘는 문화재보호법의 적용대상에서도 제외된 채 궁내청이 직접 관리하고 있는데, 총 896개소에 2,400기에 이르고 있다. 사실상 일본 고대 고분의 대다수가 궁내청에 의해 보호되고 있어서, 순수한 학술적인 연구조차 마음대로 이뤄지지 못하고 있는 실정이다. 필자도 1992년 일본 최대의 고분이자 인덕천황릉(仁德天皇陵)으로 알려져 있는 대산(大山)고분을 촬영하고 싶어서 일본 궁내청에 신청을 했지만 결국 허가를 받지 못해 촬영을 포기한 경험이 있다. 왜 일본 사람들은 천황의 능에 대한 연구를 개방하지 않고, 천황가의 뿌리를 캐는 작업에도 소극적일까? 해답은 캐면 캘수록 골치가 아프다는 점이다. 지난 2001년 12월 23일 68회 생신을 맞은 일본의 아키히토 천황이 충격적인 발언을 했다. "나의 조상은 백제인이고, 그에 대해서 한반도에 향수를 가지고 있다"고 한 것이다. 하도 충격적이어서 대부분의 신문과 방송들이 이를 묵살해버렸고 오로지 중립적인 아사히신문만이 보도했다고 하는데, 일본 천황 자신이 자신의 뿌리를 백제라고 하는데도 이를 무시할 정도로 일본인 전체는, 자신들의 정신적인 기둥인 천황가가 한국, 특히 백제에서 나왔다는 점을 굳이 알리거나 인정하고 싶지 않은 심리상태가 있음을 확인하는 것이다.

그러나 인정하든 하지 않든 천황가는 백제와 밀접한 관계가 있다. 가장 대표적인 경우가 환무천황이다. 8세기 후반에 재위했던 환무(桓武)천황의 어머니는 광인(光仁)천황의 부인으로, 이름은 다카노 니이가사(高野新笠)이다.《속일본기》에 보면 789년 12월 환무천황 재위 중에 그 어머니인 황태후가 죽자 그 다음해인 790년 1월에 장례를 치르는데, 그 장례 기사 말미에 황태후는 백제 무령왕(武寧王)의 아들인 순타태자(純陀太子)의 후손이라고 나온다. 그 조상인 주몽(都慕王)은 하백녀가 햇빛에 감응하여 태어났고 황태후는 그 후손이기 때문에, "높은 하늘에 있는 태양의 아들의 따님(天高知日之子姬尊)"이라는 뜻의 시호를 주었다고 되어 있다. 그런데 그 순타태자는 505년에 사아군(斯我君)이라는 이름으로 왜국에 파견되어 오랫동안 체류하다가 513년에 죽었다. 그 동안에 그는 아들을 하나 낳았는데, 그가 야마토노키미(倭君)의 선조가 되었다. 그 야마토 씨가 770년대에 다카노 씨로 성을 바꾸었고, 환무천황의 생모인 다카노 니이가사는 그 일족이었다. 그들은 약 270년에 걸쳐 일본 귀족사회에서 백제 무령왕의 후손이라는 명분으로 높은 지위를 유지하고 살았던 것이다. 그래서 한때 일본 천황가의

고분은 파기만 하면 한반도 백제와 관련된 유물이 쏟아지기에, 아
예 파지 않는 것을 불문율로 하고 있다는 우스개 같은 말도 돌았다.
황국사관이 위세를 떨치던 1930년대 후반부터 44년 사이에도 잘
못됐음을 인정한 천황능묘 이름을 40년 이상 그대로 방치하며 쉬
쉬하고 있는 것도, 바로 그런 이유 때문으로 미루어 짐작할 수 있
다.

　이 소식을 보도한 요미우리는 황국사관(皇國史觀)의 영향이 가장
강했던 시절에도 능묘 지정 재검토가 이뤄진 사실이 드러남에 따
라, 앞으로 학계를 중심으로 일왕가의 능묘 연구조사를 요구하는
목소리가 높아질 것으로 내다봤다. 일왕가의 뿌리가 밝혀지면 한국
과 일본 국민 사이의 해묵은 감정이 풀릴 수도 있겠는데, 언제나 그
것이 가능할 것인가? 일본 천황의 비밀이 역사의 베일을 벗을 수
있도록 일본의 궁내청이나 일본 사회의 인식이 획기적으로 전환되
기까지는 많은 시간이 앞으로도 더 필요할 것 같다. 아니, 요원할
것 같다는 생각이 드는 것은, 최근 일본의 우경화도 그렇지만 근본
적으로 한국에 대해 마음의 문을 열려고 하지 않는 경향이 너무나
강함을 느끼기 때문이다.

‘정직한’ 일본인

　우리가 이웃나라 일본에 대한 환상으로 갖고 있는 것 중의 하나는 일본 사람들이 무척 결백하고 정직하고 남을 속이지 않는다는 것이라고 하겠다. 그런 환상을 갖게 한 요인중의 하나가 서문에서 김소운 선생이 비판한 떡장수 일화의 원래이야기이다.

　가난한 사무라이의 이웃집에 떡장수가 사는데 어느날 떡 한개가 없어지자 떡장수는 사무라이의 아들을 의심한다. 아무리 아니라고 부인해도 의심이 그치지 않자 자기 아들의 배를 갈라 무죄를 증명하고 자신도 자결한다는 이야기이다.

　자신에게 가장 소중한 자식의 생명을 걸고서라도 자신의 결백을 입증하려한 태도, 자식의 생명을 초개같이 생각해서 자신의 결

백을 입증하고 나서 의심을 한 상대방과 자신까지도 죽음을 강요한 그 태도야말로 정직과 결백의 지고지선(至高至善)한 실천, 그것이 아니겠느냐는 것이 이 일화를 설명한 일본인들의 생각이고, 그것이 바로 그런 일화를 자신의 영문판 저서 ≪武士道(무사도)≫에 인용한 니토베 이나조(新渡戸稲造)의 생각이었다. 그러한 정직함에 대한 확신은 현대에 와서도 다른 사례를 낳는다. 그 다른 사례를 전하는 것으로 〈빨간 우체통백서, 한신 아와지 대지진(赤いポスト白書 阪神 淡路大地震)〉이란 작은 책자가 있다. 한신 아와지 대지진은 1995년에 고베, 오사카 일원에 일어난 대지진을 말함이다. 우리들이 흔히 고베대지진으로 부르는 이 재앙은 1995년 1월 17일 일본 간사이(關西) 지방 효고현(兵庫縣) 남부의 고베시 일원에서 일어난 진도 7.2의 강진으로 6,300여 명이 죽고 천400억 달러의 경제적인 손실을 기록한 미증유의 자연재앙이었다. 사방이 무너져 내리고 곳곳에서 삶과 죽음을 가르는 비명이 가득 찼던 이 급박한 상황에서 한줄기 뜨거운 인간애가 있었으니 그것이 바로 당시 우체부들의 헌신과 주민들의 정직함이었다고 작은 책자는 전한다.

지진이 일어난 지 일년 후인 1996년 2월에 출판된 이 책은 65페이지이니까 책이라기 보다는 책자라고 하는 것이 맞을 정도인데, 레이아웃은 세련된 맛이 없고 문장도 그리 좋다고는 할 수 없지만 1995년 1월 17일 이른 아침, 진도 7의 심각한 지진으로 모든 것이 파괴된 한신지역(오사카와 고베 지역)의 곳곳에서 고군분투하는 우체국 직원들의 모습이 과장 없이 실려 있어 감동을 주었다는 것이다. 우편물을 배달하려고 해도 집은 이미 붕괴되었고 주인은 어디로 피난했는지 알 수 없다. 직업적 사명을 다하지 못한다는 자책을 몇 번이고 느끼면서, 한편으로는 "우리 한 사람 한 사람이 배달하는 우편이 사실은 도시의 주요한 생명선이었다". "무너져 내린 기와 파편 속에 고립되어 있던 사람들에게 용기와 희망을 전해주었다"는 등의 자부심으로 우체부들이 자신을 잊고 헌신과 봉사를 수행하게 된다. 항만시설도 파괴되고 교통망, 전기, 가스, 수도도 모두 끊긴 상황에서 민간 택배회사 세 곳은 지진이 발생한 그날 일제히 접수를 받지 않았다. 그러나 우체국의 대응은 이와 정반대였다. 138개 우체국이 영업 불가능한 상태까지 가면서도 말 그대로 자지도 않고 쉬지도 않고 계속 활동을 멈추지 않았다. 더구나 모든 서비스를 무료로 제공한다는 결단도 내렸다. 이 무렵 우정성(郵政省)의 대응도 사람들의 기대를 넘어서서 신속하였다. 구조지원용 소포나 피해자가 발송하는 우편물의 요금 면제, 우편엽서의 무상교부를 단행한 것이다. 피해자에게는 피난처 기입용지를 배부해 피난처에서도 우편물을 받아볼 수 있게 했다. 전국의 우체국에서 최대 1만 명 이상의 지원군이 달려와 주었다. 가장 중요한 것은 이 때에 일어난다. 우편예금이나 간이보험도 통장, 증서, 인감 등을 잃어버렸어도 본인이라는 것을 확인만 할 수 있으면 곧바로 예금을 지불하는, 법규에 구애받지 않는 조치를 지진이 일어난 바로 그 날 단행하였다. 평소에 우체국 직원이 지역주민들과 친밀한 관계였고 얼굴도 잘 아는 사이였기에 가능한 영단이었다. 그 결과고 이 책자는 기록하고 있다.

말하자면 엄청난 자연재해에 직면해서 누구나 자기 잇속을 차리기 위해 거짓말을 할 법 한데 아무도 그런 부정을 저지르지 않고 정직했으며, 그런 엄청난 재앙 속에서도 일본인들의 정직한 생활방식, 자기를 버린 공동의 조치들이 일본인에게 아직도 희망이 있다는 것을 입증하고 이를 널리 전파해준 것으로 평가받는다. 바로 '정직한 일본인'을 현실에서 대중들이 한꺼번에 증명해 준 모범 사례라는 것이다. 그런데 이런 환상을 깨는 일들이 최근 일본에서 자주 일어나고 있다고 일본 언론들이 전하고 있다. 일본에서 최근 경제불황의 여파로 먹고 살기가 힘들어진 가운데 정액급부금의 사기가 극성을 부리고 있다는 소식이다.

일본 후쿠오카에 주재하는 지역신문 특파원의 보도(송승은 기자의 후쿠오카리포트, 2009년 5월 7일 부산일보)에 따르면 최근 일본에서는 정액급부금을 노린 사기 행각이 잦아 '비상'이 걸렸다고 한다. 관공서 직원 등을 사칭해서 '수속을 대행한다'거나 '빨리 급부를 받게 해주겠다' 등으로 속여서 현금을 가로채는 범죄가 나타나고 있다는 것이다. 이런 사기는 전국에서 260여건이 발생했고 규슈지역에서도 약 20건이 확인됐다고 한다. 정액급부금은 국내 소비를 활성화하기 위해 국민 전체에 1만2천 엔 씩을 지급하는 것을 말한다. 일본 나이로 18세 이하거나 65세 이상이면 더 많은 2만 엔을 받게 되고, 여행객 같은 단기체류 외국인을 제외하고 외국인등록을 마친 장기체류 외국인에게도 지급된다. 그런데 정액급부금 사기가 전국적인 문제로 부각되고 있는 것은 각 지자체별로 정액급부금 지급에 대한 안내 편지를 가정에 보내는 기간이었기 때문. 안내문과 함께 온 급부금 수령 서류를 작성해 지자체로 다시 보내면 해당되는 만큼의 돈을 개인의 은행통장으로 넣어주게 되는데, 이런 틈을 이용한 범죄가 전국에서 많이 일어나고 있다는 것이다.

기타큐슈(北九州)의 한 가정. 시 직원이라고 자신을 밝힌 사람이 찾아와 정액급부금을 대행하고 있다면서 "5만 엔의 보증금을 내면 보관하고 있다가 급부금이 나온 뒤 돌려주겠다"고 접근했다. 몸이 불편한 노인이 사는 집이었지만 마침 그 때 딸이 집에 있어서 속아 넘어가지 않았다는 것.

또 다른 지역에서는 노인들만 사는 집에 전화가 와 "수수료 1만 엔을 내면 수속을 대행해 준다"며 현금을 보내라고 한 경우가 있었다.

이밖에도 "급부금 신청에 5천 엔이 필요하다"며 현금을 요구한 사례도 있었다고 한다. 이런 식으로 서민을 등치는 사기꾼들이 많다는 것이 이 리포트의 핵심이다. 이런 소식을 보면서 일본인들이 세계에서 가장 정직하고 결백하고 깨끗하다는 우리의 환상이 잘못될 수 있음을 알게 된다. 돈이 있는 곳에는 어디든 사기꾼이 모이기 마련이라는 평범한 진리를 생각하게 되고, 누구든 어려운 때가 되면 '사기'라는 손쉬운 유혹에 넘어갈 가능성이 있다는 생각을 하게 되는 것이다. 그것은 사람과 사람의 경우에도 그럴 것이고 나라와 나라 사이에도 그럴 것이다.

　사람 사이의 덕목의 차이를 상대적으로 인정할 수는 있어도 이를 절대화할 수 없으며, 나라와 나라, 혹은 어느 특정 정권과 정권 사이에도 절대적인 차이는 있을 수 없고 상대적인 차이가 가능하다는 생각을 하지 않을 수 없다. 이런 생각이, 뭐, 세상이 다 그렇고 그런 것이니까 다 대충 현실에 적응하면서 살자는 뜻은 아니고, 이웃 나라나 이웃 사람에 대해서 어떤 절대적인 고정관념을 갖지 말고 상대적인 차이 정도만을 인정하자는 것이다. 일본에 대해서 갖고있는 고정관념 혹은 환상도 그렇다 그 관념이 강하면 강할수록 그 만큼 우리들에게는 자학이나 자포자기라는 좋지 않은 결과로 나타날 가능성이 높다.

제 3 부
얼굴

신세계

도쿠가와 바쿠후(德川幕府)의 봉건정치가 막바지에 이른 1853년 7월 일본 우라가(浦賀) 앞바다에 미국의 페리 제독이 이끄는 함선들이 찾아왔다. 그때까지 보지도 듣지도 못하던 엄청난 위용을 자랑하는 검은 군함(흑선)을 본 일본인들의 반응은 충격과 경악, 그 자체였다. 어떻게 그렇게 큰 배가 만들어졌고, 거기에 그렇게 큰 대포가 있느냐는 것이었다. 그 흑선을 보려고 우라가의 비탈진 언덕에 줄지어 늘어선 군중들 틈 사이에 한 시골 무사가 있었다.

그의 이름은 요시다 쇼인(吉田松陰).

스승인 사쿠마 조산을 따라온 쇼인은 이때의 충격으로 곧바로 엉뚱한 모험을 시도한다. 이 거대한 문명을 만들어낸 서양을 직접 가

봐야 한다고 생각한 것이다. 스승인 사쿠마 조잔이 그에게 한 '오랑캐 무리를 물리치려면 우선 오랑캐 사정을 알지 않으면 안 된다'는 충고를 따르는 것, 곧 미국으로 밀항하려는 것이고 그를 위해 군함에 몰래 들어가자는 것이었다. 그는 그 때부터 이듬해까지 페리 제독의 군함이 다니는 곳마다 따라다니며 기회를 노렸다. 그러다 3월 27일 밤 조그만 어선을 훔쳐서 갖은 고초 끝에 군함에 오르는 데는 성공했으나 페리로부터 '정중하게' 승선을 거절당하고 육지로 내려졌다. 이로 인해 그는 상당 기간 감옥살이를 해야 했다. 그러나 새로운 문명의 충격에 맞서 그 문명을 뛰어넘기 위해 그 문명 속으로 뛰어들려 했던 요시다 쇼인의 기개는 그로 하여금 3년 후 시골로 내려가 많은 제자를 키우게 했다. 그 제자들은 다카스기 신사쿠(高杉晋作), 구사카 겐즈이(久坂玄瑞), 이노우에 분타(井上聞多), 이토 히로부미(伊藤博文) 등 메이지유신을 일으키고 일본의 근대화를 이끈 지도자들이다.

이로부터 약 12년 뒤인 1866년, 프랑스 함대가 우리나라 강화도에 쳐들어왔다. 그러나 양헌수 장군의 기습 전략과 우리 군사들의 용감한 전투에 의해 격퇴됨으로써 프랑스 함대는 물러가야 했다. 일본은 페리 제독의 함대에 굴복해 수호조약을 맺고 서양을 배우기 시작했으나, 우리는 병인양요나 신미양요 모두 외국의 배를 '격퇴'함으로써 외국에 대해서 깔보는 마음이 생겼다. 비슷한 사건이지만 그것으로 한국과 일본은 근대화에서 다른 길을 걷게 된다.

요시다 쇼인처럼 서양의 충격을 스스로 배우겠다는 의지가 팽만한 일본의 지식인들은 곧바로 유럽과 미국을 배우기 위해 혈안이된다. 쇼인의 문하생들인 이노우에 가오루, 이토 히로부미를 주축으로 하는 5명의 쵸슈 무사들은 이미 1863년에 밀출국해서 영국에유학하고 있었다. 이들뿐 아니라 많은 일본인들이 유럽 각국을 돌았다. 그들이 어떤 마음가짐이었나? 1860년 이후 6년 동안에 세번이나 서양을 다녀와 일본의 근대를 일으킨 유명한 후쿠자와 유키치의 글에서 그 일단을 알 수 있다.

"우리들은 병원, 빈민구조소, 맹아원, 정신병원, 박물관, 박람회 등을눈으로 보고 신기하지 않은 것이 없었으며, 그 유래와 효용을 듣고 심취하지 않은 것이 없었다. 그것은 마치 오늘날 조선 사람이 처음 일본에와서 보는 것마다 듣는 것마다 놀라는 것과 마찬가지이다. 조선 사람은단지 놀라기만 하고 돌아가는 사람이 많지만, 당시 우리 일본인은 놀라는 데만 그치지 않고 몹시 부러워하며 그것을 우리 일본국에도 실행하려는 야심을 단단히 굳혔던 것이다." (《후쿠자와 전집》 서언)

그렇게 해서 일본은 서양을 재빨리 배워 불과 10년 후인 1874년타이완을 침공하고 1년 뒤인 1875년에는 군함 운요호(雲揚號)를강화해협에 불법으로 보내어 포격을 가함으로써 우리 군사들을 격파한 뒤 이듬해 한일수호조규(韓日修好條規) 체결을 성취함으로써조선 침략을 시작할 수 있었다. 그 뒤의 역사는 너무도 잘 아는 그대로이다. 조선은 일본의 군화에 굴복해 치욕의 반세기를 보내야 하지 않았던가? 적극적으로 서양을 배운 일본과, 서양에 대한 무책임한 우월감으로 서양의 뛰어난 문명을 보고 놀라기는 하지만 이를 배우려 하지 않다가 일본의 침략을 자초한 우리, 그 뒤에는 이 같은 국민의식과 의욕의 차이가 있었다. 물론 요시다 쇼인의 이러한 의욕을 마냥 좋게만 볼 수 없는 것은, 밀려오는 서양의 문명에 대항해서 일본의 힘을 빨리 키우자는 기본취지는 옳았지만, 그 뒤 서양의 힘에 밀려 당한 손해를 아시아 각국, 특히나 한국(당시는 조선)에서 찾자는 쪽으로 나감으로써, 그것이 결국에는 일본 군국주의의 팽창에 이론적 기반을 마련했다는 점 때문이다. 그는 일본의 국력을 길러서 조선과 만주, 지나를 정복하자고 외쳤다. 그런 점에서 그의 사상은 위험한 야심이었다. 그러나 밀려드는 외세에 휩쓸리지 않고 스스로를 세우려고 목숨을 걸 줄 아는 근대 일본의 젊은이들이, 일본을 동아시아에서 가장 강한 나라로 만들었다는 데서, 이들 일본 젊은이들의 기개는 지금 봐서도 부러운 점이 없지 않다.

그 후 한 세기 이상 지나 이제는 우리의 젊은이들도 서양을 적극적으로 배우려 유학이다, 연수다 줄을 서고 있고, 뜨거운 사막이나 밀림 속으로 봉사를 나가는 젊은이들이 늘어나고 있다. 때로는 너무하다 싶은 정도로 너도 나도 해외로 나가고 있다. 우리의 젊은이들도 130여 년 전 일본의 젊은이들처럼 세계 속에 뛰어들려는 의욕이 충만해 있다. 그것을 나무랄 수가 없는 것은 바로 이들 젊은이들에서 백 여 년 전 세계를 향해 뛰어나간 일본인들을 보는 듯하기 때문이다. 이들 젊은이들의 의욕은 분명 국가 발전의 원동력이 될 것이다. 100여 년 전 우리 조상들이 세상을 너무나 몰랐다면 이제 우리의 젊은이들은 세상을 보는 눈이 훨씬 넓어지고 어른스러워졌다. 우리가 남들보다 빠른 시간 안에 경제발전을 이루고 이만큼이라도 살게 된 것이 바로 우리 젊은이들의 그러한 의욕이 세대를 타고 전해져 왔기 때문이라고 말하고 싶다.

다만 우려되는 것은 해외에 나가는 젊은이들이 목적의식이 없이, 부모들의 강요에 의해 국내의 어려운 학업을 회피해서 나가는 경우가 적지 않다는 점이다. 그렇더라도 끊임없이 밖으로 나가서 무언가 배우려는 젊은이들이 많다는 사실은 그 자체만으로도 우리나라의 미래에 대한 불안을 경감시키는 요인이라고 믿고 싶다. 그들에게 격려를 보낸다. 뜻이 있으면 길도 생기기 때문이다.

 # 빗장

일본의 아사히신문이 지난 2000년 일반 국민들을 대상으로 지난 1천 년간 일본을 되돌아보고 가장 존경하는 정치지도자를 천거하도록 한 바 단연 1위는 도요토미 히데요시(豊臣秀吉)나 도쿠가와 이에야쓰(德川家康)가 아니라 사카모토 료마(坂本龍馬)였다. 료마는 페리 제독이 이끄는 철선이 일본에 나타나 일본 전역을 충격 속에 몰고 간 19세기 후반, 사츠마와 초슈라는 일본 서남쪽의 두 지역을 연결해 메이지유신을 성공시켰지만 불과 33살이란 젊은 나이에 암살로 세상을 마감한 풍운아였다. 그는, 실제로는 일본인들에게는 잊혀진 인물이었지만, 시바료타로(司馬遼太郎)라는 걸출한 소설가가 1966년부터 4년 동안 신문에 연재한 역사소설 ≪료마가 간다≫ 속에서 일본의 근대를 연 주역으로 당당히 묘사되면서 일본인들의 가슴에 불을 지피고 일본 최고의 인물로 떠오른 것이다.

하급무사의 아들로 태어나 어릴 때에는 울보라는 별명이 붙을 정도로 나약했던 료마는 수도인 에도에 가서 검술을 배워 당대 일류의 칼잡이로 이름을 날렸지만 어디까지나 개망나니에 불과했다. 그런 료마가 일생일대의 변신을 하게 된 것은, 도쿠가와 막부의 대신이면서도 서양의 문물을 받아들여야 한다고 주장한 가츠 가이슈(勝海舟)라는 한 인물과의 만남 때문이었다. 도저히 이 사람을 베어버리지 않으면 서양에게 나라를 내주는 꼴이 될 것이라며 그를 베러 갔던 료마는, 자객에게 공포를 드러내기보다는 오히려 왜 지금 서양에 문을 열지 않으면 안 되는가를 당당히 설파하는 가츠 가이슈에 감복해, 세계를 다시 보게 되자 넙죽 엎드려 그의 제자가 되었다. 그 뒤 현대의 종합상사라고 할 '해원대(海援隊)' 라는 조직을 만들고, 서로 견원지간이던 사츠마와 쵸슈라는 두 지역(藩)을 연결해 메이지유신을 일으킨다.

칼잡이에 불과했던 사카모토 료마를 메이지유신의 기폭제로 변신시켜 일본인들이 가장 존경하는 인물로 만든 가츠 가이슈는 어떤 사람일까? 가이슈도 하급무사 집안으로 신분은 극히 미천했지만 일찍이 서양의 병학을 배우면서 일본을 지키기 위해서는 해안 방어를 강화해야 하는데, 그러려면 해군을 키워야 한다는 점을 깨닫고 서양식 해군을 키우는 일을 맡는다. 1858년 일본이 미국과 미일수호통상조약을 맺음에 따라 그 비준서를 교환하기 위해 일본의 군함 칸린마루의 선장으로 임명돼 미국의 거대한 힘을 느낀 뒤, 일본의 해군을 키우는 데 온 힘을 쏟는다. 그러나 그의 제자가 된 사카모토 료마의 발의로 도쿠가와 막부를 토벌하는 반란군들이 수도인 에도로 쳐들어오자, 해군 대신이던 가이슈는 당시의 쇼군 도쿠가와 요시노부에게 싸우지 않도록 설득한 뒤, 천황파 반란군 지휘자인 사이고 다카모리와의 협상을 통해 반란군이 에도를 무혈로 점령하도록 한다. 결국 메이지유신은 구체제를 지키던 가츠 가이슈와 신체제의 지도자인 사카모토 료마라는 사제에 의해서 성공한 것이라 해도 과언이 아니다. 그런 가이슈에게는 한 가지 일화가 전해온다. '칸린마루'의 선장으로서 미국을 보고 와서 당시의 쇼군에게 보고하기 위해 에도 성으로 올라갔던 가이슈는, 늘어서 있는 대신(老中=로주) 중의 한 명이 가츠에게 "우리나라와 그 나라는 어떤 면이 다르던가요?" 하고 묻자, 서슴없이 일갈을 한다. "나으리, 우리나라와는 달리 그 나라는 높은 직위에 있는 사람들은 높을수록 그만큼 현명하더이다." 이 말로 가츠는 썩은 막부를 억지로 받치고 있는 늙은 대신들을 기죽게 만들었다.

또 어느 날에는 한 청년이 찾아와서 천하의 대세를 이야기한 다음 가이슈에게 자기들의 지도자가 되어 달라고 한다. 이 때 이미 노년기에 접어든 가이슈는 청년에게 말했다. "뭐, 이제 내가 새삼스럽게 그대들의 수령이 되고 말고 할 것이 없네. 자네들 스스로 분연히 일어나 국가를 위해 분투하게나." 그러자 그 청년이 다시 "저희들은 힘이 약해서 도저히 남 앞에 나설 수가 없습니다." 그러자 가이슈는 목청을 높여 꾸짖으며 다시 말해주었다. "이런 쓸개 빠진 친구가 있나. 그대들은 저 이를 생각해 보게. 이는 그렇게 작은 존재에 지나지 않지만 그래도 큰 사람을 괴롭히기도 하고 움직이기도 하지 않는가? 어느 나라고 혁신의 대업은 그 나라 청년들의 힘으로 이룩된 것이라네. 그대들은 모름지기 이에게서 배워야 하네."

사카모토 료마와 가츠 가이슈는 이처럼 역사의 격동기를 맞이하여 자기가 속한 작은 연고와 지역성을 뛰쳐나와 보다 큰 자아인 나라와 민족을 위해 자신의 뜻과 몸을 불살랐다. 일본의 메이지유신은 그런 젊은이들의 뜻과 의지가 뭉쳐진 역사적인 사건이었다. 그들을 통해 일본은 지역국가의 연합에서 일본이라는 거대한 국민국가로 다시 태어났다. 그럼으로 해서 일본은 19세기 후반에 잽싸게 근대화에 성공하였다. 우리가 일본의 메이지유신에 주목하는 것은 그러한 젊은이들의 정신세계를 들여다볼 수 있기 때문이다. 그런데 왜 그렇게 빨리 근대화에 성공한 일본이 이웃을 침략하고 군벌독주와 군국화의 길로 가 패망을 자초한 것일까? 통일원 장관을 지낸 허문도 씨는 그것이 료마라는 인물이 33살의 젊은 나이에 자객의 손에 암살돼 역사에서 사라진 때문으로 분석한다. 료마의 어록에는 뒷날 한·중·일 3국의 해군력을 모아서 서양의 침략에 맞서보겠다는 게 있었는데, 그가 살아 있었다면 이웃나라를 침략하는 쪽으로 일본의 역사가 기울지는 않았을 것이라고 말한다. 료마는 구김살이 없었고 삶에 미련이 없음을 증명해 보이는 것을 사무라이의 자격으로 치는 무사도에 투철한 일급의 지사인데, 유신 전후에 그들이 모두 가버리고 나자 결정적일 때에 심부름이나 하던 이토 히로부미 같은 2류 지사들이 살아남아 국가권력을 쥐게 되면서 잘못

되기 시작했다는 것이다. 물론 이같은 허문도 씨의 주장이 전적으로 옳은 것은 아니다. 그때 일본이 걸은 길은 분명히 잘못되었다. 그 근원을 따지자면 무척 길 것이다. 그러나 분명한 것은 휘몰아치는 시대를 맞아 그것을 뚫고 나가 나라에 보탬이 되려 한 일본 젊은이들의 기개는 우리가 본받을 만 하다는 것이다.

우리의 목표를 세계에 두고 세계로 나가려는 젊은이들은 바로 이런 점 때문에 시바료타로가 쓴 《료마가 간다》라는 소설을 읽어볼 필요가 있다. 시바료타로가 창조한 새로운 인물상인 료마, 그를 통해서 삶의 방향을 다시 생각해보는 것이다.

민주의 꿈

무성영화이지만 자신의 노래를 육성 토키로 삽입한 영화 〈시티 라이트〉가 1931년에 완성되자 42살인 찰리 채플린은 오랜만에 홀가분한 해외여행에 나선다. 유럽을 먼저 방문한 채플린은 이듬해인 1932년 5월 시애틀에서 일본의 요코하마를 왕복하는 여객선인 '히카와마루'를 타고 태평양을 횡단, 일본으로 건너와 5월 14일에 도쿄에 도착한다. 당시 도쿄 역에는 채플린을 환영하는 인파가 6만 명이나 몰려 큰 혼잡을 빚기도 했다고 한다. 채플린은 다음날인 5월 15일, 평소 친교가 있던 당시 일본 총리인 이누카이 츠요시(犬養毅)의 아들 이누카이 다케루(犬養健)의 안내로 도쿄 시내에서 열리는 스모 경기를 관람했다. 경기 관람 도중 옆자리에 앉았던 이누카이 다케루가 급보를 받고 울먹이며 뛰어나갔다. 아버지가 집안에 들어온 군인들의 저격을 받았다는 소식이었다.

총리 관저에 군인들이 난입한 시간은 오후 5시 30분 경, 집안에는 부인도 출타중이어서 총리 혼자 남아 있었다. 아들은 고령의 아버지가 드시라고 따뜻한 국을 주문해, 운전사가 집에 배달해주기 위해 차를 내리는 순간 집안에서 두 발의 총성이 들렸다. 난입한 군인들은 해군 장교와 사관후보생 등 모두 9명, 이들의 난입을 맞아 총리는 "(원하는 바를) 말하면 이해할 수 있다"며 이들에게 말을 하라고 침착하게 대화를 시도했지만 이들은 "문답이 필요 없다. 발사!"라며 총을 발사했다. 이누카이 총리는 중상을 입어 그 다음날 숨지고 만다. 원래 이들 군인 중의 하나는 채플린도 살해해서 미국을 전쟁에 끌어들이자는 계획을 세우기도 했으나 채플린은 다른 곳에 있다가 화는 면했다. 만약 같이 있었다면 무슨 일을 당했을지 모르는 상황이었다.

일본에서 '5.15사건'으로 부르는 이 사건을 계기로 일본의 정당정치는 종말을 고하고 군부 독주가 시작된다. 이누카이 총리의 뒤를 이어 조선총독으로 있던 해군 출신의 사이토 마코토(齋藤實)가 새 총리로 들어와 군부의 뜻에 따라 움직이게 되고, 권력을 움켜쥔 군부, 특히 육군은 거침없이 전쟁 준비에 나서서 1937년의 중일전쟁, 1941년의 태평양전쟁으로 나아가게 되는데, 결과는 이미 우리가 알고 있는 그대로 참혹한 것이었다. 일본이 2차 대전을 일으켰다가 결국 패망하게 된 근본 원인은 5.15 사건을 분수령으로 한 일본 우익단체들과 군부의 준동을 막지 못한 때문으로 분석한다. 1932년 5.15 사건 이후 일본에는 국가통합내각이라고 해서 군인이 주축이 된 내각이 이어진다. 1945년까지 모두 14명의 총리가 나오게 되는

데, 민간인은 단지 4명뿐이고 나머지는 전부 군인이었다. 메이지유신 이후 일본은 비록 군부가 강한 세력을 장악하지만 민권파의 활약으로 어느 정도 민주정치의 형태를 갖추고 있었으며, 1920년대에는 정치개혁운동이나 사회주의운동이 펼쳐지고, 문화·경제적으로도 1차 대전 이후의 세계 경제의 성장에 힘입어 많은 발전을 하게 되는데, 이러한 일본의 이른바 민주주의 시기를 '다이쇼(大正) 데모크라시'라고 부른다. 그러나 1920년대 후반이 되면서 세계적으로 경제 공황이 발생함에 따라 경제적 기반이 취약한 일본은 심각한 불황에 빠지게 되었고, 그러자 국내의 불만을 돌리기 위해 일본 군부는 중국 침략을 본격화하려 해서, 1928년부터 만주 지역에 군대를 파견한다. 일본 관동군은 1931년 정부의 명령이나 지시도 받지 않고 멋대로 북만주를 침략하는 이른바 만주사변을 일으켰다. 그러나 정부는 이를 저지하지 못한다.

군대가 이처럼 자의적인 무력행사를 결정해도 정부가 제어하지 못하게 되자 군부의 오만은 더욱 심화된다. 만주사변 이후 청년 장교들과 민간의 극우단체들은 국가 원로나 정당, 재벌 등의 지배층이 국가 위기와 국민의 어려움을 소홀히 하고 당리당략에 빠져 있다는 이유로 이들을 제거하고 군부내각을 수립하려는 계획을 짜게 되는데, 육군의 급진적 국가개조단체인 사쿠라회(桜会)가 중심이 되어 일차로 쿠데타를 일으켰다가 실패하지만 여전히 어느 누구도 제대로 된 처벌을 받지 않았다. 그런 흐름 속에 결국 1932년 5월 15일 극단적 우익단체인 '혈맹단'이 다시 쿠데타를 일으켜, 청년장

교들이 이누카이 총리를 살해한 것이다. 5.15 사건 때 일본의 젊은
군인들에 의해 살해된 이누카이 츠요시 총리는, 우리와의 관계가
없지 않은, 지금의 입장에서 보면 일면 아까운 인물이었다. 에도 막
부 말기인 1855년 한학자의 집안에서 태어난 이누카이는 일찍부터
한문과 서예를 배워 젊을 때부터 서예를 가르치며 생계를 돕기도
했는데, 22살 때 사이고 다카모리(西鄕隆盛)가 서남전쟁(西南戰
爭)을 일으키자 정부군 측 신문기자로 참가해 상세한 전황보도로
이름을 날렸다. 27살 때에 입헌개진당(立憲改進黨)이란 정당의 결
성에 참여하는 것으로 정당 생활을 시작해 43살 때에 오오쿠마 내
각의 문부장관을 맡았고 러일전쟁 이후 군부 세력이 강화되자 헌법
을 지키자는 운동에 앞장섰다. 우정부 장관을 지내며 보통선거가
실시되도록 애를 썼고 1929년에 정우당(政友黨) 총재가 되었다.
만주사변이 일어나자 뒷수습을 위해 당시 천황에 의해 총리로 지명
돼 군부의 독주를 막으려 필사의 노력을 다하다가 결국 군부에 의
해 살해된 것이다.

　　이런 정치가로서의 일생 가운데 이누카이 총리는 중국이나 한국
인들과 특별한 인간관계를 맺는다. 1895년 중국 광동성의 성도 광
주(廣州)에서의 무장봉기가 실패해 해외로 망명한 손문(孫文: 쑨
원)의 일본 망명을 도와서 그의 재기를 지원했고, 장개석(蔣介石:
장제스)과도 오랜 친구였기에 이런 친교가 바탕이 돼 1931년 내각
의 총리가 되었다. 당시 일본의 왕인 다이쇼(大正) 천황은 그에게
이 같은 친교를 바탕으로 중국과의 관계를 민간차원에서 풀라는 당

부를 했다고 한다.

　그는 또 오청원(吳淸原: 우칭웬)이란 중국의 천재 바둑기사가 일본에 와서 공부하도록 했다. 오청원의 일본행은 그의 스승이 된 세고에 겐사쿠(瀨越憲作) 선생의 노력으로 가능했다. 세고에는 이누카이 총리에게 일본으로 오는 것을 지원해달라고 했고, 이에 이누카이 총리는 "만약 그 중국천재가 일본에 와서 일본 명인위(名人位)를 탈취해간다면 어떻게 하겠느냐"며 물어, 세고에 선생이 "그것이 바로 오청원이 원하는 것이다"라고 대답하자 이누카이 총리가 "좋다. 내가 그를 보호하겠다"며 승낙했다고 한다.

　이누카이는 1900년 이전에는 당시 일본 바둑을 주름잡던 본인방(本因坊) 슈에이(秀栄)와도 친했다. 젊을 때의 슈에이는 가난해서 아주 허름한 집에서 살았는데, 이누카이 총리가 슈에이를 데리고 목욕탕엘 갔다고 한다. 그런데 슈에이는 그 전에 한 친구가 주고 간 헌 옷을 먹물을 들여 입고 따라갔다가 목욕탕에서 땀을 흘리자 먹물이 다 흘러내려 온 몸이 꺼멓게 돼 사람들의 웃음을 산 적도 있다고 한다. 아무튼 이 슈에이는 한국에서 갑신정변을 일으켰다가 실패한 김옥균이 일본으로 망명하자 그를 맞아 절친한 친구로 대하며 바둑을 많이 두었는데(그 때의 기보가 최근 국내에 알려져 화제가 되기도 했다), 김옥균이 도쿄에서 태평양 남쪽으로 천 킬로미터 넘게 떨어진 오가사와라(小笠原) 섬으로 유배갔을 때에도 그를 찾아가 몇 달이나 같이 있어 주었고, 나중에 홋카이도(北海道)로 다시 유배갈 때에도 함께 가줄 정도로 친밀했었다. 이러한 슈에이와 김옥균의 교유사실을 이누카이도 누구보다도 잘 알고 그들을 지원해 주었다. 그러다가 김옥균이 중국 상해(上海)로 추방됐다가 한국에서 온 자객 홍종우에 의해 피살되자 두 달 뒤인 1894년 5월 일본 후원자들이 상하이에서 그의 유발(遺髮)과 의복 일부를 갖고 와 아오야마(靑山) 공원묘지 외국인 묘역에 묘비를 만들었는데, 10년 뒤인 1904년 이누카이가 돈을 대어 묘비를 새로 만든다. 그 전에는 묘비가 '김옥균군지묘(金玉均君之墓)'로 돼 있었는데, 이를 '김공옥균지비(金公玉均之碑)'라고 고쳐 새기고 묘비도 높이 3m, 폭 1m로 주변의 다른 묘비보다 훨씬 크게 만들었다.

그는 또한 유명한 서예가로서, 1920년대 말에 우리나라에서 유래된 종이인 고려지(高麗紙)를 시험적으로 써서, 그 위에 쓴 글씨가 지금도 남아있다. 그는 또 앞에서 알아본 대로 찰리 채플린과도 알고 지냈고 국제적으로는 일본의 민주주의를 이끈 정치가로 유명했다. 그래서 그의 별명은 '헌정(憲政)의 신(神樣)', 그러한 그가 군부의 흉탄에 쓰러지고 나서는 일본은 민주주의의 헌법이 유명무실해지면서 일로 군국주의로 달려 나갔고 그 질주를 막을 수가 없어서 일본은 패망의 길로 골인한 것이다. 우리나라에서 7월은 제헌절이 있어서인지 헌법의 달로 인식되고 있다.

우리 헌정사는 개헌 이야기가 끊이지 않는데 우리는 언제나 제발 고치지 않아도 되는 헌법을 갖게 될까.

불모지대

중국 대륙 동북부를 점거하여 구 만주를 지배한 일본 관동군은 본토 히로시마에 원자폭탄이 투하된 1945년 8월 6일 선전포고 후 밀고 들어오던 소련군과 대치하고 있었다. 당시 일본군은 각지의 전선에서 연합군의 맹렬한 공습을 받아 괴멸되고 있었고, 퇴역군인들이나 무차별 동원된 초년병들이 다수였던 60여만 명의 관동군은 소련군의 남하에 속수무책으로 후퇴를 거듭하고 있었다. 히로히토 일왕이 포츠담 선언을 수락한다는 항복문서에 서명할 당시 관동군은 이렇다 할 반격조차 못한 채 소련군에 의해 무장해제 되었다. 그리고 이들을 태운 열차는 시베리아를 중심으로 유럽, 러시아, 외몽고의 2,000개소에 이르는 수용소를 향했다.

얼마나 많은 사람들이 시베리아 수용소에 억류되었는지는 아직도 정확

1949년까지 대부분의 억류병사는 나홋카를 출항하여 마이즈루 항에 귀국할 수 있었다. 그러나 소련이 중대범죄자로 억류를 지속시킨 인물 중에는 반소 활동을 이유로 장기 중노동의 형을 선고받은 자들도 적지 않았다. 그러한 사람들은 실로 11년이라는 세월 동안 억류되었다. 1,021명을 태운 마지막 귀항선이 마이즈루 항에 입항한 것이 1956년 12월 26일. 바로 이 귀항선에는 일본 대본영 참모로 있던 세지마 류조(瀨島龍三)도 있었다. 1911년생인 세지마 류죠는 1938년 육군대학을 수석 졸업한 뒤 이듬해부터 일본군 대본영의 육군참모(중령), 그리고 해군참모도 겸직하면서 옛 일본군의 핵심참모로서 태평양전쟁의 작전계획을 군부 중추부에서 지휘했다. 1945년 7월 관동군 참모로 전출되었다가 소련군에 잡혀서 결국 11년 동안 시베리아에 억류된다. 그리고는 1956년 귀국해서

1958년 46세의 나이에 이토추상사(伊藤忠商事) 항공기부 촉탁사원으로 입사했다. 그는 이 회사에 참모 조직을 도입하고 전 세계를 무대로 수집한 정보력을 이용해 섬유 수출업체에 불과했던 이토추를 세계적인 종합상사로 끌어올렸다. 입사 4년 뒤 이사로 승진하고 부사장, 부회장을 거쳐 1978년부터 회장으로 승진했다. 이 과정에서 다른 회사들과의 제휴 합병을 주도했는데, 남들이 불가능하다고 하는 과제들을 수완 좋게 완수해 찬사를 받았다. 이 때의 활약상은 여류소설가 야마자키 도요코(山崎豊子)가 《불모지대》라는 소설로 그려냈는데, 80년대 초 우리나라에도 번역돼 큰 인기를 끈 적이 있다. 세지마 류조의 강점은 타고난 참모로서의 역량을 언제 어디서고 최선의 상태로 발휘했다는 점이다. 젊은 나이에 일본군의 작전계획을 지휘한 것도 그렇고, 허름한 수출회사를 세계적인 종합상사로 키운 것도 그렇고, 일본의 행정과 경제틀을 바꾼 것도 그렇다. 그는 일에 임해서는 항상 작전계획을 세우듯 모든 정보를 최대한 모으고 면밀히 분석하고 검토해 그 바탕 아래 냉철하게 판단하는 것으로 유명하다. 그가 1973년에 신문기사만을 바탕으로 이미 제1차 오일 쇼크를 예견한 것은 전설에 속한다. 그러한 경험과 지략으로 일본의 국철과 전력공사, 전매공사를 모두 민영화시키는 등 일본의 80년대 행정개혁을 뒤에서 지휘했다. 말하자면 일본 사회에 '전략적 사고'라는 개념을 가르쳐 준 인물로 평가 받는다.

그는 박정희, 전두환, 노태우 전 대통령 등 한국의 군사정권과도 절친했다. 특히 박정희 전 대통령은 일본 육사 1년 선배였던 그를 매우 존경한 것으로 알려졌다. 재계 거물이면서도 한국의 외교·정치 분야에 깊은 이해와 인맥을 갖고 있었기 때문에 한·일 양국 간에 중요한 사안이 발생하면 대부분 그의 손을 거쳐 해결됐다. 스즈키 젠코(鈴木善幸)부터 가이후 도시키(海部俊樹)까지 역대 총리 4명이 그에게 자문을 구했고, 한국에서도 박정희에서 노태우 전 대통령에 이르기까지 역대 지도자들이 그에게 국가경영의 아이디어를 얻었다. 1983년 1월 나카소네 야스히로(中曾根康弘) 총리의 전격 방한을 위한 밀사로서 사전 정지작업을 했고, 이듬해 9월에는 전두환 대통령의 방일을 성사시켰다. 1990년 노태우 대통령의 방일을 앞두고 일왕 사과 문제가 걸림돌로 떠올랐을 때도 일본 정부의 특사 자격으로 청와대를 방문해 막후 조율에 나섰다.

왜 이렇게 한 사람의 일본인에 대해서 장황하게 쓰는가 하면, 이세지마 류조가 2007년 9월 4일 95살을 일기로 세상을 떠났기 때문만은 아니다. 그가 일본에게는 현대사의 증인이기 때문이다. 그는, 자신의 표현대로 5개의 인생을 살았는데, 군인이 되기까지의 청년 시대. 태평양전쟁의 작전과 용병을 담당한 대본영 참모 시대, 생사의 극한에 놓였던 11년간의 시베리아 억류 생활, 이토추상사에서 근무하던 경제인 시대, 그리고는 행정개혁 등으로 마지막 수완을 보인 시대 등 5개의 큰 삶을 성공적으로 살아왔다. 그러기에 그의 부음을 듣고 일본인들은 가장 유능한 일본의 전략가를 잃게 되었다고 애도했다.

　세지마 류조의 죽음이 안타까운 것은, 그가 60만 일본군의 시베리아 억류의 전말을 알고 그 비밀을 아는 유일한 사람이었기 때문이다. 앞에서도 지적했지만 전쟁에 지고 시베리아에 억류된 일본 군인들은 강제 노역을 하며 소련의 시베리아 개발에 일종의 노예로 동원되었는데. 그 과정에서 소련에게 이러한 노역으로 보상을 한다는 밀약의 의혹이 있으며, 그 밀약을 맺은 당사자로 이 세지마 류조가 의심을 받는 것이다. 그가 소련측과 비밀협상을 해서 일본의 패잔병들을 노역병으로 소련에 남게 한 것이 아니냐는 것이다.

　이 때문에 세지마가 죽기 전에 그 수수께끼를 풀어야 한다며 일본의 언론이나 연구가들이 그의 증언을 받으려 애를 썼다. 그러나 그는 이 문제에 관한 한 굳게 입을 닫고 결코 말을 해주지 않았다. 심지어는 《불모지대》를 취재하는 과정에서 작가인 야마자키 도요코가 아무리 물어도 그는 "괴로워서 다시 생각해내기 싫다"며 거부했다고 한다. 그 때문에 일본군의 시베리아 억류에 관한 비밀은 아마도 영원히 역사 속으로 묻힐 가능성이 높다. 그런데 이렇게 묻히는 것은, 일본만의 문제가 아니라 우리나라에도 문제가 되는 것이어서 그냥 지나칠 수가 없는 것이다. 시베리아에 억류된 일본 군인 60여만 명 가운데 약 1만에서 1만 5천 명 정도가 군인·군속으로 강제 동원된 조선인들이었다고 한다. 이들 시베리아 억류 한인들은 1948년 5월부터 러시아를 빠져나오기 시작해, 1948년 12월경 하바로프스크에 집결하고 이어 나호트카 항을 출발하여 흥남항에 도착했는데, 이 때는 남북이 3.8선으로 분단된 이후였다. 그래서 만주에 가족이 있는 사람은 만주로, 남쪽에 가족이 있는 사람들은 3.8선을 넘어 남하를 하게 되는데, 이들의 송환에 대해서 남북 양측은 어떠한 조치도 취하지 않음으로 해서 이들은 다시 목숨을 걸고 남하한다. "밤새 낮은 포복으로 남쪽을 향해 3.8선을 넘었다. 어떤 이들은 집단으로 남하하다가 발각되어 우리 국군 경비병에 의해 집단 사살되기도 했다"는 당시의 귀환에 대한 증언이 있을 정도로 목숨을 걸고 내려왔다. 이렇게 해서 남하한 한인들 324명은 인천국립수용소에 수용되어 조사를 받고 각자 귀향하였다. 그러나 이미 이들의 신분에는 '공산주의 사상에 물든 요시찰 인물'이라는 낙인이 찍혔고, 고향에 돌아와서도 항상 정보부의 감시 대상이었다. 심지어 관내를 벗어날 때도 신고를 해야 했으며, 공직에 취직해서도 진급에서 차별받는 경우가 많았다. 조국에서 너무 힘든 생활을 영위하던 이들은 '한국시베리아 삭풍회'라는 단체를 결성하고 그들의 문제를 공동으로 대응하기 시작했다. 그것은 일본으로부터 강제로 끌려간 데 대한 피해보상을 받는 일이다. 삭풍회는 1999년부터는 일본의 '전국억류자보상협의회'와도 교류하면서 일본 정부를 상대로 미불 임금의 지불과 피해보상을 요구하는 소송을 제기하고 있다. 이들의 소송은, 군대위안부 피해보상 소송과 마찬가지로 일단 한일협정에 의해 청구권이 소멸되었기 때문에 보상을 해줄 수 없다는 일본 정부의 입장에 번번이 좌절을 맛보고 있지만 희망을 잃지 않고 소송 노력을 계속하고 있다.

이런 상황이기에 전후 시베리아 포로문제를 결정했을 세지마 류조는 일본인만이 아니라 우리 한국인 '삭풍회' 회원들에게도 중요한 증거가 될 수 있었다. 그러나 그가 생의 끝까지 당시의 상황에 대해서 입을 닫음으로써 우리로서는 가장 중요한 증인을 하나 잃은 셈이 된다. 만약에 세지마 류조가 생전에 그 문제에 대해 확실하게 밝혔으면 삭풍회의 소송도 더 쉬울 수 있을 것이라는 데서 아쉬움이 큰 것이다. 다만 그런 점을 잠시만 접어둔다면 세지마 류조는 정말 대단한 일본인이었다는 생각을 지울 수가 없다. 그는 "대동아전쟁은 일본의 자존자위의 전쟁이다"라고 호언할 만큼 일본의 우익이었지만 군국주의 일본의 유산을 이어받아 종전 후에도 일본을 전략적으로 개조하고 이끌어왔으며 한국과의 사이에서 기꺼이 다리가 되는 등 일본의 장래를 위해 헌신을 다한 역사상 최고의 참모였다고 할 수 있다. 그런 면에서 그는 20세기 일본의 설계자였다고도 할 수 있을 것이다. 그는 "전략이 없는 국가는 망한다"고 역설했다. 그는 지도자가 되려고 나서기보다는 참모로서의 역할을 다한 보기 드문 인물이었다.

우리에게는 그런 인물이 없는가? 있었을 것이다. 다만 우리가 그런 인물을 살리지 못했을 뿐.

집안 대대로

2006년 7월 도쿄의 한국 특파원들은 며칠 전 한 일본인 전직 외교관이 일본의 월간지와의 회견에서 말한 내용을 주요 뉴스로 한국에 송고했다. 월간지 《겐다이(現代)》와의 회견에서 그 일본인은 "중국과 아시아 여러 나라들과 갈등이 깊어지는 상황은 '동양 평화'를 위해 목숨을 바친 영령들이 바라는 일본의 미래상이라고 생각하지 않는다"면서 이처럼 "일부로부터 제기될 수 있는 반대를 충분히 인식해 고이즈미 총리의 후계자는 야스쿠니 참배를 잠정 중단할 것을 제안한다"며, "그 다음 다음의 총리들도 야스쿠니 참배 일시 중단(모라토리엄)을 해제할 수 있다고 판단될 때까지 이 정책으로 나가야 한다"고 말했다고 한다. 그는 또 "참배 일시중단 기간 중

일본 정부는 야스쿠니 경내의 전쟁박물관인 '유슈칸(遊就館)'에서 전쟁을 긍정하는 역사관을 제거해 야스쿠니 신사를 순수한 추도의 장소로 만들어야 한다"고까지 말한 것으로 전해진다.

　도쿄의 한국특파원들이 전직 외교관이라고 전한 이 사람이 누구인가? 그의 이름은 도고 가즈히코(東鄕和彦)다. 일본 패전 후 도쿄재판에서 A급 전범으로 기소돼 복역 중 옥사한 도고 시게노리(東鄕茂德; 1882~1950) 전 외상의 손자다. 그의 직함은 미국 프린스턴대 객원연구원, 그러니까 미국에 머물고 있던 셈인데, 그가 왜 한국인들이 듣기 좋은 야스쿠니에 관한 발언을 했는가, 그가 왜 미국에 가서 살고 있는가 하는 점을 들여다보면 그 이면에 복잡한 현대사가 숨어 있다. 먼저 도고 가즈히코의 할아버지인 도고 시게노리에 대해서 알아보자면 그는 임진왜란 때 일본에 끌려간 박씨 성을 가진 조선인 도공의 후손으로서 심수관 등 조선인 도공들이 모여 사는 가고시마(鹿兒島) 현 나에시로가와(苗代川)에서 태어나 도쿄제국대학 졸업 후 외무성에 들어가 태평양전쟁 발발 직전인 1941년 외상에 취임했다. 군부의 압력에 맞서 전쟁을 피하려고 노력했으나, 전쟁을 시작할 때와 끝날 때 외상으로 있었던 사실로 해서 패전 후 동경재판에서 A급 전범으로 판결 받아 금고 20년형을 받았고 스가모 형무소에서 복역 중 병환으로 숨졌다. 그는 겉으로는 자신이 도공 박씨의 후손이라는 사실을 숨겼지만 한 번도 가보지 못한 조선을 많이 그리워했고, 가문에서 대대로 내려온 조선시대 도자기 사발을 보물로 삼았다고 한다. 또 외무성 국장 시절 조선에서 최초로 외교관 시험에 합격하여 일본 외무성 과장으로 부임한 경주 출신의 장철수 과장을 몹시 아껴, 어느 날 퇴근 무렵 술을 한 잔 하자고 허름한 술집으로 장 과장을 불러, 자기도 조선의 피를 이어받았다고 실토하면서 앞으로 독립된 조선 정부의 외무부 기초를 다지기 위해 열심히 일하라고 격려해주었다고 한다. 그런 만큼 그는 팽창하는 일본 군부의 위험성을 사전에 알고 전쟁을 막으려 애를 썼지만 결국은 일본인일 수밖에 없었다. 미군의 진주를 앞두고 끝까지 일본 천황제를 지키려 노력해 일본인들로부터 "종전 공작의 주역을 맡아 대업을 완성하고 일본과 일본인을 구한"(시게노리의 고향마을에 있는 송덕비 비문) 사람으로 기려지고 있다.

그런데 이 시게노리의 부인은 독일인이다. 시게노리가 베를린 주재 일본 대사관의 3등 서기관으로 근무하던 1921년, 당시 비서였던 독일 여자 에디타 드 라론드와 결혼하게 되는데, 남편을 사별하고 혼자있던 이 여자에게는 이미 5명의 자녀가 딸려 있었다. 전남편은 독일인 건축기사인 게오르크 드 라론드, 그는 일제가 조선총독부 건물을 서울에 새로 지으려 할 때에 설계 자문을 해주다 갑자기 숨진다. 에디타는 별 수 없이 다섯 명의 자녀와 함께 독일로 돌아와 일본 대사관에 근무하던 중 시게노리를 만난 것이다. 시게노리는 이 여자와의 사이에서 딸 하나만을 낳았는데, 이 딸의 남편, 곧 사위가 도고 후미히코(東鄕文彦)이다. 이 사위는 원래 혼죠(本城)이라는 성을 가진 외교관으로서 시게노리의 비서관이었는데, 딸과 결혼 후 시게노리가 자신의 호적에 양자로 입적시킴으로써 도고 집안이 된다. 그 딸과 사위 사이에서 쌍둥이 아들이 나오는데, 그 중의 하나가 바로 프린스턴 대 교수로 있는 도고 가즈히코(東郷和彦)이고 또 하나는 워싱턴포스트지의 도쿄 특파원으로 활약한 시게히코(東郷茂彦)다. 그러므로 엄밀히 말하면 가즈히코는 도고의 외손인데, 부친이 입적했기 때문에 손자가 된다.

그 아들인 가즈히코는 1997년 일본 외무성의 유럽·아시아국장이었다. 그는 측근인 사토 마사루를 통해 당시 현안이던 러시아와의 북방 4개 섬 반환문제 해결을 위해 대화로 풀기 위한 노력을 시도했다. 일본으로서는 북방 4개 섬을 한꺼번에 반환 받아야 한다는 생각이지만 그런 원칙으로는 대화가 안 되니까 도고와 사토 팀은 북방 4개 섬 일괄 반환론의 틀 안에서 최대의 양보안인, 4개 섬의 일본 귀속을 인정해주면 러시아가 언제까지 보유해도 무방하다는 내용의 '가와나 제안'을 추진했고 그것이 안 되면 우선 2개 섬 반환을 확실히 하고 2개 섬은 다음에 교섭하는 단계론을 추진했다. 그러다가 도고는 네덜란드 대사로 나갔는데, 그 사이 일본 우익의 집요한 공격에 의해 실무 추진자인 사토 마사루가 2002년 배임 등의 혐의로 체포되고 도고는 현직에서 해임되었다. 해임된 도고는 유럽에서 망명한 뒤에 미국으로 건너가서 프린스턴 대학교의 객원연구원이 된다. 그 이후 도고 가즈히코는 미국에서 일본의 외교정책을 비판하는 중요한 인물로 부상했다. 그는 미일정상회담을 앞둔 2008년 8월에도 미일 밀월관계를 비판하고 나섰다. 인근 국가인 중국과 한국과의 관계는 만신창이로 만들어놓고 대미 관계 강화에만 주력하는 건 이치에 닿지 않는다는 것이다. 미국에 대해서도 일본의 안하무인격 처신은 미국의 침묵에 의해 조장된 측면이 있으며, 일본이 한·중 관계, 특히 떠오르는 중국 문제를 제대로 관리하지 못하면 그 부담은 고스란히 미국이 떠안게 될 것이라고 지적했다. 따라서 "미국은 지금과 같은 상황이 누구한테도 이득이 안 된다는 점을 일본에 말해줘야 한다"고 나아가서 그가 "차기 일본 총리는 야스쿠니 참배를 잠정 중단할 것을 제안한다"라고 말하기도 했다.

　그런데 엄밀히 말하면 조선 도공의 후예인 도고 시게노리 외무상도 비록 한국인의 피를 이어받았지만 전쟁 중에 일본을 위해서 최선을 다한 일본인이다. 그의 아들인 후미히코는 당연히 일본인이고 그의 아들인 가즈히코는 엄마 쪽에서 피를 받았으므로 반은 한국인

피가 섞여 있지만 역시 일본인이다. 그들의 말과 생각은 결국은 일본을 위해서 하는 것이다. 그렇지만 역시 국제정세를 보는 눈은 여타 일본인들과 달라서 동북아시아에서 일본만이 아니라 한국과 중국까지도 포괄하는 보다 넓은 시각을 가지고 있음이 두드러진다. 그러기에 전반적으로 일본의 우경화가 강화되고 일본의 정치인들이 이런 상황을 이용해 더욱 우경화의 경향을 드러내는 가운데, 일본의 앞날을 위한 냉철한 조언을 과감히 던지는 모습을 보게 된다.

도고 집안에서 대대로 이어지는 한국과의 인연, 그러면서도 일본인으로서 살아가는 이들의 모습을 대비해 보면서, 이제 민족이니 핏줄이니 하는 것에 너무 집착할 수가 없다는 점을 느끼게 된다. 그러면서도 그 핏줄이 만들어내는 보다 넓은 시각에는 주목하게 된다. 일본이 잘 살기 위해서는 일본만 이익을 보는 것이 아니라 한국과 중국도 함께 이익을 봐야 한다면 일본인들이 자국 중심의 편협한 생각에서 벗어나 동아시아와 세계 전체를 생각하는 넓은 시각을 가지는 것이 필수라고 하겠다.

청자 사랑

오사카의 10월은 상쾌했다. 외곽도시까지를 합해 인구 800만에 이르는 대도시이지만 군데군데 녹지(綠地)가 많아 우리의 대도시보다도 덜 소란스러웠고 먼지도 많지 않았다. 요도가와(淀川)의 강물과 유명한 도톤보리(道頓堀) 운하 주변의 화려한 네온사인도 외국 관광객들에게 좋은 인상을 주고 있었다. 집 앞이나 가게 앞에 매번 물을 뿌리고 깨끗이 청소하는 일본인들, 청소가 잘되어있기 때문인지 도시는 차분하고 정갈한 느낌을 주고 있었다.

이 도시에서 10월 10일부터 사상 최대 규모의 고려청자전이 열렸다. 장소는 오사카 시립 동양도자미술관. 이름에서 보듯 동양의 도자기만을 전문으로 보여주는 미술관인데, 동양이라고는 하지만 1992년 당시에는 한국과 중국 도자기 대부분이다. 특히 한국의 도자기는 793점에 이른다. 이 도자기들은 잘 알다시피 해방 전 일본의 유명한 실업가로 아타카산업의 대표자인 아타카 에이이치(安宅英一) 씨가 일본 안에 흘러들어온 문화재들 가운데에서 높은 감식안을 통해 걸러 모은 것으로서 모두 당대 최고의 걸작으로 평가받고 있는 것들이다. 이를 통해서도 보듯이 해방 전에 우리 문화재가 얼마나 많이 유출됐나를 새삼 짐작해볼 수 있겠지만, 어쨌든 이 도자기들은 아타카산업에 전해져 오다가 1975년 이 회사가 기울면서 수집품의 일부인 근대 일본화가 하야미 교슈(速水御舟)의 작품 87건 106점이 먼저 일본 내 미술재단에 팔려 나갔고, 이렇게 되자 이 수집품의 주류를 이루는 천 여점에 이르는 동양도자기는 어떻게 될 것인가에 대해 일본 내 문화계에서 비상한 관심을 쏟았다. 그만큼 이 수집품들이 최고의 걸작이었기 때문에 일본의 문화계는 혹시나 자금사정으로 해서 이 미술품들이 흩어지고 그러다가 한국으로 다시 돌아갈지도 모른다는 걱정의 소리가 높았었다. 1977년 9월에 아타카수집품의 소유권은 아타카산업의 도산 후 청산회사인 AG산업주식회사로 옮겨갔고, 이 때 이 미술품의 동향은 각계의 화제가 돼, 일본 국회에서까지 이 문제를 논의하기도 했다. 일본문화청도 수집품의 관리책임자인 스미토모 은행에 대해서 아타카수집품의 처분에 있어서는 수집품이 분산되거나 해외에 유출되는 일이 없어야 한다는 이례적인 요청을 했다. 이렇게 불안정한 상황이 계속되다가 1980년 1월에 스미토모그룹 산하 21개 회사가 아타카수집품을 일괄해서 오사카 시에 기증하기로 함에 따라 이 귀중한 문화재들은 모두 오사카 시가 맡게 됐다. 당시 가격으로 151억 9,175만

엔이라는 엄청난 액수인데, 스미토모 그룹이 이 수집품의 대가를
나눠 맡으며 자기 땅에 들어온 문화재를 지켜준 것이다. 일본의 문
화계에서 안도의 한숨을 쉬게 된 것은 물론이다.

　오사카 동양도자미술관은 이처럼 아타카콜렉션(수집품)을 기증
받자, 이를 보관, 전시하기 위해 만들어진 미술관이다. 1992년 이
미술관이 마침 개관 10주년을 맞아 고려청자 명품전을 개최하는데
여기에 지금까지 공개되지 않았던 일본 내의 개인 소장품이 모이
며, 더구나 미국의 주요 미술관으로부터 그들이 소장하고 있는 대
표적인 청자들을 모아온다는 것이다. 그러기에 이 전시회가 국내에
서는 별다른 주목을 받지 못하고 있었지만, 우리에게는 중요한 의
미가 있었다.

　오사카 동양도자미술관은 오사카 시내를 흐르는 요도가와의 지
천인 오가와의 한가운데에 자연적으로 형성된 섬인 나카노시마(中
之島)에 있었다. 이곳은 공원으로서 바로 오사카 시청의 뒤편에 해
당하는 곳인데, 취재진이 찾아갔던 10월 10일에는 하루 앞으로 다
가온 미도스지 퍼레이드 준비 때문인 듯 섬 안으로 차가 들어가지
못하게 돼 있었다. 토요일 오후를 맞아 나들이 나온 시민들이 가족
들과 함께 놀고 있었고, 길거리에 화판을 걸어놓고 주변 경치를 화
폭에 담는 시민들도 있었다. 오사카 동양도자미술관은 이 나무사이
황갈색 벽돌로 지은 단출한 2층 건물인데 입구에는 이번 전시회를
알리는 현수막이 걸려 있었다.

'고려청자에의 초대'.

이 미술관의 관장은 이토 이쿠타로(伊藤郁太郞)이라고 하는 사람이다. 개관 때부터 줄곧 이 미술관의 관장으로 재직중인데, 1982년 개관 당시에 흑색이었던 머리가 어느 틈에 반백으로 바뀌어 있었다. 일본 문화의 본질은 긴장에 있다고 누가 그랬듯이 손님을 만날 때에도 조금도 예의를 벗어나지 않으려는 조심스러운 접대와 온화한 말씨이지만, 그 말 속에는 자부심과 긍지가 가득 차 있었다.

"우리 미술관은 개관 이후 줄곧 이 미술관의 가장 중요한 소장품인 한국의 도자기를 소개하는 전시회를 해오고 있는데 지금까지 모두 17번을 했습니다. 지난 1987년 개관 5주년 때에는 '이조 도자 5백년의 미'를 했지요. 그래서 개관 10주년 특별전인 이번에는 고려청자의 아름다움을 보여주고 싶었습니다."

17번이란 많은 전시회를 오로지 한국의 도자기를 소개하는 전시회로 꾸몄다는 데서 이토 관장이 우리 문화재를 특별히 좋아하고 있다는 짐작이 가능하다. 본인이 좋아하지 않고서는 제아무리 걸작이라도 그렇게 많은 전시회를 열 수가 없으리라. 1년에 두 번씩은 연 셈이다. 어떻게 보면 우리로서는 우리가 스스로 나서서 소개하기 어려운 일을 이 미술관이 나서서 우리나라 도자예술의 소개를 대신 해주고 있는 것이라고도 할 수 있다. 전시장은 이층에 있었다. 밖에서 볼 때는 별로 사람이 없다고 생각됐는데, 막상 안으로 들어가보니 의외로 관람객들이 줄을 서고 있었다. 전시장 입구에는 이

미술관이 소장하고 있는 작품 중 일본의 중요미술품으로 지정, 보호되고 있는 청자조각 동녀형 연적이 그와 짝을 이루는 동자형 연적과 나란히 서서 손님을 맞고 있었다. 12세기에 만들어진 높이 11cm의 청자조각이다. 동녀는 연꽃봉오리를 머리에 이고 있는데, 이것이 연적의 뚜껑 역할을 하고 있다. 손에는 정병을 안고 있다. 동자는 새를 안고 있는데, 동자의 머리카락과 눈, 새의 눈은 까만 흙으로 돼 있다. 언뜻 지나치면 아무것도 아닌 것 같은데 자세히 보면 거기에 도공의 세심한 배려와 높은 미의식, 그리고 수준 높은 조각 솜씨가 이 작은 작품 하나에 어우러져 있다.

이토 관장이 열거하는 일본의 미술관은 다음과 같다.

도쿄국립박물관, 오사카시립박물관, 하야시바라(林原)미술관, 이데미츠(出光)미술관, 네즈(根津)미술관, 일본민예관, 야마토분카칸(大和文化館), 세이카도분코(靜嘉堂文庫)미술관, 기쿠수이(鞠粹) 교예관(巧藝館), 네이라쿠(寧樂)미술관 등등. 모두 그 동안 명작을 갖고 있다고 알려졌던, 그래서 가서 보고 싶지만 일일이 가기에는 너무 힘든 그런 미술관들의 대표적인 청자들이다. 고려 불화를 많이 소장하고 있는 나라(奈良)의 야마토분카칸에서는 일본의 중요문화재로 지정돼 있는 청자양각 용파도문 구룡수정병과 청자상감 보상화당초문병이 나왔다.

　네즈미술관에서는 12세기에 만들어진 높이 36cm의 연당초문이 양각으로 새겨진 정병이 나왔다.　네이라쿠미술관에서는 청자상감 대접인데 바깥은 순청자이고 안쪽 면에 백상감으로 흰 원 다섯 개를 그린 그 안에 물고기 두 마리가 들어가 있는 것이 나왔다.　그 접시 속의 물고기를 보면 쏘가리로 생각되는 그 고기는 노는 자태도 다를 뿐더러 까만 흙으로 물고기형상을 묘사하고 눈과 아가미 등의 세부묘사는 다시 얇게 백토를 넣어 그린 것이다.　보면 볼수록 묘하다는 생각이 드는 작품이다.　일일이 열거할 수 없을 만큼 정말 고려자기의 명품이 모두 여기에 모여 있다는 느낌이 들어 한편으로는 감탄하면서 한편으로는 울화가 치미는 순간이었다.　이미 알려진 미술관 외에도 일본 내 개인들이 소장하고 있는 명품들이 다수 모여졌다.　이번에 주최측이 펴낸 도록 가운데 출품처가 명시되지 않은 것은 모두 개인이 갖고 있는 것이다.　도판 43번 접시는 접시 안쪽에 음각으로 모란꽃 한 송이가 시원하게 새겨져 있는데, 그 위를 덮은 청자유약이 농담 변화를 보여 마치 모란꽃 한 송이가 물속에 잠겨서 살랑거리며 있는 것 같다.　우리나라의 도자기전문가인 국립중앙박물관의 정양모 학예연구실장은 '중국 청자가 짙은 양자강 같다면, 우리는 맑은 시냇물에 온갖 물고기랑 조약돌이랑 수초가 비치는 것 같다'고 말한 적이 있는데, 그야말로 그 말 그대로이다.

　그러나 역시 이 전시품의 백미는 이 미술관이 소장하고 있는 것들이다.　전시품의 반이 넘는 80여 점이 나왔는데, 무늬가 없는 것에서부터 무늬를 새긴 것, 상감기법, 진사채, 철화 등에 이르기까지 골고루 망라돼 있으면서 품질도 모두 일류이다. 이것은 말할 것도 없이 원 수집가였던 아타카 씨의 높은 감식안을 설명해주는 것으로, 그의 수집품은 조그만치의 흠도 허용하지 않는 완벽주의에 따라 작품에 있어 단순히 미술적으로 아름다운 것들에 머무르지 않고 정신적으로 무엇인가 고양시켜주는 것이 갖추어져 있는 것, 일종의 긴장감이나 기품, 준열함, 조용하면서도 꽉 차 있는 것만을 골랐기 때문이다.

"기왕에 십주년 기념으로 청자의 아름다움을 잘 보여드리기 위해서 우리는 작품을 전시하는 외에 기법을 보여주는 방을 별도로 준비했습니다. 외국에서 온 것은 또 별도로 방을 마련했습니다. 한국의 국립중앙박물관과 미국 내에 있는 주요 미술관에 소장된 대표적인 청자들을 모았습니다."

차분한 목소리의 관장의 설명은 계속 이어진다. 이러한 명작이 미국 안의 이런저런 박물관 안에 얼마나 있는지를 어떻게 알았을까? 우리의 경우 미국 내의 주요 박물관에 대한 개괄적인 조사가 지난 1986년과 1987년 두 해 동안 당시 국제문화협회의 지원 아래 비로소 실시돼 도록이 나온 것도 1989년인데, 이 사람들은 어느새 어디에 무엇이 있는 것은 물론 그 것을 자기네 나라로 빌려오기까지 하다니. 이런 것들을 미국에서 빌려오려면 그들의 관례상 최소 2년은 걸릴 것이다. 그렇다면 10주년 기념전 준비를 2년 전부터 하고 있었던가? 2층 뒷렬 한가운데 방에 마련된 외국실에는 우리나라의 국립중앙박물관이 갖고 있는 철화로 꽃나무를 그린 매병이 회전판 위에 놓여 돌고 있었고, 그 주위에 미국에서 온 청자들이 차례로 진열돼 있었다. 보스턴 미술관, 브루클린 미술관, 시카고 미술관, 메트로폴리탄 미술관, 필라델피아 미술관, 샌프란시스코 아시아미술관 등 미국을 대표하는 6군데의 미술관이 갖고 있는 청자다.

시카고 미술관에서는 12세기의 청자양각 물새형 주전자가 나왔다. 미국의 실업가인 러셀 타이슨 씨가 20세기 초에 한국에서 구입해서 이 미술관에 기증한 것인데, 큰 물새의 등에 의관을 갖춘 관이 항아리를 받들고 서 있는 형상이다. 물새가 웃는 듯한 표정하며 새의 몸통 전면에 음각으로 살짝 보일 듯 말 듯 그려진 털하며, 장식으로 붙은 새의 날개로 손잡이 역할을 하도록 한 멋진 발상 등 중국에서도 볼 수 없는 독특한 조형이라는 평가다. 하긴 당시 청자를 만들 수 있는 나라는 중국과 우리나라 정도였다.

일본이 이 같은 자기(磁器: 1300도의 고온 환원염으로 구워내는 기술로서, 1200도 이하의 비교적 낮은 산화염으로 구워내는 도기와 구별된다) 기술을 갖게 된 것도 임진왜란 이후, 즉 우리의 도예인들을 잡아간 이후이니까, 기술 격차가 최소 600년은 됐던 것을 생각한다면 세계에서 최고수준의 기술과 조형감각을 갖춘 셈이다. 메트로폴리탄 미술관에서는 상감기법으로 된 운학문 매병이 나왔다. 높이 30.5cm의 이 매병은 전면에 큰 학을 한 마리 그리고, 그

상하좌우에 영지버섯 같은 구름을 그린, 이른바 운학문(雲鶴文)의 초기단계 작품으로 보는데, 나중에 복잡한 장식을 많이 한 작품보다도 간결하면서도 상큼한 매력이 풍겨 나오는 게 일품이다. 또 샌프란시스코 아시아미술관에서는 순청자정병과 연판 장식의 뚜껑이 붙은 주전자를 내었고, 필라델피아 미술관에서는 양각으로 물새와 연꽃을 새긴 청자, 그리고 브루클린 미술관에서는 연판당초문을 양각한 주전자가 나왔다. 이 주전자는 연꽃 잎새마다 흰 흙으로 채워 화려한 느낌을 주면서 뚜껑에는 한 마리 벌을 살짝 올려놓아 손잡이와 함께 아주 특이한 조형감각을 느끼게 해준다. 보스턴 미술관에서는 연꽃이 핀 연못에 물새가 있는 그림의 네모난 향로가 나왔다. 이 밖에도 일일이 열거하기가 어려울 정도로 일본 내의 도자기나 미국 내의 도자기 모두 하나하나 주옥 같은 명작들이 조용히 선을 보이고 있었다.

모두 누가 만든 것들인가?

물론 우리의 할아버지들이 만든 것들이다. 역사 속에서 어떤 연유에서인지 밖으로 흩어져 제각기 있다가 모처럼 이렇게 한자리에 모인 것이다. 이들이 개성이나 강화도, 전북 부안, 혹은 전국 어느 무덤 안에 있다가 어느 몹쓸 도굴꾼의 손을 타서 지상에 나와 햇빛을 본 것까지는 좋았지만 엉뚱하게 주인을 잘 못 만나 천만리 떨어진 타관에 따로따로 있다가 이처럼 외로운 처지끼리 만난 것이다. 그러한 감회를 느끼면서 전시장을 둘러보니 전시장을 꽉 메운 일본인 관람객들이 꽤나 진지하게 작품들을 들여다보고 있었다. 그들은 한 작품 앞에 한참씩 서서 들여다보고 미리 산 도록과 맞추어 보고, 무엇인가 메모를 하기도 한다. 젊은 학생들뿐 아니라 할아버지, 할머니도 많다. 간간이 외국인도 보이지만 대부분이 일본인들이다. 무엇이 이들을 이렇게 이 곳에 부르는가? 무엇이 이들을 이렇게 한참씩 붙들어매어 놓는가?

이 오사카 동양도자미술관은 지난 1982년 개관 때부터도 화제를 모았었다. 이 건물 자체가 도자기를 어떻게 하면 가장 아름다운 상태에서 잘 보여줄 것인가에 대해 일본인들이 머리를 짜내어 건물 전체에 최초로 태양광을 활용해서 조명하도록 했다. 즉, 2층 전시실을 밖으로 죽 돌아가면서 자연광 흡수장치를 해놓아, 바깥의 명도에 따라 실내의 조명은 최소한도로 자동적으로 보태지도록 했으며, 아주 귀한 작품은 거의 자연광으로만 보도록 배려를 해놓았다. 이러한 조명은 세계 최초라고 한다. 이토 관장은 특히 고려청자의 경우 자연광 아래서 가장 은은한 맛을 즐길 수 있다며, 자신들의 설비를 자랑하고 있었다. 일본측에서는 우리나라의 청자를 일본에 모셔가기 위해서 엄청난 노력을 했다는 남모르는 얘기가 전해지고 있다. 우리로서는 국보급 보물이 혹시 바다를 건너가다가 깨어지는 사고가 생길까 걱정하는 분들이 많아 좀처럼 반출 허가가 나지 않자, 일본은 비슷한 물품을 수송용기에 담아 추락 실험을 해서 그 안의 것이 안전한 것을 입증해 보인 뒤에야 반출 허가를 얻어냈다는 후문이다. 이 모든 문화재들을 한 곳으로 모으는 데 얼마나 많은 액수의 보험금이 들 것인가? 그런데도 오사카의 이 조그만 미술관은 어떻게 그 일을 해낼 수 있었을까? 반면 정작 고려청자를 우리 조상들의 위대한 문화유산이라고 매번 자랑하는 우리들은 왜 이와 같은 고려청자전은 열지 못하는 것일까? 전세계 고려청자를 모으고, 우리 힘으로 도록과 연구서를 내고, 이를 전세계에 알리고 배포할 수는 없을까?

문화의 달, 문화의 날이라며 해마다 축제는 벌어지는데 정작 알맹이 없는 껍질만의 축제 속에 10월을 다 보내며, 다시 우울해진다. 우리 옆에 너무 얄미울 정도로 약고 그러면서도 매사를 너무 차분히 잘 해 나가는 무서운 이웃이 있음을 잠시 잊었다가 다시 느꼈기 때문에 더욱 그렇다. 더구나 자기 나라에 들어온 외국 문화재가 흩어질까 온 나라가 노심초사하던 일, 한 재벌그룹이 거액의 돈을 출연해서 그 문화재가 밖으로 나가지 못하도록 지킨 일 등을 생각하면, 기업보국을 외치다가 경제는 팽개치고 정치가로 변신하려는 우리나라 풍토와 대조가 되기에 다시 한 번 한숨이 나온다.

이 박물관은 1992년 이후 일본도자기의 수집을 시작했으며 1999년에는 재일동포 이병창님이 한국도자기 301점과 중국도자 50점을 기증해 총 수장품이 2천 700여점에 이른다.
이병창님이 생전의 수집품을 이 박물관에 기증한 것도 박물관이 그동안 보여준 우리 도자기에 대한 사랑에 영향을 받은 것으로 보인다.

친구

　　1919년 3월 서울에서 일어난 "독립만세"의 함성이 전국으로 울려 퍼질 때에 일본의 언론들은 조선에서 일어난 이른바 소요사건에 대해서 걱정과 우려, 비난의 목소리만을 외치고 있었다. 그러자 그 해 5월 20일 한 젊은 일본인의 글이 요미우리 신문에 올라온다.

　　"조선 사람들이여, 나는 그대들에 대해서 별로 아는 것도 없고 경험도 없다. 그러나 나는 그대들의 나라 조선의 예술을 사랑하고 인정을 사랑하고 조선의 역사가 경험한 쓸쓸한 그 과거에 끝없는 동정심을 가진 사람이다. 그리고 그대들이 예술로써 오랫동안 무엇을 구하고 무엇을 호소해 왔는가를 마음속으로 듣고 있다. 나는 내 마음 속에 그것을 생각할 때마다 외로움을 느끼고 솟아오르는 사랑을 그대들에게 보내지 않을 수가 없다. 조선 사람들이여. 설혹 내 나라 일본의 식자들이 모두 그대들

야나기 무네요시(柳宗悅)라는 이름의 일본인이 쓴 이 글이 파장을 일으키자 이듬해 4월 12일에 동아일보가 이를 번역 게재했고, 식민지 통치아래서 고통 받던 한국인들은 일본인가운데 진정한 친구를 만났다며 그를 반겼다. 1889년 생으로 도쿄대 철학과를 나온 미학자인 야나기는 1914년 처음 서울에 와서 남산에서 서울을 내려다보다가 직선의 지붕을 가진 일본주택들이 들어선 도쿄와는 달리 서울에는 둥글둥글한 초가집이 즐비한 것으로 보고는 한국인의 예술의 특질을 선(線)의 예술이라고 정의하게 된다.

우리 민족의 주권의 상징인 광화문이 조선총독부청사를 짓기 위
해 허물어지던 1922년 분연히 일어나서 조선총독부의 우리문화 말
살정책을 비판한 야나기, 일본인으로서는 드물게 한국을 이해하고
평가해주면서 한국예술의 특징이 선(線)이라고 정의했을 때에 많은
한국인들은 그의 관찰을 당연한 것으로 받아들였다. 그러기에 그가
주장한 우리의 얼굴은 오랫동안 우리의 뇌리를 떠나지 않았다. 박
물관에 가서 고려청자를 보고, 흰 구름 저 뒤편으로 보이는 비색(秘
色)의 하늘을 보고, 민족의 긴 역사를 통해 경험한 괴로움과 고통을
벗어나려는 우리들의 간절한 마음이 깃들어 있는 것처럼 생각해왔
고, 직선이 아니라 활처럼 휘어 곡선으로 내려가는 도자기의 어깨
와 허리, 숟가락과 고무신의 곡선을 보면서 우리는 연약한 민족, 슬
픈 민족이 아닌가 하는 생각을 하게 됐다.

그러나 해방이후 우리들은 우리의 예술을 다시 보게 됐다.
고려청자를 다시 보니 미끈한 어깨는 슬픔의 선이 아니라 날렵한
승천(昇天)의 선으로 다시 들어왔다. 푸른색도 아니고 파란색도 아
닌 그 깊고 깊은 비색청자를 덮고 있는 백상감의 구름무늬는 속세

를 떠난, 신선의 경지를 드러내는 것이었다. 조선시대 백자항아리의 묵직한 자태와 푸른색으로 선명하게 그려놓은 무늬들은 듬직하고 건강하게 보인다. 거기에 여의주를 움켜쥐고 하늘로 솟아오르는 용이 철화(鐵畵)로 그려진 항아리에는 남성적인 힘이 넘치고 있다. 둥근 달항아리에는 세상을 채우고 밝혀주는 보름달이 환하게 웃고 있다. 신라시대 금동미륵보살 반가사유상에서 보는 지극한 미소, 경주의 석굴암 본존불이 구현하고 있는 높은 정신세계의 법열(法悅)은 또 어떻게 설명할 수 있단 말인가? 불상이라는 것이 원래 자비를 구현한 것이고 중생을 제도한다는 의미가 들어있는 것이니까 미소나 웃음을 머금는 것이 당연하지 않겠느냐고 말한다면 이는 틀린 말이다. 같은 시기의 일본이나 중국의 불상 중에 우리처럼 천진난만하게, 복스럽게, 행복하게, 소탈하게 웃는 불상은 보이지 않는다.

불상뿐 아니라 흙으로 빚은 토우들도 거친 손끝으로 덤성덤성 빚었지만 할아버지가 완연하게 웃고있는 모습이라던가 남매가 함께 빚어져 있는 모습, 농경과 생식, 남녀간의 사랑의 열락(悅樂)을 숨김없이 진솔하게 빚어놓아 보는 이들을 감탄케 한다. 경주 영묘사(靈廟寺)터에서 발견된 깨어진 막새기와에도 웃음을 볼 수 있다. 안압지 발굴공사 때에 나온 작은 14면체 나무주사위가 술을 마시다 벌주로 크게 웃으라고 써 놓은 것을 봐도 웃음을 우리들의 일상생활이었다. 옛 시대, 역사 속에 가려진 선조들의 삶 속에서 이처럼 웃는 모습이 많이 발견되는 것은 어떤 이유에서일까?

우리들의 본래모습이 그처럼 밝고, 맑고, 명랑하고, 낙천적이고, 건전했기 때문에 우리들은 웃고 있는 것이라는 점을. 우리의 웃음은 현세에서 즐거워 웃는 웃음이며, 인생이 재미있어서 웃는 웃음이며, 비록 먹고사는 데에 풍족하지 않았다고 해도 정신으로 흡족해서 웃는 웃음이다. 그러기에 그 웃음은 요란스러운 소리로 허장성세로 웃는 웃음보다는 미소가 많고 자연스럽게 벌어지는 방긋한 웃음이 많다. 오랫동안 구비쳐 흐르는 강물이 하천의 벼랑을 깎고 무너뜨리는 힘이 있듯이, 큰 소리의 웃음보다도 은근한 웃음이 곧 우리민족의 특징이자 우리민족을 이끌어 온 힘이었던 것이다. 그러한 웃음이 우리 민족의 특질이라면 우리 예술도 당연히 그러한 긍정적인 면을 바탕에 깔고 형성된 웃음의 예술인 것이다.

그러므로 날아갈 듯 하늘로 올라가는 선을 슬픔과 체념, 외로움의 선이라고 보고 우리 예술의 특질도 슬픔이라고 본 일본인 야나기(柳宗悅)의 예술관은 과거 일제시대의 예술관이다. 이제는 분명 아니다. 우리 예술의 본질이 슬픔과 체념이라면 거기서 한류는 나오지 못했다. 현재 일본과 중국, 동남아시아를 넘어서 세계로 뻗어가는 우리 한류는 한국예술의 본질, 한국인의 본질이 슬픔과 체념, 외로움이 아니라 꿈과 희망과 낙천의 율동이며, 상승의 곡선이라는 점을 분명히 증명하고 있다.

야나기의 예술관이 재조명되는 만큼 그의 행적이나 사상도 재검토되고 있다.

〈조선인을 생각하다〉 등의 글을 발표한 야나기의 선견성과 용기는 높이 평가할 만한 일이지만, 야나기가 1923년부터 조선인을 위한 분노를 담은 글을 더 이상 발표하지 않고 예술에 대한 글을 내세운 것은 결과적으로는 조선의 독립운동을 저지하는 역할을 했다는 분석이 그것이다. 야나기가 당시 식민지 통치수단으로서 작용하던 문화정치를 비판하지 않은 점은 야나기를 총독정치 협력자로 규정할 수 있는 근거가 된다는 것이다. 야나기가 처음 어용지로 비아냥거렸던 총독부 기관지 경성일보가 사이토 마코토(齋藤實) 총독의 부임(1919년 8월 12일) 이후에 야나기의 조선 강연회와 그의 아내 가네코의 음악회를 후원한 점, 사이토 총독이 야나기의 조선민족미술관 설립을 지원하고 전시회 개최를 적극 도운 사실 등도 조선의 독립운동을 무너뜨리기 위한 정치공작과 무관하지 않다는 주장이 다카사키 소지(高崎宗司) 등 일본인 연구가들에 의해서 제기되고 있다.

그런 시각을 갖고 야나기의 다음과 같은 글을 다시 보면 그 뜻도 달라진다.

"우리는 그대들을 가까운 친구로서 이해할 용의를 갖추고 있다. 그대들과 우리의 결합은 진실로 자연 그 자체의 뜻이라고 생각한다. 미래의 문화는 결합된 동양에 힘입은 바 크다고 생각한다. 동양의 진리를 서양에 기여하기 위해서도 또 동서의 결합을 시도하기 위해서도 동양 여러 나라는 친밀한 관계를 갖지 않으면 안된다. 더욱이 피가 가까운 조선과 일

조선인(한국인)들의 아픔과 괴로움에는 애써 눈을 감고 그들이 평화롭게 일본인과 친하게 지내라는 뜻이 담겨있지 않은가? 조선을 그토록 사랑했다던 야나기가 왜 제 2차 세계대전이 끝나서 1961년 5월 3일 죽을 때까지 한 번도 다시 찾아오지 않았던가…. 이런 비판에 의해 야나기는 한국을 지극히 사랑한 일본인 친구에서, 한국인들의 독립 투쟁 정신 대신에 문화적인 운동으로 일제의 통치에 순치시키려 했던 일본인으로 재 평가를 받고 있는 것이다.

야나기처럼 조명을 받지 못했지만 일본에는 진정으로 한국인들을 걱정하고 도와준, 그러다가 가족의 희생까지 감수한 일본인들이 있다. 안중근 의사의 의거를 통해 일본 천황제의 모순을 설파한 가시와기 기엔(柏木義圓 1860~1938), 관동대지진 때 목숨을 걸고 조선인 학생을 숨겨준 사상가 에토 데키레이(江渡狄嶺 1880~1944), 조선의 도자기에서 아름다움을 발견해 야나기에게 그 아름다움을 나눠주며 일생을 바친 아사카와 다쿠미(淺川巧 1891~1932), 식민지 시대 조선인을 위해 자신과 가족을 바친 변호사 후세 다츠지(布施辰治, 1880~1953) 들이 모두 한국인들의 친구였고, 그들의 이름을 우리가 기억해 주어야 한다. 평생 모은 기와와 벽돌 유물 1,082여점을 1987년에 우리의 중앙박물관에 기증한 일본인 이우치 이사오(井內功)씨, 40여 년 간 수집한 1,020건의 아시아 여러 나라 문화재를 우리나라의 중앙박물관을 위해 아낌

없이 기증한 가네코 가즈시게(金子量重) 일본 아시아민족조형문화
연구소 소장, 1920~30년대 아버지가 수집한 신라시대 금동불상
과 백제시대 귀걸이 등 각 시대를 망라한 빼어난 유물 380여점을
지난 1995년에 한국에 기증한 하치우마 타다수(八馬理) 선생도 다
고마운 분들이고 그들이 곧 우리의 친구이다. 그 외에도 많은 일본
인들이 있었겠지만 불행히도 과거 역사에서 진정한 한국인의 친구
가 된 일본인을 발견하는 일은 쉽지 않다.

한일 수교도 60주년을 넘어 올해 64주년이 되었다. 수교 60주
년이던 2005년 한국과 일본이 가장 가까운 이웃을 이제 진정한 친
구로 맞이해 보자고 다짐을 했지만 그 한 해도 그냥 그렇게 지나고
말았다. 연초에 불거진 독도문제 등 여러 사건 때문이었지만 그보
다는 우리 한국과 일본인의 마음속에 아직도 구름이 완전히 사라지
지 않았기 때문이라고 말할 수 있다.

그래도 한국인을 위해준 일본인 친구를 발견한 것은 큰 기쁨이
아닐 수 없다. 이제 반대로 일본인을 위한 한국인들도 나와야 할 것
이다. 고난을 함께 해야 진정한 친구가 된다고 한다. 이젠 한국도
일본인들을 위해서 마음을 쓰고, 때로는 목숨까지도 걸 수 있어야
한다. 그렇게 되어 서로가 서로를 친구로 받아들일 수 있을 때에 한
일간의 관계는 굳이 풀려고 노력하지 않아도 스스로 풀릴 것이다.

# 노벨상

웬일인가 했다. 우리 언론들이 이구동성으로 "일본을 배우자"라고 외치다니. 아마도 일본이 노벨상을 한해에 4명이나 수상한 것이 너무 충격이었던 탓일 게다. 아니 비록 중국 본토인은 아니지만 재미 중국 화학자가 노벨상 수상자가 됨으로써 동아시아에서 두뇌경쟁을 벌이는 한·중·일 세 나라 가운데 한국인만이 혼자 빠진 때문인지도 모르겠다. 그러다가 기대를 걸었던 시인 고은의 문학상 수상도 빗나가자 우리 언론들이 정말로 근본에서 다시 생각하기 시작한 것이다.

"그래, 우리도 기초부터 다시 시작하자!"

사실 전 세계에서 우리처럼 일본을 우습게 아는 나라가 없다. 가장 가까이 있어서 등잔 밑이 어두운 탓인가, 우리들은 매사에 조심하고 차근차근하고 기초를 다지고 튼튼하게 만들어가는 일본과 일본인의 모습을 제대로 보지 못하고 있었다. 일본을 배우자는 목소리가 나올 쯤이면 이상하게 독도 문제가 불거지고 역사교과서 왜곡 문제가 불거져, 그것에 대한 규탄의 목소리 속에 일본과 비교해서 너무나 차이가 나는 우리의 현실에 대한 성찰이 부족했고, 세계 속에서 일본과 일본인들이 어떤 대접을 받는지, 일본 문화가 어떻게 받아들여지고 있는지, 우리의 현실이 어떤 것인지, 우리에 대한 외국인들의 인식이 어느 수준인지를 되돌아보지 못하게 되었다. 우리는 부족한 우리들의 얼굴을 거울을 통해 제대로 보는 대신, 과거 역사에 드러난 일본인들의 뒷얼굴을 우리들의 얼굴 앞에 내세워, 그들의 나쁜 얼굴이 우리의 못난 얼굴을 가리도록 했다. 그리고 우리는 세계화를 내세웠지만, 결론과 결과는, 만약 노벨상이 그러한 국제화와 세계화의 지표라고 한다면, 2008년 10월 10일 아침에 확인한 바 그대로이다. 일본:중국:한국=4:1:0인 것이다. 그러나 그것은 올 한해만의 것이지, 과학 분야에서 본다면 일본:한국=13:0이다.

2008년 노벨상 물리학상을 모조리 일본인들이 휩쓸고 나서야 우리들은 사태의 심각성을 알았다. 원자보다도 더 작은 세계 속 물질의 비대칭성 붕괴 원리를 규명한 공로로 일본에 있는 일본인 2명과 미국 국적의 일본인 1명 등 3명이 한꺼번에 노벨 물리학상 수상자가 되자, 그리고 그 이튿날 화학상 수상자로 다시 미국적의 일본인이 선정되자 어떻게 해서 이렇게 일본인들이 잇달아 수상하게 되었는지를 되돌아보게 되었고, 그러다가 일본이 1949년 1호 노벨상을 물리학에서 배출한 이후 모두 16명이 노벨상을 받게 된 것을 다시 생각하게 된 것이다. 그 16명 가운데 물리학 수상자가 7명이나 나왔고, 모두 13명이 과학 분야에서 받은 것에서 이들의 노벨상 수상이 결코 우연이 아니구나 하는 자각을 하게 된 것이리라.

어떻게 일본은 잇달아 노벨상을 과학 분야에서 수상하고 있는가?

그것은 보이지 않는 것, 드러나지 않는 것도 결코 소홀히 하지 않는 그들 사회의 풍토가 있었기에 가능하다는 진단이 나왔다. 미국에 이어 세계 2위 과학기술강국이 된 것은, 막대한 연구개발(R&D) 투자 덕택으로, 1992년 이후 연구개발비 비율(GDP 대비 2%대)에서 세계 1위를 놓친 적이 없다고 한다. 전체 연구개발비 중 79%가 기업자금으로 미국(72%) 독일(64%)보다 높다. 정부의 지원만을 바라는 우리들과는 다른 것이다. 또한 일시적인 투자로는 결코 그러한 성과가 나오지 않는다는 것도 알게 되었다. 우리의 경제개발 5개년 계획이 70년대에 우리 경제를 일으켰다면 일본은 13년 전인 1996년부터 5년 단위로 과학기술기본계획을 짜서 실행하고 있음이 알려지게 되었다. 1기(1996~2000년) 목표는 연구개발 시스템의 인적·물적 인프라를 정비해 인재 유출을 막자는 것으로 박사 후 과정(포스트닥터) 1만 명을 붙드는 성과를 거뒀다고 한다. 2010년까지는 초등교육을 세계 최고로 끌어올려 미래 인재를 육성하고, 2050년까지 노벨 과학상 수상자 30명을 배출한다는 원대한 목표를 세워놓고 있음도 알려졌다.

그러나 그러한 정부의 정책만이 해답은 아니다. 그것은 일본에서 활동하는 한국인 과학자의 말처럼 '기초과학을 해도 먹고 살 수 있다는 강한 믿음'이 일본 과학계에 있기 때문이라는 것이다. 단시일 안에 성과가 나오지 않더라도 그 과정이 충실하면 이를 인정해주고 지원하는 사회적, 범 기업적인 연구풍토가 있기 때문이라는 설명도 눈여겨볼 만하다. 미래에 대한 확신이 없어서 너도 나도 의과대학으로만 몰려가는 우리나라의 현실과 너무도 비교가 많이 된다. 그것이 우리들이 일본에 기술종속을 당하는 이유일 것이다. 그것이 수출을 늘리면 늘릴수록 일본에 대해서 무역적자가 심화되는 이유일 것이다. 당장 급하게 기술을 만들어야 하니 우선 가까운 일본 것을 베끼거나 사들인다. 우리가 새로운 기술을 개발하지 못하니 점점 그 의존도는 심화된다. 그것이 기술적·경제적 의존과 종속으로 이어지고 우리들은 일본이 없으면 아무 것도 하지 못하는 절름발이 신세가 된 것이다.

보다 결정적인 것은 결국 2008년에도 문학상이 우리를 비껴갔다는 점이다. 과거에는 '운이 없어서'라고 돌려버리던 것이었는데, 이번에는 과학 부문에서 일본이 잇달아 수상한 사례와 맞물려 우리들을 심각하게 되돌아보게 한다. 우리의 문학 세계가 아무리 우수해도 그것을 보고 읽고 평가하는 유럽의 지성계에 제대로 전달이 되지 않고 있음이 드러난 것이다.

"지난 학기 스톡홀름 대에서 이청준의 《당신들의 천국》을 강의했는데 번역판을 보고 아연실색했다. 문법이 틀린 것은 아니었지만 문학성이 전혀 없어 도저히 문학작품으로 읽힐 수 없는 수준이었다."

스웨덴에서 일 년 동안 한국학을 강의한 김준길 교수의 이 고백은 노벨문학상을 기대했던 우리들을 아연하게 한다. 우리 문학이 서양에 전달되지 못하고 있다는 결정적인 증언인 셈이다. 최근 들어 여러 한국 작가들의 작품이 번역됐지만 질 낮은 번역이 많다는 것이고, 한국 문학에 대한 외국인들의 수용을 위한 저변 확대가 이뤄져야 한다는 사실을 일깨워주고 있다. 노벨문학상을 단기적인 목표로 꼽는다면 스웨덴어 번역이 긴요하지만 고은 시인의 경우에 시선집 3권, 소설 1권이 번역돼 있는 정도이며 다른 작가의 것은 아마도 별로 없을 것이다. 그러니 스웨덴의 심사위원들이 달랑 고은의 시만을 보고 그를 수상자로 할 수는 없을 것이다. 한국 문학의 이런 저런 면을 다 알고 그 가운데 고은의 가치를 확인해야 그를 수상자로 선정할 것이다. 그러기에 우리 문학의 저변을 유럽에 알리는 작업이 없으면 안 된다. 문학상은 평화상처럼 그 사람의 행적만으로도 평가받을 수 있는 분야가 아니기에 더욱 기초 작업이 필요한 것이다.

우리 문학의 외국어로의 번역이, 노벨상 수상이 목표가 되어서는 안 된다는 점도 중요하다. 우리 문학이 담고 있는 내용이나 가치관, 지향점이 세계인들에게 제대로 알려진다면 노벨상 수상은

그 뒤에 당연히 따라올 것이지, 미리부터 노벨상을 목표로 정한다
고 될 일이 아니라는 것이다. 그러기 위해서는 우리 문학만이 아니
라 우리 문화 전반이 유럽에 잘 알려져야 한다. 참으로 우리 한국
문화에 대한 유럽의 인식은 거의 없다고 해도 틀리지 않다는 것이
약 2년간 영국에 머물었던 필자의 경험에 의한 고백이다. 문학상
의 경우도 과학 분야와 마찬가지로 기초 다지기가 중요함을 다시
인식하게 된다.

결국 우리는 이웃나라 일본을 통해서 '기초로 돌아가야 한다' 는
냉엄한 교훈을 다시 되새긴다. 요즈음처럼 우리 언론이 일본을 배
우자고 한 일이 역사상 거의 없다는 데서, 우리는 이럴 때에는 일
본이라는 이웃이 소중하다. 우리가 매번 교과서 문제, 독도 문제,
침략사 부정 문제로 제대로 보지 못한 일본의 얼굴을 이번 기회에
더 자세히, 정확히 보고, 우리 얼굴과 비교해서 우리가 고쳐야 할
점, 새로 시작해야 할 점을 찾아내어 실행할 일이다. 세계 2위의
경제대국, 기술대국이 그냥 이뤄진 것이 아니라는 점, 그것을 뼈저
리게 느끼고 일본에 대해서는 무조건적인 비하나 배척, 멸시를 넘
어서서 그들의 장점에 대해서 우리가 인정할 것은 인정하고, 그들
의 뛰어난 점은 우리들의 교과서로 받아들여 이를 실천하는 용기
가 필요하다.

일본의 노벨상 대거 수상 소식이 알려진 2008년 10월 10일은
그러한 새로운 출발이 시작되는 날이어야 한다.

하얀 거탑

  야마자키 도요코(山崎豊子)라는 일본 여류작가의 이름을 알게 된
것은 《두 개의 조국》이라는 소설 아닌 소설을 통해서였다. 2차 대
전이 일어나기 전 미국 서해안에 흩어져 살던 일본인들은, 일본의
진주만 공격 이후 갑자기 미국 시민에서 적국의 잠재적 스파이 신
세가 된다. 언제든 일본에 내통해 정보를 줄 수 있다는 우려 때문에
미국 정부는 이들을 모두 일종의 강제수용소에 수용한다. 이 때 미
국에서 나서 영어를 모국어로 하고 큰 일본계 젊은이들은 갑자기
심한 정체성의 위기에 빠진다.

  '나는 누구인가? 당연히 미국인인 줄 알았는데 미국인이 아니잖
아? 나는 일본 국민도 아닌데? 그럼 나는 뭐지? 왜 이렇게 수용소
에 갇혀 있어야 하는 거지?'

이런 고민 끝에 일본의 젊은이들은 이제 자신들도 새로운 조국인 미국을 위해 뭔가를 하지 않으면 미국인이 될 수 없다는 인식에 다다른다. 그래서 군에 자원한다. 그러한 일본의 젊은이들이 독립된 부대로 편성돼 이탈리아 전선에 참가해 큰 공을 세운다.

실화를 바탕으로 한 이런 스토리를 담은 소설 《두 개의 조국》은 우리가 몰랐던 역사의 한 단면을 가르쳐주면서 진정으로 조국이란 무엇인가에 대한 고찰을 하는 계기가 되었다. 그리고는 이러한 소설을 쓴 야마자키 도요코라는, 틀림없이 여성인, 이 작가에 대해서 존경심이 생겼다. 그런데 일본의 문학작품을 많이 읽는 사람들은 적어도 이 여성작가의 이름을 익히 알고 있어야 했다. 무슨 말인가 하면 1978년 말에 발간돼 1980년대에 큰 인기를 끈 소설 《불모지대》의 작가가 곧 이 여성이었던 것이다. 일본군 관동군과 대본영 정보참로 시베리아에서 11년을 보낸 세지마 류조라는 인물을 통해 세계적인 종합무역상사가 된 이토추상사와, 전 세계를 상대하는 일본무역의 실태, 그리고 전후의 잿더미에서 다시 일어선 일본의 자존심 회복을 다룬 이 소설은 한참 무역입국을 외치며 세계를 향해 온갖 것을 다 팔려고 애를 쓰던 우리나라 젊은이들에게도 큰 영향을 준 소설이 아니던가? 남들이 유명하다고, 좋다고 하면 굳이 따라서 보지 않는 성미라서 이 소설을 사보지는 않았지만, 그 명성만은 잊을 수가 없는 것이다.

그런데 왜 1924년생으로 80을 훌쩍 넘긴 이 여성을 다시 끄집어내는가?

그것은 2007년 연초에 우리나라 한 방송의 주말극으로 편성돼 인기를 끌었던 〈하얀 거탑〉이란 드라마의 원작자가 이 여성이었다는 사실을 최근에야 알았기 때문이다. 그리고 더욱 놀란 것은 이 원작이 40년도 더 옛날인 1963년부터 65년 사이에 쓰여진 것이며, 일본에서도 걸작으로 평가받아 1966년 영화화된 이래 텔레비 아사히가 두 번(1967, 1990), 후지텔레비가 두 번(1978, 2003), 일본문화방송 라디오(1965)가 1회 드라마화하는 등 방송드라마의 소재로서 절찬을 받았다는 점이다. 자이젠 고로(財前五)와 사토미 슈지(里見脩仁)라고 두 젊은 의사를 주인공으로 해서 대학 의학부의 암투를 예리하게 그려내었다고 하는데, 이 작품이 이렇게까지 인기가 있고, 이것을 한국의 대표적인 방송이 제목과 형식을 그대로 사와서 장소와 등장인물을 한국과 한국인으로 바꾸기만 하고도 높은 시청률을 올릴 정도로 큰 성공을 거둘 수 있는 이유는 무엇일까? 의학 드라마이므로 전문용어가 수없이 등장할 텐데 이것을 정확하게 취재해서 소설로 그려낸 사람이 여성이었고, 그것이 40년 전에 쓰여진 것이 아직까지 그렇게 위력을 발휘한다니 놀라지 않을 수가 있겠는가?

지금까지 본 《하얀 거탑(1965)》, 《불모지대(1978)》, 《두 개의 조국(1983)》 등 3편의 소설만으로도 작가인 야마자키 도요코의 실력은 감탄을 금치 못하게 한다. 1924년 생으로 교토여전 국문과를

나와 오사카의 마이니치신문사 학예부, 곧 문화부에서 근무한 이 여성은, 아마도 당시 자신의 상사였던 이노우에 야스시(井上靖 1907~1991)의 영향을 많이 받았음에 틀림이 없다. 1957년 노렌(暖簾, 오사카의 전통 있는 가게, 상인에 대한 글)을 출판하고 이듬해 《하나노렌(1958)》으로 나오키 상을 수상하여 신문사를 퇴직하고 작가생활로 들어섰다. 1963년부터 1965년까지 선데이 마이니치에 《하얀 거탑(白い巨塔)》을 연재하며 큰 인기를 얻어, 1967~1968에는 속편도 나왔다. 《불모지대(1978)》, 《두개의 조국(1983)》 외에 67살 때인 1991년 《대지의 아들》을 발표해서 문예춘추독자상을 받는다. 이 작품을 계기로 은퇴를 결심하지만, 연예인에게는 은퇴가 있겠지만 예술인에게는 은퇴가 있을 수 없다며 관에 들어갈 때까지 글을 쓰겠다고 밝히고 1999년에 《지지 않는 태양》을 써낸다. 작품을 쓰는 서재를 '감옥'이라고 부르고 작품이 탈고가 되면 '출옥'이라고 부르며 좋아한다고 한다. 다시 여든 살이 넘은 2005년부터 《문예춘추》에 《운명적 사람》이란 연재소설을 쓰고 있다고 한다. 정말 대단한 필력과 정력이 아닐 수 없다.

일반 시민들의 생활에서부터 기업의 생리와 치열한 경쟁관계, 대학병원에서의 의사들의 암투, 전쟁의 비인간성에 이르기까지 이 여성작가가 다루는 소재는 폭과 깊이를 미리 예측하기 어렵게 한다. 무엇이 이런 작품세계를 가능하게 했을까? 발표된 지 40여 년이 지난 원작이 낡아 보이지 않는 것은 권력, 명예 같은 욕망의 보편성 때문일 것이다. 이를 획득하려는 처절한 사투 혹은 각종 합종연횡과 이합집산이 펼쳐지기 때문일 것이다. 그런데 이를 그려낸 것은 개인의 역량임은 당연하지만 단순히 작가 개인의 역량을 넘어선 다른 이유가 있을 것 같다. 그 이유를 일본에 역량 있는 여류작가가 많아 보인다는 점에서 찾을 수 있을까? 11세기 초 《겐지모노가타리(源氏物語)》의 출현 이후 많은 여성작가들이 등장해 단순한 일상생활이나 애정 문제를 넘어서서 긴 시간속에 많은 인물들의 이야기를 전해주는 것이 하나의 경향으로 형성된 데 따른 현상이 아닌가 보여지는 것이다. 시오노 나나미의 《로마인 이야기》도 역사다큐라고는 하지만 그러한 일본 문학의 전통과 궤를 같이하고 있는 것이 아닌가 생각되는 것이다.

오늘날 일본문학이 우리 젊은이들을 매료시키는 현상과도 연관되는 것이기는 하지만 생각보다도 일본의 문학은 소재의 폭이 우리보다 넓다는 데서, 우리도 우리의 사상과 감성의 영역을 더욱 확대해 나가야 이웃나라로부터 넘쳐 흘러들어오는 문학의 물결을 어느 정도 막아낼 수 있을 것이라는 생각이 드는 것이다. 〈하얀 거탑〉이란 일본의 드라마가 한국에서 번안되어 모 방송을 타는 동안 광고한 것을 보면, 원작자가 누구인지도 밝히지 않고 이 드라마가 한국판으로 어떻게 변신이 멋지게 이뤄졌는지만을 자랑하고 있는데, 이렇게 하면 우리는 일본의 뒤만 밟고 갈 수밖에 없다. 더구나 인기 작가의 사랑 이야기, 핏줄의 신비에 의존하는 우리의 드라마들만으로는 현대의 한국인들에게도 사랑을 받기가 어렵다.

《하얀 거탑》이란 1960년대의 일본의 소설이 어떻게 오늘날의 우

리들에게까지 영향을 주고 감동을 줄 수 있는지를 규명해주어야 한
다. 그리고 우리의 생각의 지평을 넓히는 방법을 찾아야 한다. 21
세기로 훌쩍 들어선 우리 사회가 40여 년 전 일본의 한 여성작가가
그려낸 소설의 영역을 겨우 찾아내고 그것을 마냥 찬양하고만 있다
는 것이 여간 자존심 상하는 것이 아니다.

이치로 선수

이치로 선수!

아니, (정확히 우리가 늘 일본 이름을 부르는 대로 하면) 스즈키 이치로(鈴木一郎) 선수!

당신 너무 고맙습니다. 3년 여 전 열린 1회 월드베이스볼클래식 (WBC)에서 당신이 한 말이 너무 고마운 것입니다. 당시 당신은

"한국과 대만이 앞으로 30년 동안 일본을 이길 수 없다고 생각하게 만들겠다."

고 호언했다죠? 물론 이 말은 당신이 말한 그대로가 아니라 언론

에 의해 약간은 멋대로 인용된 것이라는 비판이 있고 실제로 당신
이 한 말은

이었는데, 하지도 않은 '대만과 한국에게' 라는 말이 전달 과정에
서 들어가 마치 두 나라 야구팀에 도발적인 말을 한 것으로 오해되
었습니다만, 아무튼 당신의 그 말이 한국인들의 승부욕을 일깨운
듯 우리 한국은 1라운드에서 당신네 나라를 3대 2로, 2라운드에서
다시 2대 1로 이겼습니다. 비록 WBC의 이상한 대진표에 따라 다
시 당신네 나라와 붙어 6대 0으로 짐으로써 결승 진출이 좌절되었
고 당신네 팀은 우승의 영광을 가져갔지만 그 뒤로 한국 야구가 얼
마나 강해졌는가는 2008년 베이징 올림픽에서 한국 야구가 우승
한 것으로 증명이 되었음을 당신도 알 것입니다. 그 모든 원동력을
당신의 그 30년 발언이 제공했다는 점에서 우리는 당신에게 고맙
다는 말을 할 수 있는 것입니다.

스즈키 이치로 선수!
당신이 이번 2회 WBC 대회를 맞아 지난번 대회에서의 후폭풍

을 의식한 듯 발언이 매우 조심스러워졌고, 그래서 한국과의 세 번째 대결을 앞두고는

라고 말해 한층 성숙해진 모습을 보였습니다. 또한 결승전이 끝나고서도

고 말한 것으로 전해져서, 과연 야구의 나라 미국에서 몇 년 연속 타격왕으로 군림하고 있는 훌륭한 선수에 걸맞은 의젓한 모습을 이번에는 보여주었다고 하겠습니다. 그런 와중에 지난 3월 18일 당신에게 "한국과 함께 아시아 야구 수준을 높여갈 의식이 있는가?"라고 질문을 하니 "그런 것은 없을 것이다"라고 말한 것으로 알려졌지만 이것은 《산케이 스포츠》라고 하는 당신네 나라의 한 스포츠 신문이 하지도 않은 말을 한 것처럼 의도적인 오보를 한 것으로 드러난 만큼 우리로서는 그리 큰 문제를 삼을 이유가 없을 듯합니다. 아무튼 이번 대회 기간 동안 우리나라 선수나 국민들은 워낙 당신이 실력 있는 타자이니까 걱정을 해서 여러 가지 전략과 전술이 당신을 겨냥해 고안되었고 그것으로 해서 당신의 타선이 침묵한 경우가 종종 있었지만, 그러한 당신의 침묵에 그만 다소 교만한 마음이 생

겼기에 우리 한국팀이 결국은 결승전 10회 초에 당신에게 멋진 한 방을 선사하고 우승의 기쁨을 당신과 당신 나라에 돌려준 것이지요. 당신이 우리와의 대결에서 공이 맞지 않아 당신 나름대로 심적인 부담이 많았겠지만 마지막 한 방을 날림으로써 우승을 얻어내었습니다. 역시 당신은 일본팀의 주장이었습니다. 제가 이 글 앞머리에서 당신에게 고맙다고 한 것의 연장선상입니다만, 이번 2회 대회 기간 동안, 당신이 원한 것은 아니지만, 우리들의 표적과 패러디의 목표가 되어 우리들의 성적을 올리는 데 음으로 양으로 기여했습니다. 우리나라의 이용규 선수를 아시지요? 타선에 섰다가 당신네 투수가 던진 헬멧에 공을 맞아 큰 일이 날 뻔했고 또 2루로 질주하다가 당신네 팀 수비수 무릎에 부딪쳐 헬멧이 깨지고 얼굴을 다쳤던… 아무튼 그 선수가 이런 말을 한 것을 아마 당신은 모를 것입니다.

그렇습니다. 당신의 그 말이 우리 야구를 강하게 튼튼하게 만들었습니다. 우리 국민들을 일어서게 했습니다. 그것이 우리들이 때로는 당신네 팀과 이기고 지는 게임을 했지만, 미국과 베네수엘라, 쿠바 등 다른 모든 야구 강국들을 꺾을 수 있게 한 원동력이라고 생각할 수 있습니다. 사실 우리 국민들이 약간의 시기심으로 당신을 바라보는 경우가 없다고는 할 수 없지만 그런 시선에 상관없이 당신은 멋진 아시아인의 본보기라 할 수 있습니다. 어릴 때 아버님의 철저한 지도 아래 피눈물 나는 노력을 한 끝에 일본에서 타격왕이 되었고 그 실력을 바탕으로 미국에 건너가서 메이저 리그에서 가장 뛰어난 타격선수로 활약하고 있으며, 그것으로써 일본 야구선수뿐 아니라 한국과 타이완 등 아시아 선수들의 미국 진출에도 좋은 영향을 주고 있는 것, 자신의 타격이 순조롭지 못할 때에는 다음에 반드시 잘 해내겠다는 굳은 결심을 해서 기필코 승리를 얻어내는 것, 그런 자세는 일본인들만이 아니라 우리 아시아인들이 모두 갖고 있는 공통의 덕목임을 당신도 알 것입니다. 그런 면에서 우리는 당신에게 찬사를 보내지 않을 수 없습니다. 마찬가지로 이번 WBC대회의 일본팀을 이끈 하라 다츠노리 감독에 대해서도 점수를 주지 않을 수 없습니다. 그는 일찍부터 이승엽이라는 우리나라 선수를 아껴주고 격려해왔으며, 우리나라와의 잇단 경기에서 지는 경우에라도 의연한 마음을 보여주었습니다. 그 자신이 규정했듯이 100년 만에 다시 있을까 말까 한 '세기의 대결'이 결국 일본팀의 승리로 끝났지만, 일본인으로서의 기쁜 마음을 감추고 한국팀에 대해서 "한국 야구는 매우 훌륭하다. 특별한 스타일이다. 조직력이 뛰어나고 속도, 파워도 뛰어나다"라며 상대를 인정하고 칭찬하는 마음을 보여주었습니다. 그것은 당연하면서도 고마운 일입니다.

사실 우리 한국인들의 마음에는 지난 1회 대회 때 처음 두 번이나 이겼지만 다시 준결승에서 짐으로써 금메달을 당신네 나라에 준 것에 대해서 이번에는 어떻게 하든 설욕을 하고 싶었지만 결과를 놓고 볼 때에 선수들의 전체적인 기량 면에서 조금의 차이가 있을 수 있다는 것을 알게 되었습니다. 그러기에 승리를 가져간 일본에 대해 원망을 하거나 패배를 안타까워하기보다는 한국팀의 선전에 격려를 보내는 보다 큰 아량을 보였습니다. 일부 언론사나 네티즌들이 조금 감정에 치우친 표현이 없진 않았지만 전체적으로는 이 WBC 대회를 통해 한국인들은 더욱 성숙해진 것 같습니다. 그런 성숙을 가능케한 것은 역시 스즈키 이치로, 당신의 발언이나 경기에서의 성적이 작용했다고 보는 것입니다.

이 과정에서 당신이 한 말이 아주 의미심장합니다. 한국을 헤어진 여자 친구로 비유한 것 말입니다.

"헤어진 여자 친구를 길거리에서 계속 마주치는 기분이다."

"이것은 운명이다. 마치 길거리에서 같은 여자를 계속 우연히 만나는 것처럼 운명과 같다. 사실 그렇게 자주 만나면 결혼하는 편이 낫다."

이런 말을 했다고 하는데, 무심코 한 말 같지만 결코 그런 것 같지 않습니다. 어쩔 수 없이 계속 중요한 대목에서 맞부딪치는 한국과 일본의 관계를 아주 상징적으로 표현한 것이지요. 그런데 우리가 조금 섭섭한 것은 왜 우리를 헤어진 여자친구로 보느냐는 것입니다. 한국이 일본의 여자친구이며, 우리 두 나라는 헤어진 사이입니까? 한국은 당신네 나라의 남자친구는 아니던가요? 그리고 언제 헤어졌습니까?

이번 대회에서 한국 야구의 힘을 알게 되고 한국인의 기질을 알게 되는 등 우리나라의 존재를 인정하는 쪽으로 생각을 하게 되었다면 우리를 헤어진 여자친구로 보지 말고 그냥 남자친구(혹은 성적인 의미가 없는 단순한 동성친구)로 생각하면 안 될까요? 여자친구라는 단어에는 전에는 잘 해주다가 어떤 이유로든 토라져 가버린 사람인데 자꾸 만난다는 뜻이 들어가 있으니, 우리로서는 기분이 좋을 이유가 없지요. 혹 전에는 고분고분 말 잘 듣다가 돌연 떠나가버린 여자친구를 생각한 것은 아니지요? 어떤 뜻이 되든 이 단어는 어감이 좋지 않습니다. 당신 같이 미국에서 활약하는 문명인이 취할 단어가 아닙니다. 나는 당신이 언젠가는 이 단어를 버리고 '잠깐 떨어져 있던 (남자) 친구' 라는 표현을 쓸 것으로 기대합니다.

그리고 하나만 더 지적하고 싶은 것은, 우승을 해서 기분이 좋아 그 이름값을 했다는 식의 표현도 했지만, 왜 이번 일본팀의 별명을 '사무라이 재팬(Samurai Japan)' 이라고 했나요? 물론 이 이름은 당신이 붙인 것은 아니기에 당신에게만 묻는 것은 아닙니다만 이 '사무라이' 라는 단어가 우리에게 주는 의미를 알고 있습니까? 게다를 신고 기모노를 펄럭이며 칼을 휘둘러 우리 국모를 살해한 사람들이 당신들이 자랑하는 사무라이입니다. 그 칼을 가지고 민주주의를 표방한 이누카이(犬養) 총리를 베어버리고 군국주의로 달려가 아시아 사람들과 당신네 일본 사람들 수백만을 죽인 사람들이 당신들이 자랑하는 사무라이(군인들)입니다. 사무라이는 반드시 남을 베는 흉기인 칼을 들고 다닙니다. 사무라이 재팬이란 단어를 들고 나온 것은 누구를 베고 싶어서입니까? 도요토미 히데요시가 일본군을 철수시키면서 조선인을 온전하게 놔두면 안 된다고 코와 귀를 다 베어갔음을 당신은 알지요? 사무라이들이 들고 다니는 그 칼에 선조들이 목숨을 잃은 경험이 있는 한국인들은 그 심볼 도안이 보일 때마다 당신에 대한 호감이 적대감으로 바뀝니다. 당신들이 자랑하는 사무라이가 사실은 니토베 이나조(新渡戶稻造)가 《무사도》라는 책을 영어로 쓰고 그 안에서 멋있게 표현하기 전까지는 전쟁을 수행해주는 무사계급으로만 알려졌을 뿐이며, 그들은 나름대로 규율이 있었다고 하지만 본질적으로는 사람을 죽이는 일을 본업으로 하기에 그리 자랑할 만한 정도의 사람들은 아님을 당신들도 알 것입니다. 그런 사람들을 전면에 내세우고 나오니, 비록 그 책의 표현에 현혹된 미국인들은 그 사무라이라는 말을 멋지다고 생각할 수도 있지만, 그 칼에 조상들의 목이 잘려나간 우리 한국인들은 피눈물을 흘리게 됩니다. 그런 사무라이를 전면에 내세우는 당신들의 마음이 우리는 섭섭하고 그런 인식을 갖고 있는 것이 어떤 면에서는 측은한 것입니다. 당신같이 멋진 사람이 있는 일본이 아직도 바로 옆에 있는 이웃의 마음을 헤아리지 못하고, 자신들의 과거가 이웃에 어떤 괴로움을 주었는지를 전혀 알지 못하고 있다는 것 자체가 우리를 힘들게 합니다. 세계 몇 위의 경제대국이라는 둥,

제3세계에 많은 기부를 하는 일등국이라는 등 몇 가지 사안들에 매몰되어 아직도 진정한 친구로서의 바탕이 모자란 것이 아닌가 생각되게 하는 중요한 일입니다. 아마도 그러기에 당신에게 한국은 실컷 만나다가 헤어진 여자친구 정도로만 보일 수도 있습니다. 그러므로 나는 당신이 미국에서 그렇게 훌륭한 야구선수로 이름을 날리더라도 인간으로 놓고 볼 때에는 그렇게 좋게 보지 않을지도 모릅니다. 당신이 우리 한국인의 과거의 아픔, 그것도 당신들이 자행한 그 아픔을 알고서도 그렇게 하지는 않았을 것이라고 우리는 믿고 싶지만, 우리의 기대에 못 미치는 인식을 보여주는 말이 튀어나왔기에 우리는 당신의 실력을 인정은 하지만 당신을 존경하게 되지는 않을 것이란 말입니다. 당신이 동양인이고 아시아인이면 참으로 '존경'이란 단어의 뜻을 알 것이고 그 존경이 인간의 가치를 측정할 때에 중요한 기준이 된다는 것도 알 것입니다.

그러므로 기왕에 당신이 일본의 이름을 미국에, 세계에 알리는 만큼, 당신이 바로 이웃에 있는 우리 한국인들의 존경도 받을 수 있도록 당신의 생각을 더 넓힐 수 있기를 희망합니다. 당신네 나라도 사무라이 같은, 남을 해치는 집단을 당신네 나라의 표상으로 내세우지 말기를 바랍니다. 그렇게 해야 당신도, 당신네 나라 일본도 우리에게 존경을 받을 수 있습니다. 한국인들이 반복적인 반일교육을 받아 일본에 대해서는 무조건 반대하고 증오한다고만 생각하지 마시고 우리들이 왜 이런 이야기를 하는지 잘 생각해 보시고, 일본이 국제사회의 지도자로 나서려면 바로 이 문제가 원점에서부터 풀리지 않으면 안 된다는 점을 잘 인식해주시길 바랍니다. 그리고 그런 인식을 일본팀 동료나 후배, 그리고 만나는 일본인들에게도 이야기해주시길 바랍니다. 일본의 주장으로서 마지막 안타로 일본에게 우승컵을 안겨준 그대 스즈키 이치로 씨가 정말로 이렇게 되어 모든 아시아인의 존경을 받으며 아시아의 자랑이 될 수 있기를 기원합니다.

다시 한 번 말하지만 당신 스즈키 이치로 선수는 지난번 대회부터 쭉 여러 가지로 참 고마웠습니다. 야구의 본고장인 미국에서 더 많은 활약을 하시길 기원합니다.

제4부
해협을 건너면

쿼터 한국인

쿼터 한국인. 4분의 1이 한국인이란 소리다. 반의 반쪽 한국인이다. 할머니가 한국인이었단다. 몸 속 피의 4분의 1이 한국인. 일본인임을 의심하지 않고, 어쩌면 한국인을 열등하다고 생각하면서 살아왔을 이 여성에게 뒤늦게 확인된 한국인의 피는 자신에게 플러스가 되었을까? 아니면 심각한 마이너스였을까?

"한국인임을 알고부터 십 수 년은 자기 재구축의 시간이었다. 그것이 내 재산이 됐다."

라고 그 여성은 자신의 소설 《뷰티풀 네임》에서 밝힌다. 그러나 아무리 생각해도 플러스가 아니었던 것같이 생각되는 것은 이 소설을 다 써서 출판하기 전에 그는 35살이란 한창 나이에 집안 화장실에서 목을 매어 자살을 했기 때문이다. 말하자면 자신의 재산이 되었다고 한 그 순간 그는 자살을 택한 것이다. 사기사와 메구무(鷺沢萠)가 그 이름이다. 1968년생. 여고 3학년을 마치고 대학생이 된 1987년, 소설 《천변길》로 64회 '문학계신인상'을 수상하면서 혜성처럼 등장한다. 화려하지 않지만 섬세하고 솔직한 화법으로 남들이 갖지 못하던 은밀한 내면을 유려하게 드러내는 문체로 주목을 받는다. 5년 뒤에 저자 아버지의 삶을 조명한 〈달리는 소년〉으로 제20회 이즈미교카문학상(泉鏡花文学賞)을 받는다.

10대에는 자신 속에 수많은 '절대로'가 존재한다.

나는 '절대로' 이렇게 생각한다.

나는 '절대로' 이런 일은 하지 않는다.

나는 '절대로' 누구누구를 좋아하지 않는다.

세상의 다양성을 알지 못했고, 또한 경험이 부족했던 탓으로, 사람의 기분이 분(分)단위로 변할 수 있는 가능성을 늘 품고 있다는 보편적 사실은 아직 몰랐다. 그래서 자신이 설정한 '절대로'가 진짜로 '절대로'라고 믿고 만다. 그러한 '절대로'의 대부분이 어느 날 사소하기 짝이 없는 사건을 계기로 순식간에 변할 수도 있다는 사실을 10대 여자아이들은 모른다. (〈안경 너머로 본 하늘〉)

작가 생활을 하면서 집필과 관련한 일로 부친의 호적을 뒤지다 자신에게 한국인의 피가 흐르고 있는 사실을 알게 됐다. 할머니가 한국인이었던 것이다. 그 때 "만세"를 불렀다는 에피소드가 전해진다.

그 때까지 할머니는 자신이 한국인이란 사실을 철저히 숨겼단다. 그리고는 이런 사실을 공개한 손녀에 대해서도 무척 화를 냈단다. 마츠오 메구미(松尾めぐみ)란 이름에서 보듯 순수 일본인으로 커왔을 이 여성은 갑자기 자신의 정체성에 대해서 다시 생각하게 된다. 그래서 한국, 한국인에 대해서 연구하고 한국어를 공부한다. 연세대 한국어학당에 유학도 한다. 새로 찾은 자신의 정체는 그에게 새로운 세계를 열어주었다

그는 한국과 일본의 차이, 재일 한국인들의 고민을 담은 작품들을 잇달아 발표한다. 한국 유학을 마치고 1994년에 펴낸 《개나리도 꽃 사쿠라도 꽃》이라는 제목의 에세이집이 그런 내용이다. 그때 직접 보고 느낀 한국과 일본의 차이점, 그리고 작가 자신의 두 나라에 대한 사랑과 갈등을 사춘기의 감수성으로 썼다. 한국에서 생활하며 부딪친 문화적인 차이, 서툰 한국어 때문에 본인의 마음을 전해줄 수가 없는 답답함 등 이런저런 경험을 담고 있다. 한국과 일본을 개나리와 사쿠라로 비유해 문화적인 차이가 있어도 한국인이든 일본인이든 결국 같은 사람이 아니겠느냐고 말한다. 재일동포의 삶을 다룬 〈진짜 여름〉, 〈붉은 물, 검은 물〉, 〈나의 이야기〉, 〈귀여

운 아이에게는 여행을 시킨다〉도 그런 작품이다. 〈진짜 여름〉은 재일교포인 주인공이 여자 친구와 함께 드라이브를 하다 교통검문을 받게 돼 신분증을 제시해야 할 상황에 처한다. 여자 친구는 주인공이 재일교포인지 꿈에도 모른다. 사기사와는 이 에피소드를 중심으로 한 재일교포가 정체성을 찾아가는 과정을 담담하게 응시한다.

활발한 작품 활동으로 일본 최고 권위의 문학상인 아쿠다카와 상에 세 차례나 후보로 지명 받는 등 주목을 받아왔다. 그러나 본질적인 외로움은 어쩔 수 없었던가?

외로우니까 누군가를 좋아하게 되고
누군가를 좋아하게 되니까 더 외로워진다는 말은
좀 지나치다고 생각하지만
아무튼 인간이란 아무리 애써도
외로움의 바다에서 떠오를 수가 없다.
(레토르트 러브)

이런 외로움 속에서 누에고치 같은 갇힌 공간을 찾게 된다

정말 지겨운 일이 있어서
더 이상 어찌 해볼 도리마저 없어져버렸을 때
방의 가장 구석진 곳으로 가서 무릎을 세운 다음

일본에서는 재일교포(남한측)나 재일조선인(북한측)을 뭉뚱그려 '자이니치(在日)'라고 부른다. 도쿄대 강상중 교수가 《자이니치》라는 자서전을 낸 적도 있지만 '자이니치'에게 '자이니치'라는 말은 국외자가 짐작하기 힘든 숙명의 무게를 갖고 있으며, 거기에는 멸시와 차별, 자부와 오연 같은 감정들이 세월의 더께처럼 쌓여 응어리져 있다고 한다. 많은 자이니치들이 자신의 국적을 밝히지 못하고 일본인으로 행세하는 것은 그 한 단면에 지나지 않는다는 것이다. 그가 일본인으로 머물렀으면 몰랐을, 몰라도 되었을 일본 사회의 감춰진 얼굴을 그는 본 것이고, 거기서 그들과 다른 자기의 얼굴에 대해 고민을 했으며, 그것이 그의 생을 온통 지배하게 된다. 그리고 불현듯 일본의 얼굴이 싫어지는 것을 발견한다. 그것은 그가 한국인임을 알아서가 아니라 한국에 와서 일본과 다른 사회를 경험하고 다른 눈으로 일본을 다시 볼 수밖에 없었기 때문이라고 하겠다.

"일본에서는 지금 획일적인 것을 아름답다고 여기고 울퉁불퉁함은 허락되지 않는 '보통교'(普通教)의 교의(教義)가 만연하고 있는 것 같다. 그런 교의에 반항하고 싶은 기분이 항상 있다" (사망 열흘 전 홋카이도 신문과의 인터뷰)

"일본인, 남, 여, 그런 속박이 싫다. 그런 속박 안에서 안주하는 것도 싫다." (웰컴 홈)

결국 그가 지신의 피 의 4분의 1이 다른 데서 온 것을 안 순간 이후 결코 보통의 일본인으로 머물 수 없었다고 봐야 한다. 일본인이지만 몸속의 일부분이 한국인이란 것을 안 그가 선택한 삶의 방식은 무엇인가? 그는 재일한국인이 아니고 일본인이었지만 결국 재일한국인으로 돌아간다. 그것을 그는 개개인에게 있어서 하나의 '사정(事情)', 혹은 '형편'으로 여기고 살아야 한다고 말한다.

자신이 재일 조선인, 한국인이라고 하는 점도 '사정'의 하나로 생각합니다. 그것을 뭐 그리 대단하고 특별한 것처럼 생각하지 않고 모두가 안고 있는 똑같은 '사정'의 하나로 해서, 어떻게 그 '사정'을 현실에 맞추어 나가느냐, 그 방법은 어떤 것이 있느냐, 라고 생각하는 쪽을 저는 좋아하고 그것이 생산적이라고 생각합니다.

그러나 그가 자신의 소설이 연극으로 상연되는 것을 앞둔 2004년 4월 11일 자살을 택한다. 마지막까지의 상황을 보면 굳이 자살할 이유가 있었냐는 의문이 제기되었지만 자살로 판명되었다. 정확한 자살 원인은 알 수 없지만 결국은 이 4분의 1 한국인 여성은 스스로 일본 사회에서 더 이상 버티기가 힘들지 않았을까? 그 뿌리를 1997년에 나온 《바이바이》라는 소설에서 스스로가 쓴 글이 암시하는 것 같다;

작가가 한국어 유학을 서울에서 했을 때, 첫인상이 한국 사람들은 왜 이리 사람들을 서로 믿는가, 그 무턱대고 믿는 마음을 이해할 수 없다고 했다는데, 그냥 모르고 지났으면 잘 있었을 한 젊은 일본 여성이 갑자기 한국인의 피를 발견하고 발견한 일본의 문제는 무엇이고, 왜 그는 일본 사회에서 잘 나가다가 자살을 해야 했던가? 같은 나이로 4년을 더 살다가 자살을 택한 최진실의 경우와는 무척 다르겠지만 이 아름다운 아가씨를 좌절시킨 현실이 무엇인지 궁금하지 않을 수 없다.

사람들이 자살을 하는 이유는 딱 하나라고 한다. 인생이 주는 즐거움이 하나도 남김없이 사라질 때, 어제까지 나를 즐겁게 해주던 것들이 아무 의미도 없이 느껴질 때 죽음을 앞당기고 싶어진다고 한다. 더군다나 앞으로도 괴로움만이 이어지고 즐거움이 없다고 느끼면 죽음에 한 발자국 더 가까워지게 된다고 한다. 한국인의 피가 섞였다는 사실을 알고 나서, 이제는 한국인이 되어 환호를 지르던 그 아가씨가 왜 삶 대신에 죽음을 택했는지, 그것이 일본이라는 사회를 설명할 수 있는지? 과연 '무턱대고 사람들을 믿는' 한국이라는 이상한 사회를 경험한 후에 다시 돌아가서 본 일본이 그에게 어떻게 다가왔고, 그 상태에서 다시 본 한국은 어떤 것이었는지, 그 사이에서 그가 선택할 길은 그것밖에 없었을까? 한국인의 피가 섞였음을 안 순간 뭔가 신나는 일이 생겼다고 좋아했을 터인데 말이다. 겨우 4분의 1이 한국인, 4분의 3은 일본인인데 말이다.

아마도 그것이 명확히 밝혀지는 것이 한국과 일본 두 나라와 두 나라 사람들을 위해서 유익할 것이다. 서로 싫으면 이혼이라도 하고 떨어져 살 수 있는 것이 부부 사이지만, 한국과 일본은 싫어도 떨어질 수 없는 숙명적인 관계가 아닌가? 그렇게 오래 같이 살고도 한국과 일본이 서로를 모르고 있다는 것이 참으로 이상하지 않은가?

이바라기 노리코
한국을 사랑한 일본 최고의 시인

한국의 노인은 지금도 변소에 갈 때

조용히 허리를 일으키며

〈총독부에 다녀온다〉

고 말하는 사람이 있다는데

조선총독부에서 호출장이 오면

가지 않고는 못 배겼던 시대

어쩔 수 없는 사정

그것을 배설에 빗댄 해학과 신랄함

서울에서 버스를 탔을 때

시골에서 상경한 듯한 할아버지가 앉아 있었다

한복을 입고

까만 모자를 쓰고

소년이 그대로 할아버지가 된 것 같은

순수함 그 자체의 인상이었다

일본인 여러 명이 선 채로 일본어를 조금 지껄였을 때

노인의 얼굴에 두려움과 혐오의 표정

휙 달려가는 것을 봤다

천만 마디의 말을 쓰는 것보다 강렬하게 일본이 해온 짓을

거기에서 봤다

이 시의 제목은 〈총독부에 다녀온다〉이다. 이 시를 쓴 사람은 아마도 일제 시대 한국 민족이 당한 아픔을 어느 누구보다도 뼈저리게 느낀 모양이다. 이 시를 쓴 사람이 누구인가? 의외에도 일본인 여성이었다.

3년쯤 더 전인 2006년 2월 21일 일본 최대의 일간지인 요미우리신문은 1면 맨 밑에 있는 칼럼란인 〈편집수첩(編集手帳)〉에서 〈시대에 뒤떨어져〉라는 제목의 시 하나를 인용하면서 이례적으로 한 시인의 죽음을 애도한다.

자동차도 없고

워드프로세서도 없고

비디오테크도 없고

팩스도 없고

PC이건 인터넷이건 본 적이 없다

그래도 특별한 지장이 없어

그렇게 정보를 모아서 뭐에 쓰는 건데?

그렇게 서둘러서 뭐 하게?

머리는 텅 빈 채 말이야

이 시를 쓴 사람이 하루 전에 79세를 일기로 작고하셨노라고. 이 시인은 멋진 시어를 잘 다듬었으며, 물질문명의 바다에서 멀리 육지를 비춰주는 한 줄기 등대였다는 찬사도 받았다고 칼럼은 전한다. 요미우리신문이 극찬한 전후 현대 일본 시단의 으뜸이었던 이 여류시인은 누구였을까?

이 사람이 바로 이바라기 노리코(茨木のり子)였다.

1926년에 태어난 이바라기 노리코는 19살 때에 패전(일본의 항복)을 맞는 등 어수선한 청년기를 겪어야 했다. 사회는 어수선했고 먹고 사는 문제로 고생이 말이 아니었다. 이런 가운데 1946년 학교를 졸업하고 처음 본 셰익스피어의 〈한여름밤의 꿈〉이란 연극에 심취해 글을 쓰기 시작해 요미우리신문의 제1회 희곡모집에 가작으로 당선되고 NHK 라디오에는 자작동화가 2편이 채택되는 등 글재주를 보였다. 본격적으로 시를 쓰기 시작한 것은 결혼한 1950년 이후로, 주부로서 생활하면서도 시인의 길에 몰두해 전후파로 불리는 많은 젊은 시인들의 리더로서 활약을 했다고 한다. 그래서 얻은 별명이 '전후 현대시의 맏딸(長女)'.

요미우리가 극찬한 멋진 시어는 아마도 다음의 작품을 말할 것
이다.

자신의 감수성 정도는 자신이 지켜라

바싹바싹 말라가는 마음을 남의 탓으로 돌리지 마라
스스로가 물주는 것을 게을리 하고서는

나날이 까다로워져 가는 것을 친구 탓으로 돌리지 마라
유연함을 잃은 것은 어느 쪽인가

초조함이 더해 가는 것을 근친(近親) 탓으로 돌리지 마라
무얼 하든 서툴기만 했던 것은 나 자신이 아니었던가

초심(初心)이 사라져 가는 것을 생활 탓으로 돌리지 마라
애초에 깨지기 쉬운 결심에 지나지 않았던가

잘못된 일체를 시대 탓으로 돌리지 마라
희미하게 빛나는 존엄(尊嚴)의 방기

자신의 감수성 정도는 자신이 지켜라

바보 같으니라고

　그리고 그녀가 쓴 다음 시는 그녀의 대표작으로서 여러 교과서에
수록된다.

내가 가장 예뻤을 때

내가 가장 예뻤을 때
거리는 와르르 무너져 내리고
생각지도 못한 곳에서
푸른 하늘 같은 것이 보이곤 했다

내가 가장 예뻤을 때
주위의 사람들이 많이 죽었다
공장에서 바다에서 이름 없는 섬에서
나는 멋 부릴 구실을 잃어버렸다

내가 가장 예뻤을 때
아무도 아름다운 선물을 주지 않았다
남자들은 거수경례밖에 몰랐고
깨끗한 눈빛을 남기고 모두 사라져 갔다

내가 가장 예뻤을 때
내 머리는 텅 빈 채였고

내 마음은 무디어

손발만이 밤색으로 빛났다

내가 가장 예뻤을 때

내 나라는 전쟁에서 졌다

그런 바보같은 일도 있는 걸까 하며

블라우스의 팔을 걷어 올리고 비굴한 거리를 쏘다녔다

내가 가장 예뻤을 때

라디오에서는 재즈가 넘쳐흘렀다

담배를 다시 피웠을 때처럼 어질어질하면서

나는 이국의 음악을 마음껏 즐겼다

내가 가장 예뻤을 때

나는 무척 불행했다

나는 무척 어리석었다

나는 턱없이 쓸쓸했다

그래서 결심했다 가능한 한 오래

살아야 한다고

나이를 먹고나서 몹시 아름다운 그림을 그린

프랑스의 루오 할아버지처럼

말할 것도 없이 태평양전쟁의 와중에서 많은 맑은 청년들이 전쟁으로 몰려나가 죽은 현실, 전쟁을 위해 온통 엉망이 된 세상, 그리고는 패전으로 인한 비참한 상황을 묘사함으로써 일본이 일으킨 전쟁의 어리석음을 조용히 고발하는 것이다. 이 시는 다수의 일본의 교과서에 수록된 만큼 일본인들에게 침략전쟁 문제를 다시 생각토록 하는 계기가 되었으리라. 그러나 그것으로 머물렀다면 오늘날 우리가 그 시인을 목마르게 다시 찾을 이유가 안 된다. 그는 정말로 조선인, 아니 한국인을 좋아했던 것이다. 그 시인이 3년 전 세상을 떠날 때에 일본에서 활동하는 인권운동가 서경식 씨 등 가까운 지인들에게 편지를 보낸다.

"이번에 저는 (2006)년 (2)월(19)일, (지주막하출혈=뇌막졸중)로, 이 세상을 하직하게 됐습니다. 이것은 생전에 써둔 것입니다. 내 의지로 장례·영결식은 하지 않기로 했습니다. 이 집도 당분간 사람이 살지 않게 되니 조위금이나 조화 등 아무것도 보내지 말아주세요. '그 사람도 떠났구나' 하고 한 순간, 단지 한 순간 기억해주시기만 하면 그것으로 충분합니다."

실제로 돌아가신 날이 2월 19일. 미리 생전에 자기 손으로 괄호를 공란으로 하고 사망 한 달 후에 사후편지를 부치도록 조카에게 부탁해 놓은 것이다

서경식 씨와 이바라기 노리코의 인연은 별로 없었다. 그냥 서경식 씨가

중학교 2학년 때인 1955년 첫 시집 《대화》, 1958년 두번째 시집 《보이지 않는 배달부》(1958) 등의 시집을 통해서 시를 읽으며 그녀에 대한 또렷한 인상을 갖게 되었을 뿐이다. 그 인상의 이미지는 불에 탄 기왓장들이 나뒹구는 거리를, 눈부신 오후 햇살을 온몸에 받으면서 당당하게 고개를 치켜들고 걸어가는 여성의 모습. 봉건제의 속박과 군국주의의 중압에서 해방된 여성들이 주권재민, 평화주의, 남녀동등권 등 전후 일본 헌법이 구가한 민주주의 이념을 향유하면서 그것을 대담하게 실천해 가는 모습이었다(〈심야통신〉, 한겨레신문, 2006. 3. 31).

그런데 1980년대 전반 어느 날 뜻밖에도 당시 서경식 씨가 살고 있던 교토에 그가 찾아와 직접 만나게 됐다고 한다. 서경식 씨의 형인 서준식 씨가 17년 동안 감옥생활을 하면서 이바라기 노리코의 시를 읽으며 희망의 끈을 놓지 않았다는데, 그 사실을 편지로 알리고자 직접 찾아왔다는 것이다. 그 때 서경식 씨와 서준식 씨에게 힘을 준 시가 바로 〈6월〉이라는 시이다.

6월

어디엔가 아름다운 마을은 없을까
하루의 일과 끝에는 한 잔의 흑맥주
괭이를 세우고 바구니를 내려놓고
남자나 여자나 커다란 맥주잔을 기울이는

그런 인연 이후 70년대 후반에 이 시인은 한국어를 느닷없이 공부한다. 시인 홍윤숙 씨를 만나, 홍씨의 능숙한 일본말에 놀라 시작한 한국어 공부였다. 그리고는 한국인의 시를 일본어로 번역하기 시작한다. 그렇게 해서 1990년에는 12명의 현대 한국 시인들의 작품을 번역한 《한국현대시선》을 출간한다. 그것으로 해서 당당히 1991년에 요미우리문학상을 받는다.

〈이웃나라 말의 숲〉이란 시는 바로 그러한 작가의 애정과 노력의 작은 열매이다.

이웃나라 말의 숲

숲속으로 깊숙이

가면 갈수록

나뭇가지 엇갈리며 더욱 깊숙해져

외국어의 숲은 울창해 있다

한낮이면서 역시 어두운 오솔길 혼자서 터벅터벅

'구리'는 밤

'가제'는 바람

'오바케'는 도깨비

'헤비'는 뱀

'히미츠' 비밀

'다케' 버섯

　무서워 '고와이'

입구 근처에서는

들떠 있었다

모든 것이 죄다 신기하기만 하고

명석한 음표문자와 청렬한 울림에

'히노 히카리' 햇빛

'우사기' 토끼

'데타라메' 엉터리

'아이' 사랑

'기라이' 싫어요

'다비비토' 나그네

지도 위 조선국을 새까맣게 먹칠을 해 놓고 가을 바람을 듣는다.

다쿠보쿠의 메이지 43년의 노래

일본말이 한때 걷어차버리려 했던 이웃나라 말

한글

지워버리려 해도 결코 지워버릴 수 없었던 한글

용서하십시오 '유루시테 구다사이'

땀을 줄줄 흘려가며 이번엔 이쪽이 배울 차례입니다

그 어떤 나라의 언어도 끝내 깔아눕히지 못했던

굳건한 알타이어, 이 하나의 정수에

조금이나마 가까이 가려고

온갖 노력을 치르며

그 아름다운 언어의 숲으로 들어갑니다

왜놈의 후예인 저는

긴장을 하지 않으면

금세 한 맺힌 말에

붙잡혀 먹힐 것 같고

그러한 호랑이가 정말 숨어 있을지도 모르지

하지만

옛날 옛날 그 옛날을

'호랑이가 담배 먹던 시대' 라고

전해져 오는 우스꽝스러움도 역시 한글이기에

어딘가 멀리서

웃으며 떠드는 목소리

노래 시침 떼고

웃기는 속담의 보고이며

해학의 숲이기도 한

대사전을 베개로 선잠을 자면

'네 들어옴이 늦었다' 라고

윤동주가 조용히 힐책을 한다

정말 뒤늦었다

하지만 어떤 일이든

너무 늦었다고 생각지 않기로 하고 있습니다

젊은 시인 윤동주

1945년 2월 후쿠오카 형무소에서 옥사

그것이 당신들에겐 광복절

우리들에겐 강복절(降伏節)

8월 15일을 거슬러올라 불과 반 년 전이었을 줄이야

아직 학생복을 입은 채로

순결만을 동결시킨 듯한 당신의 눈동자가 눈부십니다

–하늘을 우러러, 한 점 부끄럼이 없기를–

한글과 한국인, 한국 문화에 대한 사랑이 절절히 배어나는 작품이다. 특히 윤동주에 대한 존경과 애정을 담아 〈윤동주〉라는 에세이를 쓴 것이 현재 일본 고교 국어교과서인 《신편 현대문》에 실려서 읽혀진다. 이바라기는 수필에서 말한다.

"그는 일본 검찰의 손에 살해당한 것이나 다름없다. 통한(痛恨)의 감정을 갖지 않고서는 이 시인을 만나 볼 수가 없다."

오십대 후반, 예순이 되어 얼마나 열심히 한국어를 공부했는지, 그것이 얼마나 힘든 일인지 짐작하기가 쉽지 않다. 그러나 그녀는 해냈고, 그는 정말 아무에게도 기대지 않고 스스로 옳다고 생각하는 길을 혼자서 걸어갔다. 1999년에 나온 시집 《기대지 않고》는 시집으로서는 이례적으로 무려 15만 부가 나갔다고 한다. 그 시집의 타이틀 작품인 〈기대지 않고〉는 그녀의 일생의 구도정신을 가장 잘 보여주는 작품으로 평가받는다.

기대지 않고

더 이상
기성 사상에는 기대고 싶지 않다
더 이상
기성 종교에는 기대고 싶지 않다

더 이상
기성 학문에는 기대고 싶지 않다

더 이상
어떠한 권위에도 기대고 싶지 않다

오래 살면서
마음속으로 배운 건 이 정도

내 눈 귀
내 두 다리만으로 선들

2008년 3월 회사의 업무차 오사카를 다녀온 뒤 통역으로 수고해주신 강소영 씨로부터 이바라기 노리코의 시집을 받았다. 맨 처음 '앗, 나는 일본어 시를 읽을 실력도 없는데, 어떡하나?' 하고 절망을 느끼고 있다가 하나둘씩 시를 읽어보고 그에 대해 알아보던 중 2006년 2월 21일 요미우리신문의 편집수첩에 난 칼럼을 내가 읽고 그와 관련해서 글을 썼던 기억이 났고, 그 때 이미 만난 분이구나 생각이 드는 것이다. 그래, 서경식 씨가 당신을 만났듯이 나도 당신을 만날 인연이 있었던 거야. 그것이 비록 당신이 이미 이 세상에 안 계신 때이기는 하지만. 뒤늦게 인사를 드립니다.

이바라기 노리코 님! 고맙습니다.

🌸 사랑의 학

　1945년 8월 15일 일본의 패망으로 한국이 일본의 족쇄에서 벗어났지만, 그것으로 한국과 일본 사이의 모든 문제가 끝난 것은 아니었다. 징용이나 유학, 취업 등으로 일본에 건너간 한국인 남성들과 사랑을 하게 되어 한국으로 건너왔던 많은 일본인 여성들, 그들이 한국에 와보니 한국에는 이미 전처(前妻)가 있는 경우도 있었고, 또 집안의 반대로 도저히 같이 살 수 없는 경우도 많았다. 이런 일본 여성들은 일본으로 귀국할 수가 없어서 한국에 남아 목숨을 연명해야 했다. 또 6.25 전쟁으로 한국인 남편을 잃게 된 일본인 여성들도 오갈 데가 없었다. 이런 여성들이 자연히 한 곳으로 모여 서로를 의지하게 되었고 이런 분들이 함께 모인 곳이 바로 경주시 구정동에 있는 사회복지법인 '나자레원(園)'이다. 지금은 그 숫자가 많이 줄어 30여 명 정도. 30년 전만 해도 꽤나 많은 일본인 할머니들이 이곳에서 역사의 상처를 안고 여생을 보내고 있었다. 많은 한국의 사회봉사단체나 기관들이 이따끔 이곳을 찾아 할머니들을 위로하곤 한다. 그런데 일본에 남은 우리나라 노인들은 어떻게 되었을까? 그들이 모두 재일동포로서 성공한 것은 아니다. 연고가 없어진 분들도 많고 홀몸이 된 분들도 많은데, 그들 역시 외롭고 갈 곳 없기는 마찬가지이고, 그 고통은 한국에 남은 일본인 할머니들보다 더했으면 더했지, 덜하지는 않을 것이다.

1985년 '재일한국노인 홈을 만드는 회'라는 조그만 모임이 일본 오사카(大阪)에 생겨 활동에 들어간다. 한국과 일본에서 수천 명의 기부자들이 정성을 모아주었다. 이러한 정성으로 1989년 오사카부(府) 사카이(堺) 시에서 '고향의 집'이란 시설이 문을 연다. 80명의 노인들이 이 집에 찾아들었다. 고국 한국이 그립지만 돌아갈 수도 없는 노인들이었다. 1994년에는 '고향의집·오사카(大阪)'가 정원 30명의 일일서비스 센터로 문을 열고 이어 2001년에는 고베(神戸)에도 정원 58명의 '고향의집·고베(神戸)'가 준공된다. 2005년부터는 교토에도 100명을 수용할 수 있는 고향의 집이 만들어졌다. 이곳에서 노인들은 노년을 보내면서 건강 검진도 받고 고국에 대한 그리움을 달랜다. 이런 일을 하는 주인공은 윤기(尹基)라는 한국인, 바로 목포에 공생원이란 불우아동보호시설을 설립한 윤치호 씨와 그 부인 일본인 윤학자(일본이름 田內千鶴子) 씨의 아들이다.

윤치호 씨는 일제에 막 합병되던 1909년 태어나 스무 살도 안 된 1928년 헐벗고 굶주린 아동들을 보호하는 일종의 고아원인 공생원(共生園)을 목포에 설립해 한때 많은 고아들을 돌보다가 6.25 전쟁 때 실종되었으며, 그 뒤를 이어 부인 윤학자 여사가 여성의 몸으로 고아원을 이어받아 고아들을 키우다가 1968년에 병으로 별세한다. 이런 부모 밑에서 큰 윤기(尹基) 씨도 모친의 병사 후에 독신으로 원장으로 취임하여 고아원을 운영하다가 1972년 일본인과 결혼하고 사회봉사활동 범위를 목포 뿐 아니라 서울까지도 넓히다가 일본에도 돌보아야 할 동포들이 많음을 알게 되어 1982년에는 도쿄에 사회복지법인 공생복지재단 동경사무소를 개설하고 일본에서의 활동에 들어간다.

사무실을 개설한 다음해인 1983년 윤기 이사장은 동포 민족신문을 읽다가 커다란 충격을 받는다. 혼자 살고 있던 동포 노인이 사후 13일 만에 발견됐다는 기사였다. 1984년 그는 일본 전국지에 재일동포 노인홈 건설을 호소하는 기사를 투고했다. 이러한 호소로 일본에서 수천 명의 기부자들이 모인다. 모금액도 3억 엔에 달했다. 당시로서는 어마어마하게 큰 돈이었다. 이 돈으로 1989년 사카이(堺)에 '고향의 집'을 완공하고 운영을 시작한 것이다. 그리고 그것이 네 군데로 늘었다. 1984년 '고향의 집' 계획 당시 노인 홈에 곧 입거해야 할 노인들은 1400명이었다고 한다. 이것을 해결하기 위해서는 일본 전국에 10개소가 더 필요하다는 것인데, 이제 네 군데를 했으니 앞으로도 여섯 군데를 더 해야 한다. 그만큼 갈 길이 멀다.

  윤기 씨가 일본에 세우고 활동하고 있는 '재일한국노인 홈을 만드는 회'는 이러한 공로를 인정받아 KBS가 해마다 해외에서 뛰어난 활동을 하는 한국인에게 수여하는 KBS해외동포상의 15회 사회봉사부문 수상자로 결정돼 2009년 3월 4일에 상을 받았다. '재일한국노인 홈을 만드는 회'가 운영하는 일본의 네 군데 '고향의 집'에는 일본에 있는 한국인뿐 아니라 일본인들도 이용할 수 있다고 한다. 윤기 씨가 이렇게 한국과 일본을 오가며 사회봉사 활동을 활발하게 펼치게 된 것은 물론 성장하면서 직접 보고 배운 어머니 윤학자 여사의 희생정신이 절대적인 영향을 주었다. "어머니는 6.25동란 때 행방불명된 아버지의 고아원을 17년간 지켜왔습니다. 저는 그러하신 부모님의 뒷받침이 있어서 여기까지 올 수 있었다고 생각합니다"라고 윤기 씨는 강연에서나 1월 29일 KBS 제2TV로 방송된 다큐멘터리에서 밝힌다.

  윤학자 여사의 원래 이름은 다우치 치즈코(田內千鶴子), 일본 고치(高知) 출신으로 조선총독부 관리였던 부친을 따라 한국에 왔다. 목포고등여학교를 졸업한 후 1936년 풍금을 배우던 일본인으로부터 기독교 신자이며 '목포공생원' 원장인 윤치호(尹致浩) 씨를 소개 받았다. 고아들을 돌보고 있는 윤 원장을 도와 음악을 통해 고아들의 마음을 부드럽게 해달라는 부탁이었다. 그 때부터 고아원에서 일하다 원장인 윤치호 씨와 결혼에 이르게 되었는데, 일본의 친정

쪽에서는 한국인이라는 이유 때문에 맹렬한 반대가 있었다고 하지만 이를 극복했다. 1951년 6.25전쟁 당시 윤 원장은 식량 조달차 나갔다가 행방불명이 됐다. 혼자 남은 윤학자 씨는 고아들을 먹여 살리기 위해 직접 리어카를 끌고 다니면서 식량을 구했다. 일본의 고향에는 어머니 혼자 살고 있어서 주위에서는 고아원을 그만두고 일본으로 돌아가라는 주위의 권유가 많았지만 이를 뿌리치고 고아들을 보살피는 일에 매진한다. 1968년 병으로 세상을 뜨기까지 30년 동안 키운 고아들이 3천 명에 이를 정도이다. 장례식은 3만 여 목포 시민들의 애도 속에 목포시민장으로 거행되었다.

지난 2008년 10월 8일 목포공생원은 개원 80주년을 맞았다. 서해 바다가 내려다보이는 목포 유달산 중턱에 자리 잡은 목포공생원(木浦共生園)에서 열린 기념식에는 특별한 손님이 한 분이 왔다. 오부치 게이조(小淵惠三) 전 일본 총리(1937~2000)의 부인인 오부치 치즈코(小淵千鶴子) 여사였다. 윤학자 여사의 사랑의 사연은 10여 년 전에 다큐멘터리로 일본 TV 방송에 소개된 적이 있는데, 당시 일본 총리였던 오부치 씨 부부가 이것을 보고 큰 감명을 받았고, 오부치 총리는 직접 전화를 걸어 당시 원장이었던 윤 여사의 손녀 미도리(綠) 씨에게 "텔레비전에서 보고 감동했어요. 한 번 목포에 찾아갈 테니 그때까지 힘내 일하세요"라고 격려했다. 나중에 오부치 총리는 2000년 3월 매화의 고장으로 알려진 도쿄 북쪽 자신의 고향 군마현(群馬縣)의 매화나무 스무 그루를 공생원에 기증했다. 윤학자 여사가 돌아가시기 전 병석에서 "우메보시(일본의 매실

장아찌)가 먹고 싶다"고 말한 것이 텔레비전에 소개된 것을 기억한
데 따른 것이었다. 오부치 총리는 그러나 매화를 보낸 그 다음 달에
뇌경색으로 쓰러져 의식을 회복하지 못하고 63세의 나이에 세상을
떠남으로써 그가 공생원에 기증한 매화나무가 꽃을 피우는 것을 보
지 못하고 만다. 그로부터 8년 뒤인 지난 2008년 10월 오부치 총
리의 부인이 공생원을 찾은 것이다. 부인의 이름도 치즈코(千鶴
子), 아마도 이름이 같아서 윤학자 여사에 대해서 남다른 생각을 했
을 것이다. 부인은 남편이 보낸 스무 그루의 매화나무가 윤학자 여
사 기념비가 서 있는 양지바른 곳에 기념비를 감싸듯이 심어져 잘
자라고 있는 것을 보고 기뻐했다고 한다. "저 나무들에 꽃이 피고
열매가 달릴 때마다 내 남편을 기억해줄 거라는 것을 생각하니 매
우 마음이 뿌듯했습니다"라고 말한 것으로 전해진다.

　일본에는 종이학 천 개를 접어 실로 꿰어 선물하는 풍습이 있다.
그것을 '센바즈루(千羽鶴)'라고 한다. 장수의 상징인 학을 천 마리
접어주는 것으로서 병이 완쾌되어 오래오래 살아달라는 뜻이 담겨
있단다. 윤학자 여사의 일본 이름 치즈코(千鶴子)를 보면서 그 천
마리 종이학이 생각이 난다. '치즈코(千鶴子)'라는 이름이 꼭 그 뜻
은 아닐 것이다. 그러나 나는 천 마리 학의 염원이 일본과 한국에
통하게 되었고, 그래서 이름이 같은 오부치 총리의 부인도 한국을
찾게 된 것이 아닐까 생각해본다. 그 천 마리의 학이 날아서 한국과
일본의 가교가 된 것이라고.

윤학자 여사는 돌아가시기 5년 전인 1963년 우리 정부로부터 대한민국 문화훈장을 받았다. 대한민국 정부가 설립된 이후 최초로 일본인에게 수여한 훈장이다. 1997년에는 고향인 고치시에 기념비가 세워져 여사가 숨진 10월31일 제막되었다. 식장에는 목포공생원의 아이들도 참석하였으며 이것을 계기로 10월 31일이 '국제교류의 날'로 지정되었다. 그녀의 일생은 우리나라 김수용 감독에 의해 〈사랑의 묵시록(愛の默示錄)〉이란 제목으로 영화화되었고, 일본 영화에 대한 수입이 금지되어 있던 1999년 한국 정부의 일본 문화 해제금지 허가 제1호로 상영이 허가되었다. 일본에서는 300만 명 이상의 관객을 동원하며 많은 감명을 주었고 한국에서도 비록 본 사람은 그렇게 많지 않았지만 감동을 주었고, 한국 그리스도교 문화대상 영화 부문의 상을 받았다.

윤기 이사장은 목포 출신의 우리 회사 선배와 친구 사이인 관계로 자주 그 근황을 듣는 편이다. 나는 독도 문제, 교과서 문제로 한국과 일본 사이에 높은 파도가 칠 때마다 윤기 이사장과 그 어머니 윤학자 여사를 생각한다. 그런 높은 파도를 이기는 방법은 학(鶴)을 타고 파도를 넘는 것이다. 윤학자 여사 같은 학(鶴)이 정말 천 명이 나와야 한국과 일본, 한국인과 일본인 사이에 진정한 이해와 사랑이 가능할 것인가?

400년 만에

임진왜란 때에 조선을 구원하러 온 명나라군의 장군 이여송(李如松)은 본래 조선인이다. 그의 아버지 성량(成樑)은 평안북도 위원군(渭原郡) 사람으로 살인죄를 범하고 망명하여 요동으로 갔으며, 명나라가 말기를 맞아 풍운에 휩싸이는 때를 타고 벼슬이 올라 장군의 위치에 올랐는데, 일찍이 성량이 검산장(黔山將)으로 있을 때에 명나라 사신을 배행해서 의주에 나오는 경우엔 여송이 아버지를 따라왔다고 한다. 이여송이 평양전에서 승리한 이후 "兒時來遊本洲"라고 스스로 말을 해서 사람들이 그 사실을 알게 되었다고 하며, 위원군에는 그 선조들의 묘가 남아 있었다고 문일평 선생은 그의 저서 《사외이문(史外異聞)》에서 밝힌다.

이여송은 바둑을 좋아했다고 한다. 그런데 우리나라에 와서 바둑을 둘 줄 모르는 선조대왕에게 대국을 요청하였다. 당연히 조정에서는 난리가 났는데, 그 때 해결사가 류성룡이었다. 그는 우산에 구멍을 뚫어 훈수함으로써 이여송을 무릎 꿇게 하였다. 그럴 정도로 류성룡도 바둑을 잘 두었는데, 그 류성룡의 14세손이 바로 일본에 가서 활약한 우리나라의 류시훈(柳時熏)이다. 그 선조에 그 후손이라고나 할까. 그런데 이여송은 자신이 조선인의 후예임에도 불구하고 조선의 임금인 선조를 깔고 뭉개었으며, 심지어 조선의 최고 사령관인 류성룡도 명의 장수에게서 채찍으로 얻어맞는 수모를 겪기도 했다. 평양성 전투에서 이여송이 지휘하는 명군이 베었다는 왜군의 머리에서 절반은 실상 조선 백성 것이어서 이여송이 평양을 공격할 때 조선 백성의 머리를 벤 다음 앞머리털을 빡빡 깎아서 왜군의 머리로 만들어 전공을 속였다는 것은 명나라 병사들 사이에서는 공공연한 비밀이었고, 이 사실은 명군 내부에서도 문제가 되어 산동도어사(山東都御使) 주유한(周維翰)은 이여송을 탄핵하고 조사관을 보내 망건 자국이 있는 조선인과 머리를 빡빡 민 일본인의 수급을 구별하는 작업을 벌이기까지 했다고 한다. 이여송의 평양성 공격 당시 불에 타 죽거나 물에 빠져 죽은 조선인이 1만 명이나 되었다는 기록도 《선조실록》에 보인다고 역사학자 한홍구는 그의 저서 《대한민국사》에서 밝힌다.

서애(西涯) 류성룡(柳成龍: 1542~1607)은 임진왜란이 일어나자 도체찰사(都體察使)로 군무를 총괄하면서 이순신·권율 등 명장을 등용하였다. 이어 영의정이 되어 왕을 모시고 평양에 이르렀는데, 나라를 그르쳤다는 반대파의 탄핵을 받고 면직되었으나 의주에 이르러 평안도 도체찰사가 되었다. 이듬해 중국 명나라 장수 이여송과 함께 평양을 수복하고 그 후 충청·경상·전라 3도 도체찰사가 되어 파주까지 진격, 이 해에 다시 영의정이 되어 4도 도체찰사를 겸하여 군사를 총지휘하였다. 그러므로 그는 임진왜란의 승리의 주역이었다. 임진왜란 때에 일본군의 제일선봉장은 고니시 유키나가(小西行長)였다. 1592년 4월 14일 부산에 처음 들어온 일본군, 그 다음날 동래에서 부사 송상현이 이끄는 3천 명의 조선군을 전멸시킨 장군이 바로 고니시였다. 그는 승승장구해서 서울을 지나 평양성까지 올라갔으나 이여송이 이끄는 명군과 조선군의 합동공격에 패배한 뒤로는 큰 전공을 세우지 못하고 결국 도요토미 히데요시가 죽은 뒤 철군과 함께 일본에 돌아갔다가 도요토미의 아들 편에 서서 도쿠가와 이에야스와 싸우다가 싸움에 져서 처형당했다.

2007년 5월 12일 토요일 오후 3시 경북 안동시 낙동강변, 임진왜란 당시에 칼을 맞겨누었던 세 나라 장군의 후손이 한자리에서 만났다. 서애 류성룡의 후손인 류영하(81살) 씨와, 선봉장이었던 고니시 유키나가(小西行長)의 후손 고니시 손도쿠(小西尊德 72살) 씨, 명나라 장수 이여송(李如松)의 후손 리쩌미엔(李澤綿) 씨, 그리고 여기에 당시 일본군의 총대장이었던 우키다 히데이에(宇喜多秀家)의 후손 아사누마 히데토요(淺沼秀豊, 53살) 씨와 이순신 장군의 후손인 이종남 전 감사원장, 율곡 이이의 후손인 이천용 씨도 자리를 같이 했다. 이들이 모이기 전인 오전 11시에 안동시 하회마을의 서애 종택 충효당에서 고유제를 하고 지핀 불씨가 이들이 모인 장소로 옮겨져왔다. 그 불씨가 낙동강변에서 화해의 횃불로 타올랐다. 이들 3국의 후손들은 횃불을 함께 붙이며 임진왜란으로 세 나라 국민들이 싸운 데 대해서, 특히나 일본인들은 '임진왜란으로 일본이 조선에 피해를 준 것에 대해 조상을 대신해' 사과를 했다. 이여송 장군의 13대 후손인 리쩌미엔(李澤綿, 중국 랴오닝성 거주) 씨는 "조선반도의 위기는 곧 중국의 위기라는 공감 때문에 명나라가 조선을 적극 지원했을 것"이라고 말했다.

이 행사가 서애 류성룡이 세상을 뜬 지 400년을 맞아 류씨 문중 중심으로 추진된 것이지만, 이처럼 한중일 3국의 임진왜란 당시 주요 당사자 후손들이 자리를 함께 하고 서로 화해의 횃불을 밝힌 것은 역사적으로도 큰 의미가 있다고 하겠다. 그것은 임진왜란을 사실상 총지휘했던 서애 선생의 유덕이 있었기 때문에 가능한 것이지만 그만큼 400여 년 전 한·중·일 3국의 큰 전쟁에 대해 서로의 아픔으로 인식할 수 있는 분위기가 성숙해졌기에 가능한 것임도 분명하다고 하겠다. 그러나 이러한 화해는 단편적이고 감상적으로만 이뤄져서는 의미가 약하다고 해야겠다. 이 전쟁을 일본의 침략, 한국의 피해, 중국의 원조라는 시각으로만 단순화시키는 것은, 세 나라 국민 모두에게 도움이 되지 않을 것 같다. 우리가 임진왜란 이후 일본에 대해 피해의식만을 갖고 그 피해의 근본원인에 대해서는 성찰을 하지 않으면 우리는 그러한 피해를 앞으로 또 반복하지 않는다고 누구도 장담할 수 없다. 중국도 명나라가 위태한 상황에서 도운 것은 고마운 일이라 할 수 있지만 전쟁을 도와준다는 명목 아래 조선에서 행한 각종 행패를 전혀 모른 척하고 넘어갈 수만은 없다. 일본도 마찬가지이다. 일본은 겉으로는 전쟁에 졌지만 속으로는 조선의 보물을 약탈하고 조선의 도공들을 데려가 그들의 도자기문화를 일으켰으므로 승리한 것이라고 좋아할 일만은 아니다. 그런 전쟁의 결과 한국과의 사이가 벌어져 지금까지 계속 반목하면서 힘든 시간을 보내게 되는 그 근본에 임진왜란이 있었음을 인식하지 않으면 안 된다.

그런 의미에서 400년 만에 후손들이 모여 화해의 불을 밝힌 것은, 분명 의미 있는 일이기는 하지만, 보다 더 큰 의미를 띠려면 세 나라가 공식적으로 만나서 역사의 의미를 함께 고민하고 진실로 화해의 장을 열어야 한다.

먼저 세 나라의 책임 있는 당국자들의 대화 제의가 있고 그에 따라 적절한 시점을 잡아 세 나라 모두에게 아픔이었던 이 전쟁의 교훈을 서로가 양해하는 수준에서 추출해서 이를 천명하고 후손들이 공유하도록 해야 한다. 그것이 이뤄지지 않은 채 후손들끼리의 개인적 차원에서의 행사는 자칫 행사로만 끝날 가능성이 높다. 그러기에 이미 지났지만 한·중·일 3국은 임진왜란이라는 큰 사건을 회고할 수 있는 적절한 시점을 잡아서 3국이 공동으로 이 전쟁의 이해득실을 다시 따져보고 그 의미를 되찾아 후손들이 도움이 되는 방향으로 교훈을 찾는 일이 있어야 할 것 같다. 이 전쟁이 세 나라 모두에게 아픔이자 손실이었다는 철저한 인식이 없이는, 그리고 우리로서는 그러한 전쟁을 당한 이유를 분명히 알고 대처하지 않으면, 아픈 역사는 이미 100여 년 전 반복됐고 또 앞으로도 반복하는 법이니까.

무궁화와 벚꽃

2005년 여름 서울에서 열린 한일정상회담에 참석한 고이즈미 일본 총리는 기자회견에서 뜻밖에도 이런 시 한 구절을 인용했다. 한국인의 이런 마음을 알게 됐다며 이번 정상회담에 바로 이런 각오로 임하겠다는 뜻을 밝혔다.

짧은 시 구절은, 그러나 짧은 시 구절이 아니라 온전한 한 편의 작품이다. 한글로 번역해서 그렇게 되었지, 원문은 '切実な/望み が一つ/吾れにあり/争いのなき/国と国なれ' 라고 해서, 일본 어로 읽으면 5·7·5·7·7의 5구절 31음의 형식으로 되어 있는 정형시이다. 이 짧은 시의 작자는 일본인이 아니라 한국인이었다.

일본의 총리가 한국인이 일본어로 지은 시를 인용하면서 이번 정상
회담에서 뭔가 이웃간의 다툼이 해소되기를 기대하는 마음을 표현
한 것이리라.

그러나 그 회담은 언론의 표현, '풀지 못한 넥타이처럼 풀지 못한
한일인식차(동아일보, 2005. 6. 21자)' 라는 제목 그대로 아무런
실마리도 풀지 못하고, 아무런 간격도 좁히지 못하고 끝났다. 기자
회견에서 두 정상은 얼굴을 마주 보지도 않고 저마다 자기의 앞만
바라보았다. 뭔가 미래를 위해 합의를 하자고 만난 두 정상이 이렇
게 외길 평행궤도를 달리게 된 데는, 여러 가지 분석이 있지만, 신
사참배를 고집하는 고이즈미 총리와, 이에 대해 뭔가 한국인이 납
득할 만한 조치를 이끌어내고 싶었던 노무현 대통령의 마음이 충돌
한 결과로 볼 수 있을 것인데, 아무튼 정말로 '가깝고도 먼' 두 나
라 사이를 다시 증명한 셈이 됐다. 정상회담의 결과가 좋았더라면
고이즈미가 인용한 시도 더 빛이 났으리라. 그래서 이 시는 그리 주
목을 받지 못했다. 그러나 고이즈미는 잊혀질 뻔했던 한 한국인을
다시 생각하게 했다. 정말로 주옥과 같은 시들이 그 때문에 다시 살
아난다.

찔레꽃 뾰족한 가시 위에 내리는 눈은
찔리지 않으려고 사뿐히 내리네

뾰족한 가시가 달린 나뭇가지 위로 내리는 눈을 보며 시인은 눈
방울 하나하나에 마음을 실어놓는다. 31자의 일본어 작품이 아니

라 느낌이 다르겠지만 우리 글로도 그 표현들이 아리게 가슴에 와 닿는다. 사랑하는 남편을 여의고 난 후에는 가슴을 후비는 절절한 구절이 된다.

그대여, 나의 사랑의 깊이를 시험하려
잠시 눈을 감으셨나이까

바로 이 시구가 어느 일본인에게 감동을 주어 이 시를 새긴 시비(詩碑)가 일본 아오모리에 몇 년 전 세워졌다. 그녀의 망부가는 애가 끓는다.

우리 둘 맺어지고 사십 년이 못 되는데
그대를 잃고 잊기까진 백년, 천년

그대가 살아 있다면 싫다고 얼굴 돌렸겠지
사진 속 그대에게 자꾸만 입 맞추네

산소에서 잡초만 뽑노라
그대 위할 길 달리 없으니

하늘나라 어느 역에 내려야
내가 그댈 만날 수 있을까

우리말로 번역한 것이 되다 보니 길이가 일정치 않지만 일본어로는 모두 같은 길이의 정형시이다.

이 시인의 이름은 손호연(孫戶妍), 이미 6년 전에 고인이 되셨다. 그의 사망 기사는 늘 그렇듯이 고인을 모르면 한 줄거리밖에 안 되는 짧은 소식, 그러나 그가 남긴 시를 보면 절절한 사연이 책으로도 수만 권은 되리라. 손호연 씨가 쓴 시는 일본의 전통시 '와카(和歌)', 앞에서 언급한 것처럼 5 · 7 · 5 · 7 · 7의 음률로 구성된 정형시로, 일본인들에겐 31자 안에 슬프고 아름다운 정서를 함축해 담아내는 그릇으로 인식되고 있다. 우리나라에 시조가 있듯이 일본인에겐 와카가 있는 것이다. 한국인이라도 시조를 짓는 일이 쉽지 않다는 점을 생각하면 손씨가 일어로 와카를 짓고, 그 작품들이 일본인에게 깊은 감동을 주어 일본 땅에 시비로까지 세워졌다는 점은 놀라운 일이 아닐 수 없다.

'왜 한국인이, 그 싫어하는 일본어로 시를 짓느냐?' 는 주위의 핀잔과 질시가 끊이지 않았을 것이다. 일제 시대에는 그렇다 하더라도 해방이 된 이후에도 오직 일본인만이 보는 일본시를 지을 필요가 있을까라는 회의는 더 강해졌지만, 시인의 창작 의욕을 꺾지는 못했다. 그것은 이 '와카' 라는 일본시의 원류를 거슬러 올라가면 백제가 있어서, 자신에게는 아득한 조상의 혼을 지키고 그 뿌리를 되살리는 일이 된다고 믿었다는 것이다.

1940년 서울 진명여고를 졸업하고 영친왕의 비(妃) 이방자 여사장학생으로 동경제국여자대학에 유학하다가 와카의 아름다움에 눈을 뜬 것이 그를 평생 한국인 유일의 와카시인으로 남게 한 것인데, 여기에는 문학이나 예술에 언어와 국경의 차이가 있을 수 없다는 일본인 스승 사사키 노부츠나의 "일본의 것이 아닌 한국의 고유한 아름다움을 노래하라, 중도에 멈추지 말라"는 가르침도 작용을 했다고 한다. 그녀의 말 그대로 "장구한 역사의 흐름 속에서 하고 싶은 말을 마음껏 못 다 배운 모국어보다는 조금 익숙한 일본어로 우리나라의 아름다움은 일본에 전하고 일본의 좋은 점은 우리나라에 알리는 마음으로" 그는 노래를 불렀다.

그래서 비록 일본어로 부르는 시이지만 늘 한국의 마음을 노래했다.

치마저고리 곱게 단장하고
나는 맡는다
백제가 남긴 그 옛 향기를

붉은 태극선 흔드는
어머니의 하얀 손
비취 반지는 반짝거리고

해방 이후 남북분단으로 이어지는 현대사의 흐름 속에서도 창작은 계속됐다.

겨레가 말없이 순종하는

60여 년 동안 2,000여 편의 와카를 지었고 일본의 유명 출판사 고단샤에서 시집을 6권이나 냈다. 와카의 최고 권위자 나카니시 스스무 교토예술대 총장으로부터 "일본인들이 흉내낼 수 없는 한국인의 감정을 담아낸 국경을 초월한 노래"라는 격찬을 받는 등 '명인(名人)' 칭호를 얻었다. 1998년에는 와카의 대가로 천황의 초청을 받았는데, 한복을 입고 입장해 깊은 인상을 남기기도 했다. 2000년엔 한·일 문화 교류에 기여한 공로로 대한민국 문화훈장을, 이듬해엔 같은 공로로 일본 정부 표창을 받았다. 그리고는 2003년 세상을 떴다.

그가 펴낸 다섯 권의 시집의 제목은 《무궁화(무궁화 1~5)》이다. 시인은 생전에 한 인터뷰에서 이렇게 말했다.

우리와는 감정이 꼭 일치한다고는 할 수 없지만, 그의 와카가 주
는 아름다움은 한국어로 번역되어도 그대로 전달이 된다. 때로는
번역이 더 멋있는 경우도 있다. 5년 전 그의 딸 이승신 씨의 이름으
로 번역돼 나온 《호연연가(好姸戀歌) – 찔레꽃 뾰족한 가시 위에 내
리는 눈은 찔리지 않으려고 사뿐히 내리네》(샘터 발행)는, 한일 양
국을 오가며 일본에 한국을 알리느라 평생을 바친 와카시인 손호연
의 세계를 한국인이 들여다볼 수 있게 해준다. 한국과 일본, 그 가
깝고도 먼 나라가 언제 진정한 이웃이 될 수 있을까? 그의 바람이
언제나 이루어질 수 있을까?

이웃해 있고 가슴에도 가까운 나라 되어라
무궁화를 사랑하고 벚꽃도 사랑하네

대단한 회장님이

“누가 일본을 이끌고 있는가?”

이런 질문에 대한 답은 여러 가지일 수 있겠지만 일본을 이끌고 있는 것을 언론이라고 한다면 그 언론의 대표는 단연 ‘요미우리(読売)’라는 신문이다. 우리나라의 경우 방송의 영향력이 신문보다도 커진 것으로 보이지만 일본은 아직 신문의 힘이 강하고 그러기 때문에 발행부수 천만을 넘어 1,400만 부에 이르는 요미우리야말로 일본을 이끄는 중요한 힘이라고 말할 수 있다. 그렇다면 같은 논리로 발행부수 800만에 이르는 아사히신문(朝日新聞)도 마찬가지이다. 따라서 이 두 신문이야말로 일본을 이끌고 있다고 해도 그리 틀리지는 않을 것이다.

그 신문을 이끄는 사람은 또 누구인가?

　주필, 또는 논설주간이라는 자리이다. 신문사의 논조를 결정하는 열쇠를 쥐고 있는 사람이다. 우리에게 있어서 마치 일본의 양심을 대변하는 것으로 알려져 온 아사히신문의 논설주간은 와카미야 요시부미(若宮啓文·61)로서, 그는 한국에서 유학한 지한(知韓) 논객으로 잘 알려져 있는데, 1995년에는 한일 월드컵 공동 개최를 제안하는 사설을 직접 썼고, 2005년 3월에는 기명 칼럼을 통해 '독도를 한국에 양보해 우정의 섬으로 하자' 는 몽상(夢想)을 밝혀 국내에서도 관심을 모으기도 했다. 요미우리를 이끄는 사람은 요미우리신문의 회장이면서 주필을 맡고 있는 와타나베 츠네오(渡辺恒雄·83) 씨이다. 와타나베 회장 겸 주필이야말로 정말로 일본 보수파의 거물이자 정계와 언론계에 막강한 영향력을 지닌 인물이다. 우선 요미우리신문의 회장이면서 주필이라는 그 직함에서부터 심상치 않은 영향력을 읽을 수 있다. 대학 졸업 뒤 1950년 요미우리신문에 입사, 당시 자민당의 유력 정치가였던 오노 반보쿠(大野伴睦)를 담당하면서 보수 정계와 강한 연계를 맺는다. 1950년대 말부터 나카소네와 정치연구회를 결성해, 훗날 그가 일본 정치의 한가운데에 진입하는 데 큰 역할을 했으며, 실제로 나카소네가 총리가 되었을 때에 와타나베 회장을 찾아와 당신 덕택에 총리가 되었다고 인사까지 했다. 1960년대 초반에는 김종필 측 인물을 오노와 연결시켜 한일 국교정상화 교섭에서도 암약했고, 이 과정에서 김종필 - 오히라 메모를 특종보도하기도 했다. 이 같은 영향력으로 그는 요미우리 사내에서 승승장구하면서 1977년 편집국장, 1979년 편집위원장, 1991년 사장 겸 주필, 그리고 마침내 1999년 마침내 회장 겸 주필까지 올라갔다. 그런데 각기 하루 1400만 부, 800만 부의 발행 부수를 자랑하는 두 신문은 일본 총리의 야스쿠니신사 참배 문제나 평화헌법, 미일동맹 등 주요 현안에서 엇갈리는 논조로 맞서왔다. 가령 고이즈미 준이치로 총리의 야스쿠니 신사 참배가 논란이 됐을 때 아사히는 '독불장군에게 국익은 없다'고 비판했지만 요미우리는 '전몰자 추도는 일본의 국내 문제'라는 사설을 썼다. 일본 자위대의 이라크 파병에 대해서도 아사히는 '미국 지지밖에 없는 것인가'라고 회의했고, 요미우리는 '총리의 미국 지지 결단은 정확하다'며 정부에 힘을 실어줬다. 개헌론에 대해서 요미우리는 적극 찬성, 아사히는 신중론을 취하고 있다. 두 신문의 서로 다른 논조는 곧바로 그 부수의 차이만큼 일본 여론의 차이로 드러나고 있다.

그런 일본에서 2006년 초에 사건(?)이 일어났다. 두 신문의 거두가 만난 것이다. 이 만남을 주선한 것은 아사히의 와카미야 논설주간, 그런데 여기에 와타나베 회장이 응한 것이고, 아사히신문사가 발행하는 월간지 《론자(論座)》 2월호에 나란히 실린 대담 기사에서 그 두 사람은 고이즈미 준이치로(小泉純一郎) 총리의 야스쿠니(靖国) 신사 참배를 신랄하게 비판하며 이 문제에 관해 공동 투쟁을 선언한 것이다.

아사히신문의 입장이야 이미 알려져 있지만 보수적이고 친 자민당적인 요미우리의 변신은 정말 놀라운 것이다. 어떻게 이런 일이 가능했을까? 그런데 요미우리의 변화는 이미 2005년부터 감지됐다. 6월 5일자 요미우리의 사설은 '전몰자들을 위한 국가추모시설 즉각 건설돼야 한다'는 제목 아래 "(총리는) A급 전범이 합사돼 있는 야스쿠니 신사를 참배해서는 안 된다"고 분명하게 주장하고 있다. 그리고 그 무렵, 와타나베 회장이 "나는 고이즈미의 야스쿠니 참배를 반대한다"고 말한 것으로 보도됐다. 또한 야스쿠니의 존재 자체가 중국, 한국과의 외교적 균열의 원천이라는 주장도 나왔다. 바로 이런 변화를 포착한 와카미야 주간이 와타나베 회장을 불러낸 것이다. 이 대담에서 와타나베 회장 겸 주필은 자신의 경험을 바탕으로 정부가 전쟁을 다시 부추기는 일은 해서는 안 된다는 점을 분명히 하고 있다.

"저는 대학 입학 이래 줄곧 전쟁반대론자였습니다. 지난 전쟁에서 수백만 국민들이 천황 폐하의 이름 아래 죽었습니다. 저도 군에 징집돼 노예처럼 죽도록 일을 했습니다. 운 좋게 저는 살아남았지만, 진짜 참혹했던 것은 가미가제 특공대를 만들어낸 군대 시스템이었습니다. 전세가 불리해지면서 전투기 조종사들은 귀환에 필요한 연료도 공급받지 못한 채 출격해야 했고, 결국 그들은 자살폭탄공격을 감행할 수밖에 없었습니다. 자살공격만이 유일한 전략이었습니다. 전쟁 기간 동안 저는 어떤 국가도 저런 짓을 해서는 안 된다, 더구나 천황의 이름으로 저런 짓을 해서는 안 된다고 생각했습니다. 저는 지금도 그런 야만적 명령을 내린 군사지도자들, 그리고 군사지도자들의 행동을 묵과한 정치지도자들에 와타나베 회장은 특히 야스쿠니의 부속시설인 유슈칸에 대해서는 더욱 강경한 입장이었다. '유슈칸(遊就館)'은 야스쿠니 신사의 신들을 세계에 영원히 전하기 위하여 만들었다는 데, 각 전시실에는 청일전쟁, 러일전쟁 등의 그림이라든가, 일왕의 깃발, 군인의 전장에서의 일기 등이 전시되어 있고, 대동아전쟁 코너라는 곳에는 육해공군의 전투사진과 유품, 홀에는 전쟁 때 사용한 비행기, 전차, 어뢰 등이 전시되어 있는데 모두 과거를 미화, 찬양하는 내용이다. 예를 들어 1층에 전시돼 있는 제로(Zero)전투기를 보면 설명문에는 이 전투기가 충칭(重慶)전투 때 처음 선을 보여 장개석군의 소련제 전투기들을 수없이 격추시킴으로써 세계적인 명성을 얻게 됐다고만 씌어 있다. 그러나 일본군이 제로전투기로 충칭 상공에 대한 제공권을 확보한 뒤, 이 도시에 대한 무차별 폭격으로 수많은 시민들을 살해한 사실에 대해서는 한 마디도 말하지 않고 있다. 충칭 폭격은 도시에 대한 무차별 폭격의 효시로서 전세계적인 악명을 떨쳤는데 그 폭격에 기여했던 전투기를 야스쿠니 신사에 자랑스럽게 전시하고 있는 것이다. 그런 상황에서 중국에 대해 일본 총리의 신사참배를 비판할 권리가 없다고 말하는 고이즈미 총리의 처신이 옳다고 볼 수 있는가? 와타나베 회장의 생각은 의외로 강했다.

"야스쿠니 신사 본관 건물 옆에 있는 유슈칸 전쟁기념관은 잘못된 것입니다. 이 기념관은 군국주의를 찬양하기 때문입니다. 이 기념관에 갔다 온 아이들은 '사실은 일본이 이긴 전쟁이었어'라고 말합니다. 이는 야스쿠니 신사가 군국주의를 자극하고 선동하는 일종의 전쟁박물관으로 기능하고 있다는 것을 뜻합니다. 그런 장소를 총리가 방문한다는 것은 잘못된 일입니다."

"바로 그런 이유 때문에 요미우리는 지난해(2005년) 8월 13일부터 지난 전쟁에 대한 전쟁 책임을 밝히자는 캠페인을 전개한 것입니다. 우리는 이 시리즈를 1년 동안 계속할 작정입니다. 1년이 지난 뒤, 올해(2006년) 8월 15일쯤부터는 그동안의 기사를 바탕으로 전쟁 당시 여러 군사 및 정치지도자들의 책임의 경중을 가릴 것입니다.
물론 우리는 사법기관이 아니기 때문에 사형이나 종신형을 선고할 수는 없겠지요. 그러나 우리는 전쟁의 결과에 대한 도덕적 책임의 경중을 가릴 구체적 기준을 세워 누가 가장 책임이 무거운가, 용서받아도 괜찮을 사람은 누구이고, 절대 용서해서는 안 될 사람은 누구인가 등을 가려낼 것입니다."

우리 언론이 주목하지 않고 넘어간 것은, 요미우리가 일본의 과거사 청산을 주도해보겠다는 것이다. 사실 도쿄 전범재판이 있었지만 과거청산이 제대로 되지 않았고 특히 일본의 중국침략을 주도했던 관동군 출신이 빠진 것이 문제라는 인식이다.

"전쟁기간 중 일본이 타국의 선량한 시민들을 살해한 것은 잘못이지만, 수백만의 일본인 역시 죽임을 당했습니다. 야스쿠니에 모셔져 추모되는 사람들 중 많은 사람들이 바로 그런 희생자들입니다. 저는 살인을 명령한 사람과 살해당한 사람은 구분돼야 한다고 생각합니다. 그렇게 하고 나서, 살해를 명령한 사람들의 책임의 정도가 가려져야 합니다. 그런 연후에 비로소 우리는 우리가 중국과 남한에 가했던 고통의 문제에 대해 대응할 수 있습니다.

이웃나라들을 만족시킬 수 있는 정도의, 우리 자신의 과거청산은 절대적으로 필요합니다. 요미우리로서는 우리가 할 수 있는 일을 하겠지만, 정부에서도 그 자신의 주도에 의해 뭔가를 해야 한다고 생각합니다. 예컨대 의회 내에 과거사진상규명위원회 같은 것을 설치할 수도 있을 것입니다."

이 글에서 와타나베 회장의 말을 장황하게 인용하는 것은, 그의 말이 곧 앞으로 요미우리에 반영돼 일본의 과거사 청산의 중요한 모멘텀이 될 수 있기 때문이다. 사실 아사히신문이 이런 입장을 계속 천명했지만 요미우리가 응하지 않으면 일본의 여론이 움직이지 않는다. 그런 면에서 요미우리 회장의 생각은 중요하다는 차원 정도가 아니다. 요미우리가 일정 부분 아사히와 입장을 같이하고 과거사를 정리하겠다고 한다면 일본 사회에 파장이 없을 수 없다. 그런 의미에서 그가 한 마지막 말은 의미심장하다.

"저는 올해 79살입니다. 우리들 세대가 죽고 나면 전쟁의 실상을 기억

와타나베 회장은 고이즈미 총리에 대해서 “역사나 철학도 모르면서 공부는 하지 않고 교양도 없다. 그의 어리석은 말은 무지에서 비롯된 것이다”라고 무시하는 듯한 비판 발언으로 화제가 된 바 있다. 이같이 총리를 비판하는 배경에는 고이즈미가 추진한 신사참배나 미국만을 중시하는 태도가 분명 문제가 있다고 보고 있고, 그 이면에는 태평양전쟁, 곧 일본의 침략전쟁에 대한 자신의 경험과 인식이 중요하게 작용하고 있음을 알 수 있다. 다만 와타나베 회장의 이런 인식만으로 일본의 우익이 바뀔 것으로 생각하는 것은 너무 낭만적이다. 예를 들어 독도 문제 등 한·일간의 문제에 대해서도 아직도 갈 길이 멀다. 일본 시마네 현이 ‘다케시마의 날’ 행사를 가졌을 때에 요미우리의 사설은 일본의 주권을 위해 중앙정부가 나서야 하며 독도는 일본의 영토임을 명확히 밝히고 있다. 그들은 1905년에 시마네 현이 독도를 편입시켰으며 전후 샌프란시스코 조약에 의해 미국 등으로부터 일본 영토임을 인정받았다는 주장을 펴고 있다. 그 전에 한국인들이 독도를 어떻게 생각했고 지켰는지, 그리고 일본의 편입이 어떤 상황에서 이뤄진 기만극인지, 샌프란시스코 조약에서 독도 언급이 빠진 것이 어떤 과정을 거쳤고 그것의 의미가 과연 독도를 일본 땅으로 인정한 것이 아니라는 생각은 하지 않는다. 결국 어떤 상황이든지 요미우리는 일본인들의 현실적인 목소리를 대변하는 신문으로서의 입장을 바꾸지 않을 것이다. 한편에서 누가 말하는 대로, 아사히가 일본이 지향해야 할 이상형을 위해 쓴 소리를 마다하지 않는 신문이라면 요미우리는 일본인들의 욕구에 솔직한 신문이라는 표현처럼, 요미우리는 일본이 보다 강력한 국가로 발전하는 길이라는 판단이라면 일본의 군대를 확대강화하고 이를 위해 개헌을 해야 한다는 생각을 밀고 나갈 것이다.

와타나베 회장겸 주필이 고이즈미 총리에게 던진 돌은 일본에 작은 파문을 일으켰다. 고이즈미 총리 자체가 이런 비판에 대해 불쾌한 기색을 감추지 않았다는 데서 그 비판의 강도가 강했음을 알 수 있다. 이 돌은 일본의 우경화에도 약간의 제동이 가해질 수 있다. 결과적으로는 미국 일변도로 기울던 고이즈미 총리의 외교정책에도 수정이 가해졌다. 미국의 변화도 있었다. 미국 조야가 고이즈미 총리의 야스쿠니신사 참배문제에 관심을 갖기도 했다.

성급한 기대는 금물이지만 이제 와타나베 회장이 전쟁에 대한 일본의 책임을 다시 규정하고 과거사의 진상을 새롭게 규명한다면 당시 일본 침략정책의 가장 큰 피해자인 한국에도 눈을 돌리라고 권하고 싶다. 왜 한국인들이 일본이 물러간지 65년째가 되는 지금까지도 때만 되면 일본에 대한 감정을 풀지 못하고 있는지를 생각해보고 그것도 규명해보라는 것이다. 일본 제로전투기의 충칭 폭격이 잘못된 것이라면 무고한 주민들을 교회에 넣고 불태우거나 총으로 쏴서 죽인 제암리 사건도 분명 잘못된 것임을 일본인들이 알아야 하며, 왜 한국인들이 1919년 3월 1일 이후 석 달 동안만 전국에서 200여만 명이 참가해 1500회나 만세 집회를 가졌고, 왜 평화집회나 시위인데도 불구하고 7500명이 죽고 1만 6천여 명이 부상했는지도 알아야 한다. 일본이 결과적으로 한국의 근대화를 촉진시킨게 아니냐는 주장을 하기에 앞서 한국의 아픔도 알아야 하고 알려야 한다. 그래야 진정한 한일우호가 열릴 것이고 그래야 그것이 일본에게도 큰 이익이 될 것이라는 점을 일본국민들이 알아야 한다.

고이즈미 총리께
- 2005년 6월에

고이즈미 이치로 일본 총리님!

    총리도 짜증이 나실 것입니다. 야스쿠니 신사에는 분명히 '개인 자격'으로 간다고 밝혔는데도 허구한 날 참배해서는 안 된다는 목소리가 안팎에서 계속되고 있지 않습니까? 총리께서는 야스쿠니 신사의 참배가 총리 혼자서 가는데다가 무슨 기념식이나 추도식 등 공식적인 행사가 있는 것도 아니므로 어디까지나 총리 개인의 사적 참배라고 말했는데도 사람들은 그 말을 못 알아들으니 정말로 짜증 나실 것입니다. 더구나 일본은 그동안 과거사에 대해 주변국에 사죄를 할 만큼 했다고 생각하고 있을 것이고, 그런 생각을 외무장관 등이 대신해서 얘기해주었는데도, 아시아 각국들은 그런 생각을 받아들이지 않고 계속 사과하라고 하고 있으니 이 무더위에 짜증이

나지 않을 수가 없겠지요.

그런데 말입니다. 야스쿠니 신사 참배 문제는 총리 혼자서 난리를 치고 있는 게 아닙니까? 일본 국민들도 총리의 참배를 반대하는 쪽이 더 많고 야당뿐 아니라 자민당에서 총리를 지낸 8분의 선배 정치가들도 참배를 중단해야 한다고 목소리를 합치는데, 고이즈미 총리께서는 이런 목소리가 들리지 않습니까? 아니, 들리지만 애써 무시하시는 겁니까? 총리께서는 '한국과 중국에서 당신의 신사 참배를 비판하는 목소리가 높으면 높을수록 당신은 일본의 애국심을 고양시켜 일본을 국제사회에 당당한 일원으로 대두시킬 수 있다'고 믿고 있는 것은 아닙니까? 그러기에 오히려 속으로는 이웃나라의 반대를 즐기고 있는 것은 아닙니까? 당신은 지금 일본을 경제력에 걸맞은 국제사회의 일원으로 올려놓아야 한다는 신념을 갖고 있을 것이고, 그걸 위해서 자위대의 해외파병을 합법화하고 나아가서는 일본을 유엔 안전보장이사회의 상임이사국으로 가입시키겠다는 목표를 갖고 이를 열심히 추진하고 있는데, 가장 중요한 안보리 이사국 가입은, 상임이사국인 중국의 반대가 있으면 안 된다는 기본적인 사실은 알고 계시겠지요?

그런데 어떻습니까?
중국의 원자바오 총리는 "과거를 존중해서, 역사에 책임을 지는 국가만이 아시아와 세계인들의 신뢰를 받아 국제사회에서 큰 책임을 수행할 수 있다"며 일본이 역사에 책임을 지려는 자세가 부족하다고 지적한 바 있습니다. 이 말은 일본의 안보리 이사국 가입을 반대한다는 뜻을 분명히 한 것입니다. 중국은 일본이 과거의 잘못에 대해 충분히 반성하지 않고 있다고 보고 있는 것입니다.

고이즈미 총리님!

이런 상황을 당신은 이해하지 못할 것입니다. 중국에 대해서 말한다면 일본은 일중공동성명, 일중평화우호조약, 일중공동선언에서 과거의 역사에 대한 깊은 반성을 표명했고 가장 크게는 10년 전인 1995년 종전 50주년을 맞아 무라야마 총리의 담화로 "일본이 국책을 잘못해서 식민지 지배와 침략에 의해 오히려 아시아 각국인들에게 심대한 손해와 고통을 주었다. 통절한 반성의 뜻을 표하면서 마음으로부터 사죄의 기분을 표명한다"고 강한 반성을 밝힌 바 있지 않습니까? 그런데도 왜 중국이나 한국은 일본의 반성이 부족하다고 말하는 것일까요? 그 이유는 여러 가지가 있지만 대표적으로 한 가지만 말하라면 바로 당신이 2001년부터 야스쿠니 신사를 해마다 참배하고 있기 때문입니다. A급 전범이 합사되어 있는 산사를 당신이 참배함으로 해서, 무라야마 총리가 애써 밝힌 과거사에 대한 반성정책도 당신에 의해 변경된 것으로 여겨지게 되는 것이지요. 그리고 당신의 휘하에 있는 장관들이 다투어 당신들의 과거를 빛나는 과거로 묘사하고 있으니 어디 과거사를 반성한 것으로 믿어지겠습니까?

또 하나의 이유를 들자면 교과서 문제이지요. 국가에서 검정을 한다면서 대동아전쟁이 아시아를 해방했다는 주장을 그대로 용인하는 한, 누가 일본이 과거를 반성한다고 믿겠습니까? 당신들은 국가에서는 다만 기준을 정해준다고 하지만 검정된 내용을 보면 진정한 반성을 실감하기가 어렵지 않습니까?

그러므로, 고이즈미 총리님, 이제 결단을 내려야 합니다.

야스쿠니 신사의 참배를 과감히 중지하십시오. 그리고 당신이 주장하듯이 진정으로 과거 전쟁을 일으킨 데 대한 반성을 하고, 전쟁에서 숨진 사람들을 위로하려거든 A급 전범들이 있는 야스쿠니 신사에서 하지 마시고 다른 위령시설을 만들어 거기에서 하십시오. 아니면 A급 전범들을 다른 데로 떼어내고 나서 순수한 전몰자들에게만 참배를 하십시오. 그것이 왜 그리 어렵습니까?

교과서 문제도 국가가 검정을 하지 말고 다른 제3자에게 검정하도록 하면 일본 정부, 일본이란 국가가 과거사를 호도한다는 비난을 받지 않을 것 아닙니까? 이런 간단한 방법이 있는데, 왜 무엇 때문에 그리 고집을 피우십니까? 이미 일본 자민당 내에서도 야스쿠니 신사 참배 중지보다는 분사하는 방법으로 총리의 참배를 계속하게 하는 방안이 모색되고 있는 것으로 전해지고 있습니다. 신사와 유족회 측이 협의하는 형식으로 A급 전범을 자발적으로 분사하고 그 다음에 야스쿠니 신사에 참배를 한다면 중국이라고 계속 반대할 이유가 있을까요?

물론 자민당 내에서도 강경파들이 존재하고 있어서 고이즈미 총리 당신의 결단만으로는 해결되기 어려운 측면도 있겠지요. 아베 신조 자민당 간사장 대리 등이 그렇다는 거죠? 그러나 대중적인 인기를 좋아하는 총리께서는 절반 이상의 일본 국민들이 총리의 참배를 중단하는 것이 좋다는 의견을 보이고 있음을 왜 지나치려고 합니까? 일본 국민들의 뜻을 꺾으면서 이웃나라와 마찰을 계속하고 이웃의 감정을 상하는 것이 일본의 총리로서 취할 태도입니까?

한국의 반기문 외교통상부 장관도 "야스쿠니 신사 참배 문제는 일본 총리가 참배를 안 하면 해결될 것"이라고 말했습니다. 반 장관은 신사참배와 역사교과서 문제에다가 독도 문제까지 포함시키면서 "이 3가지 한 · 일 현안에 대한 해결의 열쇠는 일본에 있으며, 세계가 일본을 어떻게 보고 있는지 직시해야 한다"고 강조하고 있습니다. 반 장관은 "일본 총리의 신사참배 중단이 어렵다면 모든 사람들이 자유롭게 일본을 위해 희생한 사람들에게 경의를 표할 수 있는 제3의 추도시설을 만들면 된다"며 총리의 결단을 촉구하고 있습니다.

자, 고이즈미 총리님,

대세는 당신이 결단하라는 쪽으로 흐르고 있습니다. 부디 큰 물줄기를 놓치지 마시고 한 · 중 · 일 관계와 역사의 발전을 위해서 결단을 내리십시오. 야스쿠니 신사 참배는 지금 이대로는 안 되니까 중단하시고, 교과서 문제도 정부가 개입하지 않도록 개선하십시오. 진정으로 과거를 반성하고 있음을 이렇게 보여주십시오. 그러면 이웃나라와의 큰 문제는 해결되고 일본의 유엔 가입도 지금보다 훨씬 쉽게 추진될 것입니다. 무엇 때문에 헛 용기를 부리십니까? 이제 진정한 결단과 용기를 보여주십시오.

# 원한

　조선왕조 영조 41년인 1765년 서른다섯의 나이에 청나라 황제를 보러가는 사신 행렬에 끼어 일생의 꿈이었던 연경(청나라의 수도, 오늘날의 북경, 곧 베이징) 여행길에 오른 실학자인 담헌 홍대용은 북경에서 만난 청나라 사람으로부터 조선과 유구국(琉球國, 곧 오키나와)과의 관계를 묻는 질문에 대해 선뜻 답을 하지 못했다. 바로 얼마 전에 좋지 않은 일이 생겨 관계가 소원해진 때문이다. 그래서 '전에는 통하더니 근년에는 통치 않습니다' 라며 얼버무리고 말았다. 도대체 무슨 일이 있었기에 유구국, 오키나와와 관계가 나빠졌는가?

　오키나와는 잘 알다시피 유구국이란 이름으로 우리와 관계가 오래된 나라였다. 오키나와에서 해류를 타면 우리나라 제주나 남해안은 금방 온다고 한다. 고려시대 말기에 이 나라를 다스리던 중산왕 찰도(中山王 察度)가 옥지(玉之)라는 사신을 보내어 표를 올리며 신이라고 칭하고 방물을 바치기에 고려 왕조에서는 요즈음으로 치면 외교통상부 외빈접대처장인 전객령 김윤후(典客領 金允厚)를 답례차 보내기까지 했다고 한다. 이를 통해 볼 때 우리에게는 동생과 같은 나라였으며, 예로부터 사절이 오가고 우리의 문물도 많이 전해졌음을 알 수 있다. 실제로 최근에 현장을 답사한 사람들도 그런 흔적을 발견했다고 보고하곤 한다. 그런데, 왜 우리와의 관계가 끊어졌을까? 거기에는 우리들에게 부끄러운 이야기가 있다.

이야기는 조선조 중기로 거슬러 올라간다. 유구국 국왕이 바다에서 표류하여 일본에 사로잡히게 되었는데, 그 아들인 세자가 일본에 가서 뇌물로 석방시키고자 진귀한 보물을 배에 가득 싣고 일본으로 가다가 다시 표류하게 돼 이번에는 제주도에 상륙하게 되었다고 한다. 이 때 제주부사는 욕심이 많고 인정이 없는 사람이어서 보물을 가지려는 마음에 세자를 죽이려 하였다. 세자는 제주부사에게 아버지를 구해야하는 사정을 이야기하고 석방시켜줄 것을 간절히 호소했다. 그러나 제주부사는 끝내 그 호소를 들어주지 않았다고 한다. 이에 세자는 분이 하늘에 치솟았지만 어쩔 수가 없어서, 보물을 바다 속에 다 버리라고 한 뒤에 글을 지어 보낸 뒤 참수되고 말았다.

그 때 오키나와 세자가 지은 글이 전하고 있다.

堯語難明傑服身 걸복 입은 몸에 착한 말 밝히지 못하니

臨刑何暇訴蒼旻 형장에 임하매 푸른 하늘에 호소할 짬도 없네

三良入穴人難贖 세 사람 묻혀 죽어도 속죄 받은 사람 없고

二子乘舟賊不仁 우리 두 왕자 배를 탔지만 도적은 어질지 않도다

骨暴沙場纏有草 이제 뼈는 백사장에서 풀에 덮일 것이고

魂歸故國吊無親 혼은 고국에 돌아가도 누가 조문할 것인가

竹西樓下滔滔水 죽서루 앞의 물 도도하듯

遺恨分明咽萬春 남긴 한은 만년을 울어도 모자라리

얼마나 가슴에 맺히었을까?

마침내 왕자가 제주 땅에서 고혼이 되매, 이 소식을 들은 오키나와에서는 우리나라에 사신을 끊고 오히려 제주 사람이 표류되면 잡아서 죽여 그 원수를 갚았다고 한다. 이러므로 제주 백성들은 배를 타다 표류해서 오키나와로 가면 영락없이 죽는 고로 일부러 전라도 강진이나 해남의 호패를 차고 다니다 잡히면 전라도 사람이라고 우겼다고 한다. 담원 홍대용이나, 그보다 여섯 살이 아래인 연암 박지원이 모두 이 사실을 기록하고 있는 것을 볼 때에, 이러한 사건이 일어난 것이 적어도 조선조 중기임에 틀림이 없다. 참으로 애석한 일이 아닐 수 없다. 일찍이 우리의 선조 중에 이처럼 재물에 눈이 어두운 사람이 있어 중요한 외교관계를 완전히 망쳐놓은 사람이 있다니 말이다. 그런 사이에 오키나와는 일본의 침략을 받아 결국에는 일본 땅이 돼버린 것이다.

　이제 우리나라의 국력이 커지고 우리의 해외진출이 늘어나는 만큼 과거의 이 같은 아픈 역사가 있었다면 국민들이 알아야 한다. 그리고 위정자들은 그 아픔과 원한을 푸는 일을 그냥 넘겨서는 안 된다. 수많은 사람들이 오키나와에 관광을 가는데 우리가 예전에 그런 일을 했다는 것을 아무도 모르고 푸른 바다가 좋다며 해수욕이나 하고 해산물이나 잔뜩 사먹고 돌아와서는 안 될 일이다. 우리가 허구한 날 남이 우리에게 저지른 원한만을 갖고 남을 욕하는 데 머물러서는 안 된다. 늦기 전에 우리가 남에게 끼친 원한에 대해서도 철저하게 반성하고 그 원한을 풀 일이다.

민족을 넘으면

집안 식구 얘기를 하면 팔불출에 속할지도 모르겠지만 그런 우려를 무릅쓰고 우리 집사람 얘기를 하자면 그녀는 청해 이씨이다. 청해 이씨 가운데 가장 유명한 사람은 태조 이성계를 도와 조선의 개국을 이룬 이지란(李之蘭), 원래의 이름이 퉁두란인 여진족이었는데, 조선 건국 후 이지란으로 바뀐다. 따라서 우리 집사람도 여진족인 셈이다. 그래서 중국에 특파원으로 가 있는 동안 중국인 친구들에게 만주족이라고 소개하기도 했다(현재 중국은 여진족을 만주족이라고 부른다).

그런데 서울로 돌아와 책을 뒤적이다가 이 여진족 이지란의 선조는 중국 송나라 시대의 명장인 악비(岳飛)라는 사실을 알게 됐다. 악비는 중국인들이 자랑하는, 또한 우리 선조들도 충신으로 숭배했던 인물이다. 12세기 초 여진족 금나라가 송나라를 쳐서 양자강 이

북의 넓은 중국 땅을 모조리 먹을 때, 송나라 유민들이 지금의 항주로 쫓겨가 새로운 왕조를 연 뒤에, 악비는 여진족에 항거해서 곳곳에서 싸움을 해서 이겼다. 그러다가 간신 진회(秦檜)의 모함을 받아 그의 큰아들과 함께 독살을 당한다. 이 때 악비의 다섯째 아들 정(霆)이 화를 피해 여진부락으로 스며들어가 살게 되었고, 후손들이 금나라에서 높은 벼슬에 올랐는데, 그 6세손이 이지란이다. 그러므로 이지란은 여진인이지만 뿌리를 캐면 여진인과 싸운 가장 정통적인 중국인, 곧 한족이다.

그러면 우리 집사람은 여진족인가? 아니면 중국 한족인가? 아니면 한민족인가? 조선의 건국과 더불어 우리 민족에 편입돼 6백년을 살아왔으니 그 집안은 당연 한국 민족, 곧 우리 민족일 것인가?

우리 민족이란 무엇인가?
우리 민족은 언제부터 형성됐는가?

아득한 옛날 중앙아시아에서부터 바이칼 호를 돌아서 내려온 일단의 사람들이 우리 민족의 시조라고 한다면 우리는 모두 그들의 후손인가? 부여, 고구려, 발해를 우리 민족의 국가로 한다면, 그 나라가 망한 뒤에 중국인 사이로 스며들어간 후손들은 우리 민족인가? 임진왜란 때 일본의 가토 기요마사(加藤淸正)의 선봉장으로 우리나라에 침략해 왔다가 조선의 문물이 뛰어난 것을 알고 귀순(귀화)한 김충선(일본 이름 사야가) 장군의 후손은 우리 민족인가? 러시아인으로서 최근에 우리나라에 귀화한 박노자 씨는 우리 민족인가? 조선에 온 지 6백년 된 청해 이씨를 우리 민족으로 인정한다면 귀화한 지 4백년이 된 김충선의 후손들도 우리 민족일 터이다. 그렇다면 가장 최근에 귀화한 사람들도 우리 민족이라고 해야 할 것이 아닌가? 만약 아니라면 우리 민족에 편입될 수 있는 시점은 귀화 후 몇 년인가? 또 얼마전에 미국 슈퍼볼의 영웅이 된 하이즈 워드는 우리 민족인가? 어머니만 한국인이고 아버지는 미국인이어서 우리 민족이라고 하기 어려운 것인가? 단지 한국인일 뿐이고 한민족은 아니라고 해야 하는가? 그의 국적은 미국일 텐데 그래도 한국인인가? 그렇다면 한국인의 기준은 무엇이고 우리 민족의 기준은 무엇인가?

민족이란 무엇인가?

민족은 일정한 지역에서 장기간에 걸쳐 공동생활을 함으로써, 언어 · 풍습 · 종교 · 정치 · 경제 등 각종 문화내용을 공유하고, 집단 귀속감정에 따라 결합된, 인간집단의 최대단위. 사전에서는 이렇게 정의를 하지만 구체적으로 들어가면 앞에서 본 것처럼 간단하지가 않다. 더구나 최근에는 외국에서 우리나라에 시집오는 처녀들이 부쩍 늘어 최근에는 농촌에서 태어나는 아이들의 30~40%가 외국출신 엄마로부터 태어난다고 하는데, 그들은 아버지가 우리 민족이니까 당연히 우리 민족이어야 할 것인데, 그렇다면 일정한 지역에서 장기간 공동생활을 하지도 않은 아이들도 우리 민족이란 말인가? 최근 한국인 여성과 결혼해 한국 국적을 취득한 외국인들과 그 자녀들도 우리 민족의 일원으로 봐야 하는가? 해외에 나가서 외국 국

 다시 쓰는 목근통신(木槿通信)

적을 취득하고 사는, 외국인과 결혼해서 사는 한국인들이 크게 늘어난 상황에서, 역사적으로 어쩔 수 없이 해외에 나가서 살다가 그 나라 국민들이 된 재중·재일·재러시아 동포들은 당연히 우리 민족으로 인정받는 것은 당연한가? 그들은 우리나라에 세금을 내지 않고 있는데, 우리 민족이라는 이유 때문에 나라에 우리나라에 세금을 내고 있는 외국 출신 한국인이나 외국인보다 더 따뜻하게 대해주어야 하나? 여기서 우리는 민족이란 개념이 더 이상 현재 우리 대한민국의 구성원들을 포괄해서 규정할 수 없다는 현실에 직면한다. 더구나 해외에 나간 '우리 민족'을 연결하는 최종의 연결고리라고만 할 수도 없다. 당장 우리나라에 있는 수십만, 수백만의 외국인뿐 아니라 외국 출신 한국인들도 책임지지 못하는데 우리가 해외에 나간 '우리 민족'을 모두 책임질 수도 없다. 그렇다면 우리는 '우리 민족'이란 것을 어떻게 보아야 하나?

1919년 3월 1일, 우리들은 일제의 압제에 항거해서 평화적인 시위를 일으켰다. 우리나라가 독립해야 한다는 목소리는 "독립만세"라는 목소리에 담겨져 삼천리 전국으로 확산됐고, 이 와중에 일본 측의 공식집계만으로도 7천5백 명 이상이 사망하고 1만 5천 명 이상이 부상했다. 그러나 3.1운동은 민족사적인 경험으로서의 기억을, 공동체적이며 역사적인 기억을 만들어준 고귀한 성취였다. 민족이란 용어도 민족이란 느낌도 모르고 살던 사람들이 우리가 하나의 전통 인식을 공유하고 있는 공동체, 즉 민족임을 깨우쳐주었고 그 기억을 지우려는 억압들에게 대항하려는 의지를 심어주었다. 그

것이 그 뒤 4.19와 5.18로 이어지는 시민운동으로 연결되었다는
분석도 있다.

우리 민족의 에너지로 분출된 3.1운동, 그러나 그 때와 지금은
많이 다르다. 우리 민족의 에너지는 민주화를 거쳐 세계 최단 시일
안의 번영이라는 결과로 나타났다. 그 과정에서 그 때는 단일민족
이라고 해도 되었지만 지금 우리 민족은 이 한반도에만 있는 것이
아니고 전 세계에 퍼져 나갔고, 한반도에는 우리 민족만이 아닌 세
계 각 민족이 들어와 살게 되었다. 이제 우리는 단일민족도 아니며
단일민족국가는 더욱 아니다. 이제는 우리 민족만의 에너지를 강조
하며 민족만의 복지를 강조하기에는 우리나라가 너무 커졌고, 우리
민족만 강조하다 보면 다른 나라 다른 민족과의 충돌도 피할 수 없
다. 그만큼 세계 속에서의 위상이나 책임도 달라졌다. 해방 64년을
거쳐 한국은 세계의 주요 선진국의 하나가 되었고 한국의 책임은
아시아를 넘어 세계에 대한 책임으로 커지고 무거워졌다. 이제 우
리는 우리 민족만을 찾을 수 없는 시대로 들어와 있다.

90년 전 민족이 하나가 된 그 기억과 에너지는, 이제는 한국에
사는 한국인들뿐 아니라 한국에 사는 외국인들, 한국을 나가서 살
고 있는 모든 한국인들에게까지 넓어져야 하는 시대가 된 것 같다.
이제 '우리끼리만'의 의미가 강한 '우리 민족'이란 개념을 넘어서
서, 한국이라는 국가 개념을 넘어서 세계를 보듬는 보다 넓은 의식
을 가져야 하는 시대가 된 것 같다. 이제 피부색과 머리색으로 사람

의 등급을 구분하는 것은 더 이상 해서는 안 될 시대가 되었다. 이제는 '민족 개념의 해체'가 아니라 '민족 개념의 승화'가 필요한 시대가 된 것이다.

일본, 우리의 바로 곁에서 수 천 년 동안 몸을 나란히 하고 살아온 이 나라도 '민족'이라는 개념에 집착해서 그것으로서 이웃 나라와 불화하고 이웃 사람들에게 불편을 끼쳐서는 안될 것이다. 중국인인지 여진인인지 한국인인지 굳이 구별하기가 어려운 우리 집사람처럼 일본인도 원래는 중국인, 한국인, 혹은 대만인이었다가 건너가지 않았겠는가? 지금 일본이라는 국경 안에 있는 사람들, 일본민족이라는 테두리 안에 있는 사람들만을 위하느라 이웃 사람들, 아마도 먼 옛날에는 조상이나 친구였을 사람들에게 불편을 끼쳐서는 안될 것이다.

세계는 하나. 시대는 개방시대, 지리적 거리는 이미 사이버 세계로 없어진 오늘날 더 이상 한국과 일본이 과거에 얽매어 불편한 관계를 지속하지 말고 미래를 보고 미래를 향해 나아가야 하지 않겠는가? 한국이 일본에 강제병합을 당한 지 100년이 되었지만 진정으로 한국과 일본이 가까워지지 못하고 겉돌고 있는 이 현실에서 두 나라 사람들은 마음의 문을 열지 않으면 안된다. 그것이 두 나라 사람들 모두에게 좋은 일이 될 것이다.

다시 쓰는 목근통신(木槿通信)

2009년 8월 25일 인쇄
2009년 8월 29일 발행

지은이 | 이동식
발행인 | 이충석
편집인 | 성상건
펴낸곳 | 도서출판 나눔사
등록 | 1988년 2월 16일, 제2-489
주소 | (122-949)서울시 은평구 진관내동 529-1
전화 | 02)359-3429, 359-3453
팩스 | 02)355-3429

ISBN 978-89-7027-062-3-03810

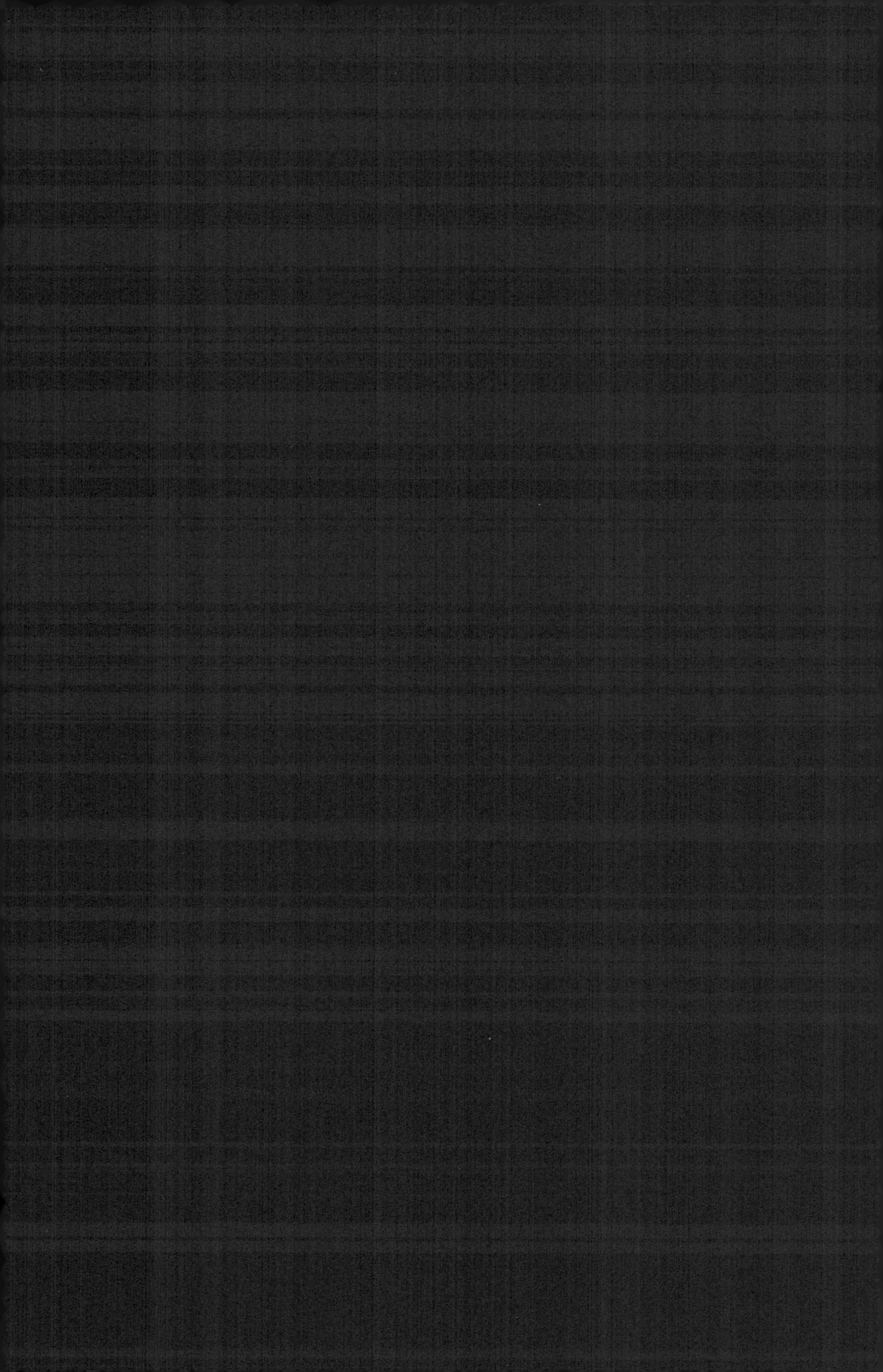